新编高等院校经济管理类规划教材·专业课系列

Excel 在统计分析中的应用

陈　斌　高彦梅　编著

清华大学出版社

北　京

内 容 简 介

Microsoft Office Excel 2010 是美国微软公司推出的新一代办公软件包中的重要组件之一，它和 Word、PowerPoint、Access 等组件一起，组成了 Microsoft Office 2010 的完整体系。Excel 2010 是目前市场上最强大的电子表格制作软件，它不仅能将整齐、美观的表格呈现给用户，还能像数据库操作一样对表格中的数据进行各种复杂的计算，是表格与数据库的完美结合。

本书以统计学为基础，在简单介绍统计知识的基础上结合具体实例讲解了如何应用 Excel 2010 实现统计分析。主要内容有：Excel 2010 概述、常用统计指数、常用统计分布绘图、描述性统计分析、抽样与参数估计、假设检验、非参数检验、方差分析、相关分析、回归分析、时间序列分析、数据透视表和数据透视图。

本书内容丰富，结构清晰，采用从原理到实践的方式来介绍。本书附赠 PPT 教学课件、案例源文件、上机练习数据及长达 8 小时的全程实录讲解视频，这些教学资源可以通过 http://www.tupwk.com.cn/downpage 下载。

本书适用于高等院校统计及相关专业的大学生、研究生，以及企事业单位的数据分析人员。

图书在版编目(CIP)数据核字

Excel 在统计分析中的应用 / 陈斌，高彦梅 编著. —北京：清华大学出版社，2013.7（2025.9重印）
(新编高等院校经济管理类规划教材·专业课系列)

ISBN 978-7-302-31793-7

Ⅰ. ①E… Ⅱ. ①陈… ②高… Ⅲ. ①表处理软件—应用—统计分析—高等学校—教材 Ⅳ. ①C819

中国版本图书馆 CIP 数据核字(2013)第 063021 号

责任编辑：刘金喜
封面设计：周晓亮
版式设计：康 博
责任校对：蔡 娟
责任印制：沈 露

出版发行：清华大学出版社
　　　　　网　　　址：https://www.tup.com.cn, https://www.wqxuetang.com
　　　　　地　　　址：北京清华大学学研大厦 A 座　　　　　　　　邮　　编：100084
　　　　　社 总 机：010-83470000　　　　　　　　　　　　　　邮　　购：010-62786544
　　　　　投稿与读者服务：010-62776969，c-service@tup.tsinghua.edu.cn
　　　　　质 量 反 馈：010-62772015，zhiliang@tup.tsinghua.edu.cn
　　　　　课 件 下 载：https://www.tup.com.cn，010-83470410
印 装 者：三河市君旺印务有限公司
经　　销：全国新华书店
开　　本：185mm×260mm　　　　**印　张：**18　　　　　**字　　数：**438 千字
版　　次：2013 年 7 月第 1 版　　**印　次：**2025 年 9 月第 12 次印刷
定　　价：55.00 元

产品编号：045650–03

前　言

　　Microsoft Office Excel 2010 是 Microsoft 公司开发的 2010 Microsoft Office System 办公软件包中的重要组件之一，它和 Word、PowerPoint、Access 等组件一起，组成了 2010 办公软件的完整体系。Excel 2010 是目前市场上最强大的电子表格制作软件，它不仅能将整齐、美观的表格呈现给用户，还能像数据库操作一样对表格中的数据进行各种复杂的计算，是表格与数据库的完美结合。Excel 2010 是 Excel 2007 的升级版，因此其功能更加强大，操作更加简便。与专业统计软件相比，Excel 2010 更易学易用，可以避免专业统计软件的束缚，通过使用面向结果的新界面、丰富的直观数据以及 Excel 2010 强大的数据处理功能，可以更加轻松地处理数据和统计分析。

　　本书以统计学为基础，在简单介绍统计学知识的基础上结合具体实例讲解了如何应用 Excel 2010 实现统计分析。本书共分为 12 章，按照由浅入深、循序渐进的思路进行安排。第 1 章是对 Excel 2010 的概述，包括 Excel 2010 的基础知识和简单操作；第 2、3 章分别介绍了常用的统计指数和统计分布，并结合实例介绍了指数的编制方法和分布的绘图方法；第 4 章介绍了如何利用 Excel 2010 的各项工具对数据进行全面的描述性统计分析，它是进行统计分析的第一步；第 5~7 章讲解的是统计学研究的重要内容——统计抽样和推断，并介绍了如何利用 Excel 2010 实现抽样和推断，包括抽样方法、参数估计、假设检验和非参数检验；第 8~11 章介绍了常见的三种统计分析方法——方差分析、相关分析和回归分析，这三种分析方法各适用于不同的研究目的和对象，其中方差分析探讨变量间的影响显著性问题，相关分析和回归分析探讨数据的非确定和确定的依存关系，时间序列分析则研究时间序列的各种特点和规律并进行一定的预测；第 12 章介绍了数据透视表和数据透视图的应用方法，数据透视表和数据透视图拓展了 Excel 的统计分析功能，是 Excel 的特色功能之一。

　　本书内容丰富、实例典型，采用由浅入深、理论与实践相结合的讲述方法，在内容编写上注重实用性和可操作性，通过大量的实例让读者直观、迅速地了解和掌握 Excel 2010 的功能和操作方法，而且本书还配有一定数量的练习题供读者对所学知识加以巩固。此外，本书还赠送 PPT 课件、案例源文件和案例操作视频，这些资料可通过 http://www.tupwk.com.cn/downpage 下载。读者可以配合使用讲义与视频，进一步将 Excel 2010 的应用技巧融会贯通，最大限度地为读者服务。由于本书针对性和实用性较强，因此，无论是企业中的经营者与决策者，财会、市场营销、生产管理等部门的工作者，还是经济管理部门或政府的广大工作者都可将本书用作参考书。同时，本书还可供大专院校经济管理类各专业的高年级本科生、研究生和 MBA 学员作参考。

本书由陈斌、高彦梅编写，参加编写工作的还有杨维忠，此外，参加资料整理工作的有张玉红、程国斐、郇斐、徐芳、张国华、李华、王林、李志国、冯慧、徐红、周建国、张建、陈浩、何武和许小荣等。本书的编写吸收了前人的研究成果，在此一并表示感谢。本书编者力图在本书中对 Excel 2010 在统计分析中的应用方法进行完美呈现，但由于水平有限，本书难免有不足之处，欢迎广大读者批评指正。

服务邮箱：wkservice@163.com。

编 者
2013 年 2 月

目 录

第 1 章
Excel 2010概述

目前常用的统计分析软件有 SPSS、SAS、Minitab、TSP、Excel 等，而 Excel 作为办公软件，已广泛地被公司、企业和个人使用，其应用最为普遍且易学易懂。

Excel 2010 是美国微软公司推出的 Microsoft Office System 办公软件包中的重要组件之一，是一款功能强大的电子表格制作和数据处理软件，在各个领域都有广泛的应用，是强有力的数据管理与分析工具。Excel 含有丰富的计算工具、精密的分析工具以及灵活多样的表达形式，利用这些工具和功能可以轻松地分析、共享和管理数据，从而使统计分析工作更加容易、效率更高。要想学会使用 Excel 2010 进行统计分析，首先应该熟悉 Excel 2010 的基本情况和工作环境，本章将会对这些内容予以概述。

1.1　Excel 2010 简介

与以前的版本相比，Excel 2010 的界面更加直观、操作更加简便，用户使用起来也更加轻松。

1.1.1　启动和退出 Excel

启动和退出是 Excel 2010 中最基本的两项操作，在完成 Excel 2010 的安装之后就可以使用它处理任务了。

1. 启动 Excel

启动 Excel 的方式有很多，下面是比较常见的几种方式：

- 单击"开始"按钮，选择"所有程序"→"Microsoft Office"→"Microsoft Office Excel 2010"，即可启动 Excel 2010。
- 双击桌面上的 Excel 快捷图标。
- 双击任何一个 Excel 工作簿文件，将自动启动 Excel，同时打开该工作簿文件。

2. 退出 Excel

常用的退出方法有以下几种：

- 单击 Excel 2010 标题栏右部的"关闭" ▇▇ 按钮。
- 单击 Excel 2010 左上角的 ▇ 按钮，在弹出的菜单中单击"关闭"，或者双击该按钮。
- 在 Excel 2010 工作界面中选择"文件"→"退出"命令。

1.1.2 Excel 2010 的用户界面

启动 Excel 2010 后，其用户界面如图 1-1 所示。和以前的版本相比，Excel 2010 的工作界面颜色更加柔和，更贴近于 Windows 7 操作系统。从图 1-1 可以看出，Excel 2010 的工作界面主要由 Excel 按钮、快速访问工具栏、标题栏、功能区、编辑栏、工作表格区、状态栏和滚动条等元素组成。

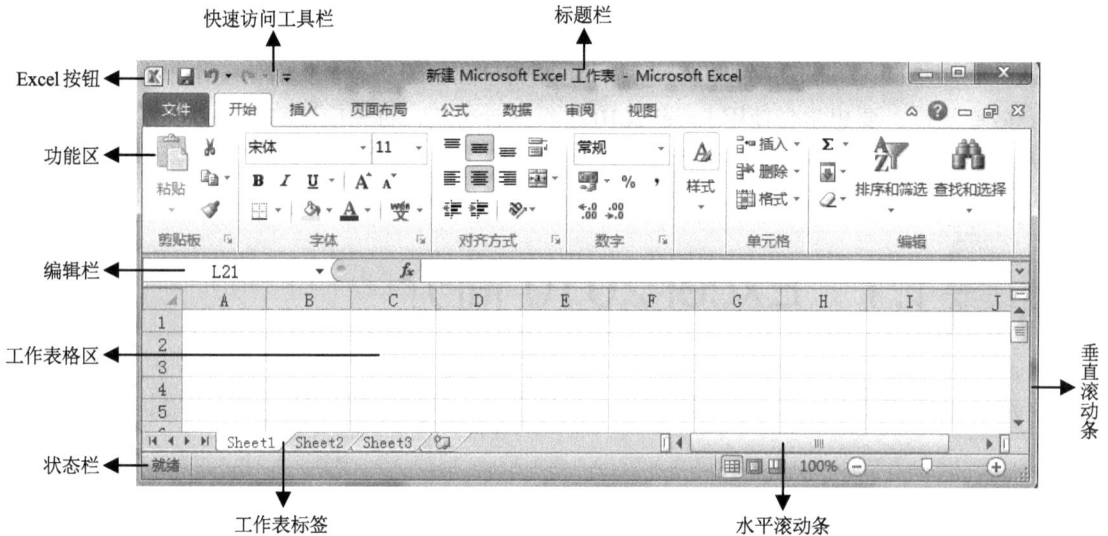

图 1-1 Excel 2010 的用户界面

1. Excel 按钮

单击 Excel 2010 用户界面左上角的 Excel 按钮，出现的下拉列表包括：还原、移动、最大化、最小化和关闭等功能项，利用这些功能项可以对工作表执行最基本的操作。

2. 快速访问工具栏

Excel 2010 的快速访问工具栏 ▇▇▇ 中包含最常用的操作快捷按钮，方便用户使用。单击快速访问工具栏中的按钮，可以执行相应的功能。通常"快速访问工具栏"在 Excel 工作簿界面的左上方，如果对位置不满意，可以在"Excel 选项"对话框的"自定义"页面中选中"在功能区下方显示快速访问工具栏"复选框，即可将该工具栏放置在功能区下方。

若要在快速访问工具栏中添加命令，则可单击工具栏右侧的"自定义快速访问工具栏"按钮 ，在下拉菜单中单击想要添加的命令(在命令前打上勾即可)；若要在快速访问工具栏中删除命令，只需在下拉菜单中单击已添加的命令，将命令前的勾除去即可。

3. 标题栏

标题栏位于窗口的最上方，用于显示当前正在运行的程序名及文件名等信息。如果利用"自定义快速访问工具栏"新建一个工作簿文件，用户所看到的文件名是工作簿 1，这是 Excel 2010 默认建立的文件名。单击标题栏右侧的按钮 可以最小化、最大化或关闭窗口。

4. 功能区

Office 操作功能区是在 Office 2007 系列产品的工作界面中添加的新元素，它将旧版本 Office 中的菜单栏与工具栏结合在一起，以各种按钮和选项卡的形式列出操作命令。这样的操作功能区出现在所有的 Office 产品中，而不仅仅是 Excel。而 Excel 2010 将 Excel 2007 的 Office 按钮的功能转移到功能区的"文件"选项卡中，使 Excel 的界面功能更明晰。

默认情况下，Excel 2010 功能区中包括："文件"选项卡、"开始"选项卡、"插入"选项卡、"页面布局"选项卡、"公式"选项卡、"数据"选项卡、"审阅"选项卡及"视图"选项卡。

(1) "文件"选项卡

单击"文件"按钮，不仅可以查看当前工作簿的信息，还可以进行"保存"、"另存为"等操作，如图 1-2 所示。

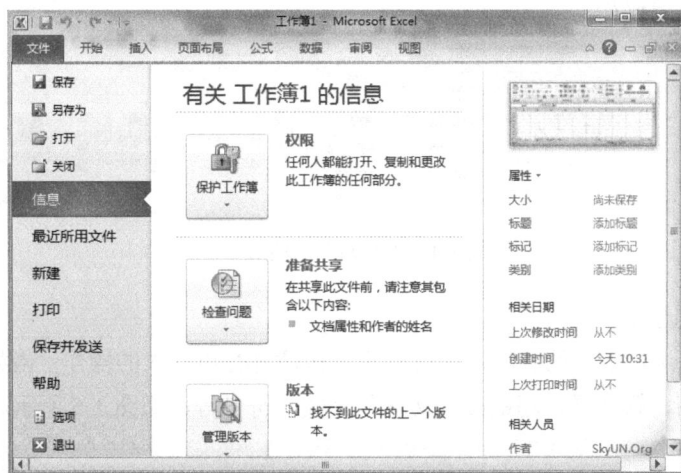

图 1-2　"文件"选项卡

下面着重介绍"文件"下拉列表中的"选项"功能。

单击"文件"→"选项"，弹出"Excel 选项"对话框，如图 1-3 所示。"Excel 选项"的功能包括：设置使用 Excel 时采用的常规和高级选项，更改与公式计算等相关的选项，设置 Excel 文本格式的校对方式，自定义工作簿保存方法，设置 Office 语言首选项，自定义功能区，自定义快速访问工具栏，查看和管理 Microsoft Office 加载项以及信任中心的各项功能。

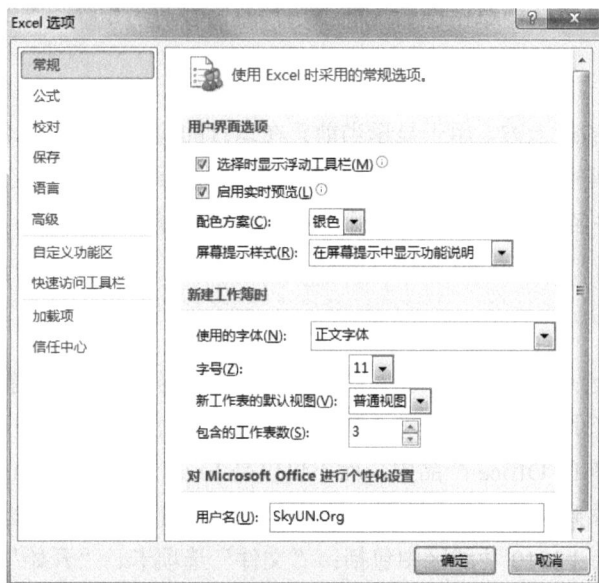

图 1-3　"Excel 选项"对话框

(2) "开始"选项卡

"开始"选项卡包含的是最基本的功能选项，如图 1-4 所示，在"开始"选项卡下，可以进行复制、粘贴，设置单元格的字体、对齐方式、数字格式和样式等，并可以对单元格或数值进行简单的编辑操作。

图 1-4　"开始"选项卡

(3) "插入"选项卡

利用"插入"选项卡中的各项功能可以对工作簿进行更深入的操作，诸如插入表格、图片、图表、迷你图、筛选器、超链接、文本和公式、符号等，如图 1-5 所示。

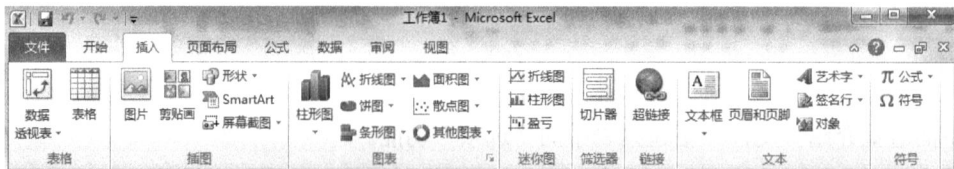

图 1-5　"插入"选项卡

(4) "页面布局"选项卡

通过如图 1-6 所示的"页面布局"选项卡，不仅可以设置工作表的版式和页面格式等，还可以在打印前设置相应的打印选项。

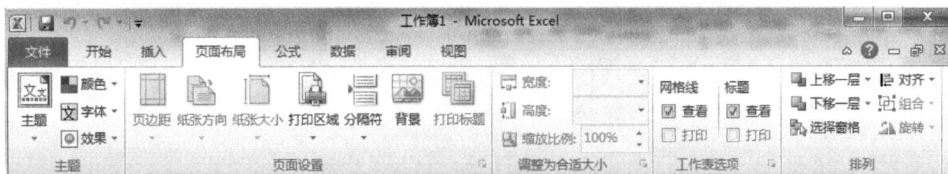

图 1-6　"页面布局"选项卡

(5) "公式"选项卡

"公式"选项卡中包括了各种运算模块，如图 1-7 所示，在此选项卡下，Excel 2010 提供了自带的各种函数、定义名称、公式审核和计算功能。

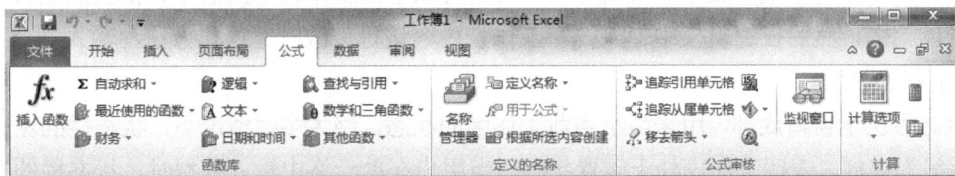

图 1-7　"公式"选项卡

(6) "数据"选项卡

在"数据"选项卡中，不仅可以获取外部数据、连接数据，还可以对数据进行排序和筛选、分级显示等，利用其中自带的数据工具还可以对数据进行分析，如图 1-8 所示。

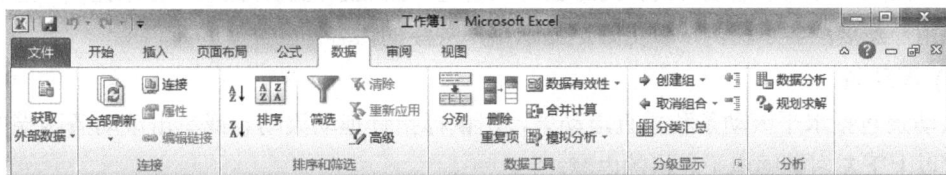

图 1-8　"数据"选项卡

(7) "审阅"选项卡

在如图 1-9 所示的"审阅"选项卡中可以校对内容、中文简繁转换、翻译、设置批注、设置密码以及保护工作表或工作簿。

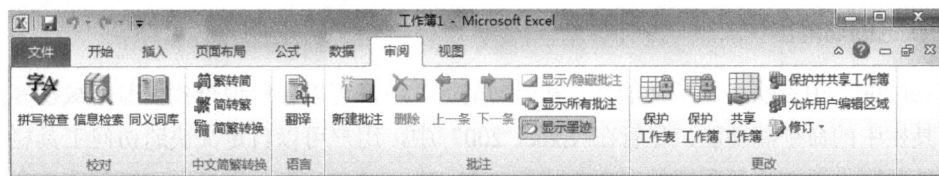

图 1-9　"审阅"选项卡

(8) "视图"选项卡

在如图 1-10 所示的"视图"选项卡中，不仅可以更改工作簿的视图、调整其显示内容和显示比例，还可以对窗口进行操作和设置宏。

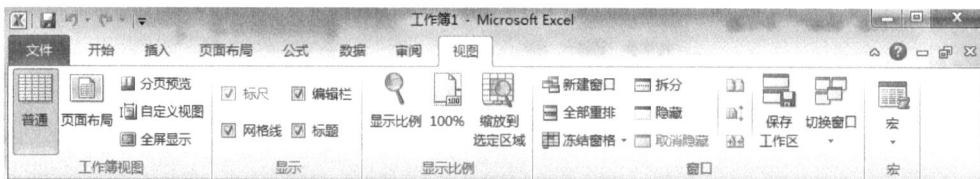

图 1-10　"视图"选项卡

5. 编辑栏、工作表格区、状态栏和滚动条

(1) 编辑栏和工作表格区

需要在工作簿中输入文字、数值等内容时，可以单击工作表格区的单元格直接输入，或者单击单元格，然后在编辑栏中输入；对工作表内容进行修改时，操作方法与输入类似。

(2) 状态栏

状态栏位于窗口底部，用来显示当前工作区的状态。绝大多数情况下，状态栏的左端显示"就绪"字样，表明工作表处于闲置状态。当用户在单元格中输入数据时，状态栏的左端将显示"输入"字样。若用户执行了某一命令，状态栏左端会显示出对该命令的简单描述。

除此之外，在状态栏的右端可以切换显示模式与显示比例。Excel 2010 支持 3 种显示模式："普通"、"页面布局"与"分页预览"，单击 Excel 窗口右下角的按钮 可以切换显示模式。如要改变显示比例，可通过状态栏右端的缩放级别来调节，按加号可增大显示比例，按减号可减小缩放比例；同时也可以通过单击显示比例弹出的"显示比例"对话框来调整用户想要的显示比例，以更好地显示用户关注的内容。

(3) 滚动条

滚动条包括水平滚动条和垂直滚动条，用鼠标指针拖动滚动条或单击滚动条两端的箭头，可以上下左右翻阅电子表格的内容。

1.1.3　Excel 2010 的新增功能

Excel 2010 作为 Microsoft 2010 的一个很重要的组件，虽然基本上延续了 Excel 2007 的特点，但比 Excel 2007 具备了多项新的功能，主要有：

1. 改进的功能区

Excel 2007 中首次引入了功能区，利用功能区，用户可以轻松地查找以前隐藏在复杂菜单和工具栏中的命令和功能。尽管在 Excel 2007 中，用户可以自定义快速访问工具栏，但无法向功能区中添加自己所需的选项卡或组。在 Excel 2010 中，用户则可以创建自定义选项卡和组，还可以重命名内置选项卡和组或更改其顺序。通过单击"文件"→"选项"，在弹出的"Excel 选项"对话框中，选择"自定义功能区"进行设置即可，如图 1-11 和图 1-12 所示。

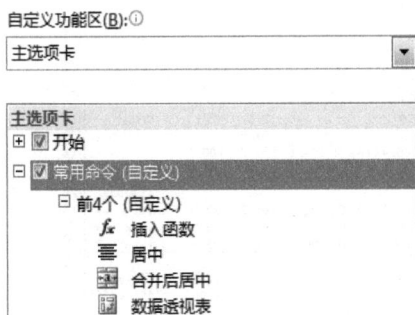

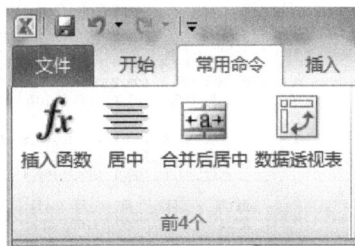

图 1-11　新建选项卡"常用命令"　　　　图 1-12　"常用命令"选项卡

2. Microsoft Office Backstage 视图

通过"文件"选项卡打开 Backstage 视图后，可以在其中创建新文件，打开现有文件，保存、发送、保护、预览和打印文件，设置 Excel 选项等。

3. 工作簿管理工具

Excel 2010 提供了可帮助用户管理、保护和共享内容的工具：

(1) 恢复早期版本。Excel 2010 可恢复在未保存的情况下被关闭的文件版本。

(2) 受保护的视图。Excel 2010 包含受保护的视图，默认情况下，来自 Internet 源的文档将在受保护的视图中打开。此时，消息栏上会显示一条警告，同时还会显示用于启用编辑的选项。

(3) 受信任的文档。使用受信任的文档功能可以更方便地打开工作簿及其他包含活动内容(如数据连接或宏)的文档。当用户确认工作簿中的活动内容可以安全启用时，Excel 2010 会记住受信任的工作簿，因此无需反复对其进行确认。

4. 迷你图

与 Excel 2007 相比，Excel 2010 添加了一项新的图表功能——迷你图。迷你图是一种适合放入单元格中的微型图表，该图表允许用户以可视化方式在数据旁边汇总趋势，也就是说，它可以在一个单元格内以一个简单图表的形式显示指定单元格区域内的一组数据的走势和变化。"迷你图"位于"插入"选项卡中，包括三种样式：折线迷你图、柱形迷你图和盈亏迷你图。

图 1-13 显示的是 2011 年 3 月至 2012 年 2 月我国居民消费价格指数(同比和环比)和 2011 年某三家企业各月份盈亏数据，据此分别绘制了折线迷你图、柱形迷你图和盈亏迷你图。显然，只需看一眼各迷你图，就可以立刻了解居民消费价格指数的走势和三家企业的盈亏状况。

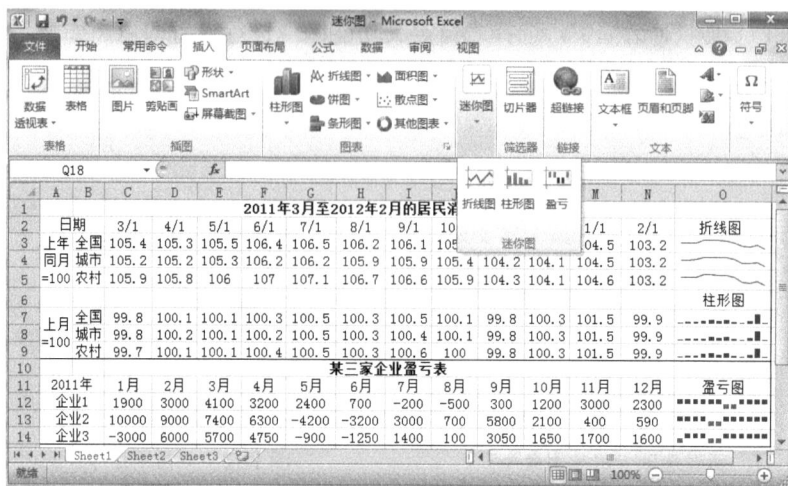

图 1-13　迷你图

5. 交互的数据透视表

数据透视表是一种交互的 Excel 报表，可用于对多种数据源(包括 Excel 自身的数据和外部数据)进行快速合并、汇总和分析，是 Excel 强大数据处理能力的体现。Excel 2010 提供的数据透视表比以往版本在功能上有所改进，主要包括：

(1) 筛选功能更强大。借助切片器可以快速筛选数据透视表数据，还可以在不打开其他菜单的情况下快速查看所应用的筛选器。此外，利用筛选界面中的搜索框，也可以在数据透视表的项目中方便地查找所需数据。

(2) 值显示方式功能更强大。"值显示方式"功能包含许多新增的自动计算，如"父行汇总的百分比""父列汇总的百分比""父级汇总的百分比""按某一字段汇总的百分比""按升序排名"和"按降序排名"。

(3) 数据透视图功能更强大。在 Excel 2010 中，可以更轻松地实现数据透视图与数据透视表的交互。特别是，可以更轻松地直接筛选数据透视图中的数据，以及通过添加和删除字段来重新组织数据透视图的布局。

6. 切片器

切片器(如图 1-14 所示)是可视控件，可以利用它以一种直观的交互方式来快速筛选数据透视表中的数据。一旦插入切片器，用户即可使用按钮对数据进行快速分段和筛选，以便仅显示所需数据。此外，对数据透视表应用多个筛选器之后，不再需要打开一个列表来查看对数据所应用的筛选器，这些筛选器会显示在屏幕上的切片器中，如图 1-15 所示。另外，还可以使切片器与工作簿的格式设置相符，并且能够在其他数据透视表、数据透视图和多维数据集函数中轻松地重复使用这些切片器。

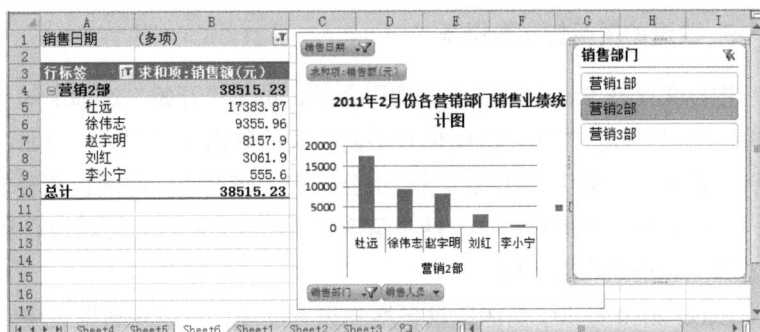

图 1-14　切片器　　　　图 1-15　通过切片器筛选数据

7．实时预览的粘贴功能

Excel 2010 提供的实时预览粘贴功能，使用户的复制、粘贴操作更加节省时间，如图 1-16 所示。通过实时预览，用户可以在将粘贴的内容实际粘贴到工作表之前确定此内容的外观。当将指针移到"粘贴选项"上方以预览结果时，将出现一个菜单，其中包含的菜单项将根据上下文而变化，以更好地适应要重用的内容。

图 1-16　实时预览的粘贴功能

8．SmartArt 图形布局和屏幕截图

(1) 新增 SmartArt 图形布局。借助新增的 SmartArt 图形布局功能，用户可以使用照片更形象地阐述数据关系，以直观的方式交流信息，如图 1-17 所示。Excel 2010 提供了多种 SmartArt 图形，如图 1-18 所示，用户可以根据需要选择最佳图形。

(2) 屏幕截图功能。Excel 2010 在"插入"选项卡中新增了一个屏幕截图工具，利用该工具可以快速截取屏幕快照，并将其添加到工作簿中，不再需要借助任何截图工具或使用键盘上的 PrntScr 键截取图片。完成后还可以使用"图片工具"选项卡上的工具编辑和改进屏幕截图。

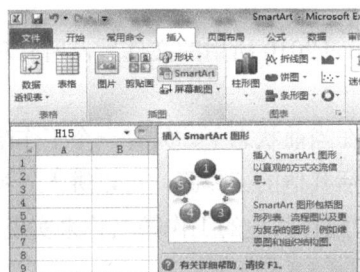

图 1-17　SmartArt 图形和屏幕截图功能　　　图 1-18　"选择 SmartArt 图形"对话框

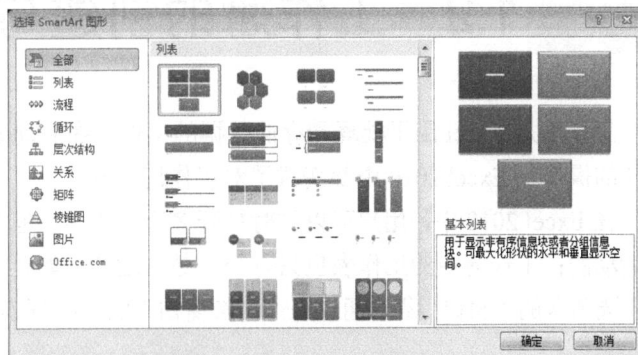

9. 改进的图标集和数据条

图标集是在 Excel 2007 中首次引入的，位于"开始"选项卡的"条件样式"中，利用该功能，用户可以根据确定的阈值对不同类别的数据显示图标。例如，用户可以使用绿色向上箭头、黄色横向箭头、红色向下箭头分别表示较高值、中间值和较低值。在 Excel 2010 中，用户可以访问更多图标集，包括三角形、星形和方框；还可以混合和匹配不同图标集中的图标，并更轻松地隐藏图标。

Excel 2010 提供了新的数据条格式设置选项，可以对数据条应用渐变填充或实心填充，或者将数据条方向设置为从右到左。此外，负值的数据条显示在正值轴的另一侧。

图标集和数据条如图 1-19 所示。

图 1-19　图标集和数据条

10. 改进的函数功能

Excel 2010 对某些统计函数进行了重命名，以使它们与其他领域的函数定义和 Excel 中的其他函数名称更加一致，而且新的函数名称更加准确地说明了其功能。尽管这些名称发生了更改，但在 Excel 早期版本中创建的工作簿将继续有效，其使用的原始函数存在于"兼容性"类别中。

1.2　工作簿的创建与数据的输入

工作簿是 Excel 用于处理和存储数据的文件。在启动 Excel 2010 所用的文件后，所有对文件的操作在 Excel 2010 中都变成了对工作簿的操作。

在 Excel 2010 中，用户可以同时打开多个工作簿，但是在当前状态下，只有一个工作簿是活动的；工作簿中的工作表也只有一个是活动的。如要激活其他的工作簿，可以进入"视图"选项卡的"窗口"组，通过在"切换窗口"的下拉列表中选择其他的工作簿名称来实现。

1.2.1　工作簿的创建和保存

在统计分析中，创建工作簿是工作的第一步。而处理完工作簿中的数据后，还需要对结果进行保存，下面依次介绍 Excel 2010 工作簿的创建和保存方法。

1. 工作簿的创建

(1) 自动创建

当启动 Excel 2010 时，系统会自动创建一个 Excel 工作簿，并默认其名称为"工作簿 1.xlsx"。

(2) 手动创建

单击"文件"选项卡，选择其中的"新建"命令后会发现，Excel 2010 不仅提供了可用模板，还提供了更具专业特点的 Office.com 模板。选择完想要的模板后，单击"创建"按钮即可创建出相应的工作簿。

每一个工作簿可以由一张或多张工作表组成。在 Excel 2010 中，工作簿中的工作表个数不再受限制，只要计算机内存足够大，就可以增加任意多个工作表。默认情况下，新建一个工作簿时将包括 3 张工作表，分别以 Sheet1、Sheet2、Sheet3 命名。工作表的名称显示在工作簿窗口底部的工作表标签上。通过窗口底部的工作表标签可以进行工作表的切换。活动工作表的标签处于按下的状态。一张工作表是由行和列组成的二维表格。Excel 2010 支持每张工作表中最多可以有 1 048 576 行、16 384 列。

2. 工作簿的保存

(1) 手动保存

在对工作表进行操作时，应记住经常保存 Excel 工作簿，以免由于一些突发状况而丢失数据。在 Excel 2010 中常用的保存工作簿的方法有三种：单击"文件"选项卡，在下拉菜单中选择"保存"或"另存为"命令；在快速访问工具栏中单击"保存"按钮；使用 Ctrl+S 快捷键。

若第一次保存工作簿，则按上述三种方法中的一种操作后，将弹出如图 1-20 所示的"另存为"对话框，首先确定工作簿存放的磁盘和文件夹，然后在"文件名"文本框中输入工作簿的名称，在"保存类型"列表中选择想要保存的文件类型(默认为"Excel 工作簿")，单击"保存"按钮即可完成对工作簿的保存。

图 1-20　"另存为"对话框

(2) 自动保存

Excel 2010 还提供了"自动保存"功能，以免因死机、停电或其他意外事故造成数据丢失。设置自动保存的方法如下：单击"文件"选项卡，在下拉菜单中单击"选项"按钮 [图] 选项，打开"Excel 选项"对话框，单击左侧列表中的"保存"项，打开自定义保存的设置属性页，如图 1-21 所示。

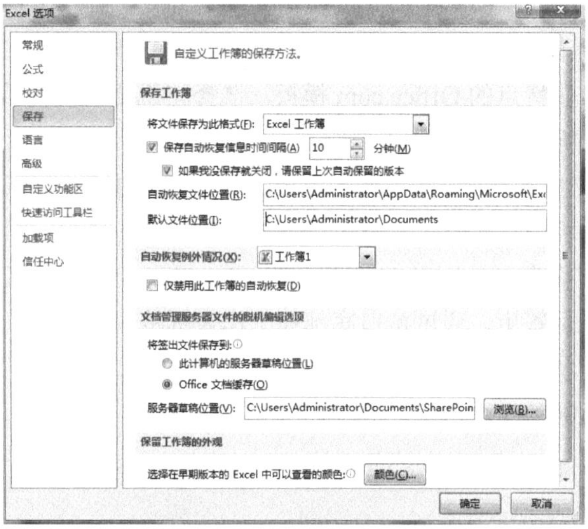

图 1-21　"Excel 选项"对话框

在该对话框的"将文件保存为此格式"文本框中选择想要设置文件保存的格式，在"保存自动恢复信息时间间隔"中设置保存自动恢复信息时间间隔，另外还可以设置"自动恢复文件位置"和"默认文件位置"等选项，设置完成后单击"确定"按钮即可定时自动保存。

1.2.2　数据的输入与导入

创建工作簿之后，下一步便是在工作表中输入或导入数据。在输入数据的时候，对于有规律的数据，可以使用自动填充选项来提高数据的录入效率。

1. 数据的输入

在输入数据时，可以单击目标单元格，然后执行输入操作，或者单击单元格后，在编辑栏中输入。在 Excel 的单元格中可以输入数值型数据、日期或时间型数据以及文本型数据，如图 1-22 所示。

(1) 输入数值型数据：Excel 中的数值型数据由 0～9、正负号、小数点、百分号(%)等组成，数据精度为 15 位。

(2) 输入日期与时间型数据：通常用连字符(–)和斜线(/)作日期分隔符，冒号(：)用作时间分隔符。

输入的日期及时间数据必须是 Excel 可识别的，否则将被视为文字型数据(文字型数据无法进行时间的加减运算)。如果在同一单元格内同时输入日期和时间，则必须在其间输入空格加以分隔。

(3) 输入文本型数据：文本型数据可由汉字、字母、数字及其他符号组成。如果将数值型数据作为文本型数据保存，必须在前面加单撇号(')。

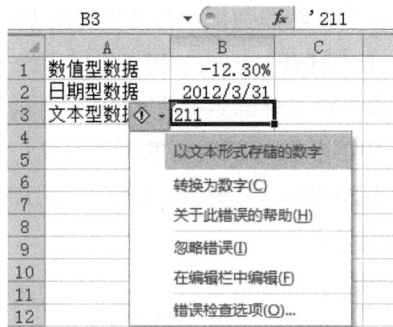

图 1-22　各种类型的数据输入

Excel 具备数据填充功能，用以自动生成有规律的数据，如相同数据或等差、等比数列，以提高输入数据的效率。数据自动填充方法包括：

(1) 使用自动填充选项 ![icon] 进行填充

向单元格输入第一个数据，用鼠标指针指向此单元格填充柄，即当前单元格矩形框右下角显示黑色实心"＋"号时，按住鼠标左键，根据需要向右或向下拖动，并选择填充方式，如图 1-23 所示。

(2) 使用填充命令进行填充

首先，向某单元格输入第一个数据，从而确定数列中第一个数据及其所在位置。然后在"开始"选项卡的"编辑"组中，单击"填充"按钮 ![icon]，并在下拉菜单中选择"系列"命令，则出现如图 1-24 所示的对话框。在该对话框中，用户需要确定以下内容：数列在工作表中产生的形式是行还是列；数列的类型(如果是日期型数列，还需要确定按哪种时间单位增加或减少)；确定等差或等比数列步长值及数列的终止值。完成后单击"确定"按钮，即可生成相应的数列。

图 1-23　自动填充选项

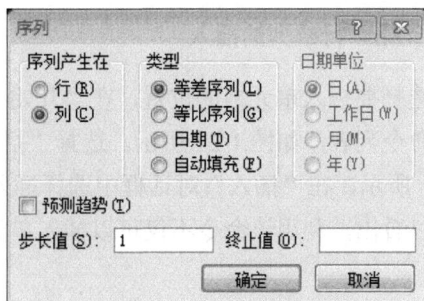

图 1-24　"序列"对话框

2. 数据的导入

在日常办公中，虽然可以直接向工作表输入新的数据并存储，但在很多情况下用户使用的是外部数据库文件。外部数据的导入方法有两种：

(1) 使用"文件"选项卡的"打开"命令

选择"文件"→"打开"命令，随即弹出"打开"对话框，如图 1-25 所示。在存放位置找到需要导入的外部文件，单击"打开"按钮即可。

(2) 使用"数据"选项卡的"获取外部数据"命令

在"获取外部数据"命令中，获取外部数据的渠道包括：自 Access、自网站、自文本、自其他来源和现有连接，如图 1-26 所示。选择需要的方式随即弹出相应的对话框，在对话框中进行设置即可完成外部数据的导入。

图 1-25　"打开"对话框

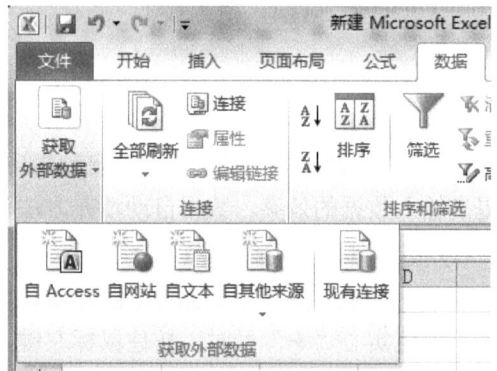

图 1-26　"获取外部数据"列表

1.3　数据的编辑

为了方便用户维护和完善工作表，Excel 2010 提供了多种编辑命令，支持对单元格的修改、插入、删除以及查找、替换等操作。

1. 单元格、行或列的插入

单击选择要插入单元格的位置，在"开始"选项卡的"单元格"组中，单击"插入"按钮，打开命令列表，如图 1-27 所示，选择"插入单元格"命令，随即弹出"插入"对话框，如图 1-28 所示，在"插入"对话框中选择插入的方式，完成后单击"确定"按钮。从命令列表中可以看出，利用该命令不仅可以插入单元格，还可以插入行、列以及工作表。

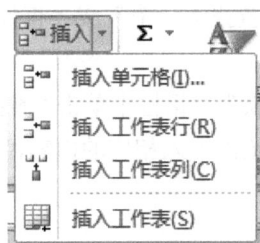

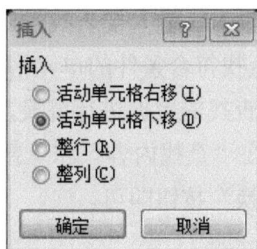

图 1-27　"插入"命令　　　　　　　　图 1-28　"插入"对话框

2. 单元格、行或列的清除或删除

清除操作只是删除了单元格中的内容，该单元格仍然存在。而删除操作不仅删除了单元格的内容，连同单元格本身也一并删除了。

(1) 单元格、行或列的清除。单击选择要清除内容的单元格或单元格区域，在"开始"选项卡的"编辑"组中，单击"清除"按钮，打开如图 1-29 所示的命令列表，选择列表中的相应命令即可。若选择"全部清除"命令，则将清除单元格中的所有内容；若选择"清除格式"命令，则只清除单元格的格式；若选择"清除内容"命令，则只清除单元格的内容；若选择"清除批注"命令，则只清除单元格的批注。

(2) 单元格、行或列的删除。单击选择要删除的单元格或单元格区域，在"开始"选项卡的"单元格"组中，单击"删除"按钮，打开如图 1-30 所示的命令列表，选择列表中的相应命令即可。如选择"删除单元格"命令，则在弹出的"删除"对话框中选择删除的方式，如图 1-31 所示，完成后单击"确定"按钮即可。

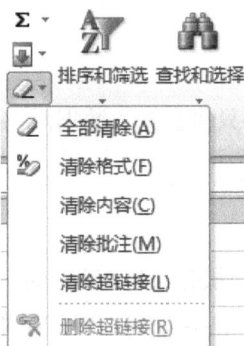

图 1-29　"清除"命令　　　　图 1-30　"删除"命令　　　　图 1-31　"删除"对话框

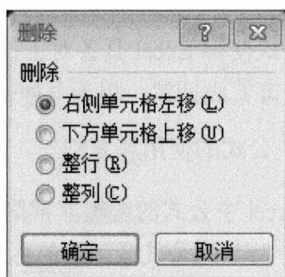

3. 查找和替换数据

Excel 2010 具有查找与替换功能，不仅可以用来查看与编辑指定的文字或数字，还可以自动替换查找到的内容。

在"开始"选项卡的"编辑"组中，单击"查找和选择"按钮(如图 1-32 所示)，在下拉菜单中选择"查找"命令，随即弹出"查找和替换"对话框(如图 1-33 所示)，在该对话框中

Excel 在统计分析中的应用

单击"查找"选项卡，输入要查找的内容，然后单击"查找下一个"或"查找全部"按钮，Excel 将会自动查找符合条件的单元格。

如果需要对查找的数据进行替换，则在"查找和替换"对话框中单击"替换"选项卡(如图 1-33 所示)，在"查找内容"和"替换为"文本框中依次输入相应的内容，然后单击"全部替换"或"替换"按钮即可。

图 1-32　"查找和选择"命令　　　　　图 1-33　"查找和替换"对话框

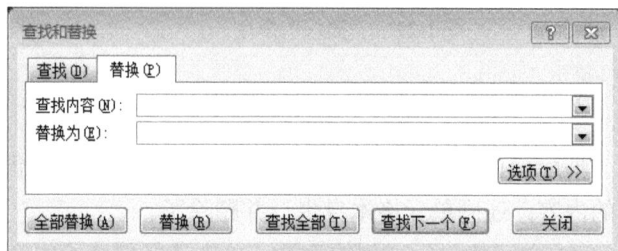

1.4　公式、函数和图表

公式、函数和图表是 Excel 中最基本也是最重要的几个功能，本节将依次对这三大核心功能的基本操作进行简单介绍。

1.4.1　公式

公式使得 Excel 具备对工作表中的数据进行计算的能力。用户只需在输入数据后，使用公式即可完成计算，极为方便快捷而又准确。

1. 公式的使用和复制

Excel 中公式的编辑非常简单，其基本要素为等号"="、常用的"操作符"和输入的"数"。其中，"="为公式或函数的标志；"操作符"表示执行哪种运算，包括加(+)、减(-)、乘(*)、除(/)、百分比(%)和乘方(^)；"数"包括常数和函数以及引用的单元格。在输入一个公式时总是以一个等号"="作为开头，然后是公式的表达式，公式中可以包含各种运算符、常量、函数、单元格地址等，如图 1-34 中的单元格 B5 所示。

对于相同方法的计算，为了避免手工重复输入，Excel 提供了较为便捷的手段，即公式复制功能。公式复制使得带有"重复性"的操作大大简化，省时准确。一般利用单元格自动填充选项即自动填充柄进行公式复制，如图 1-35 所示。除此之外，也可以利用单元格复制和粘贴操作实现公式复制。

图 1-34　公式的使用

图 1-35　公式的复制

2. 单元格的引用

使用 Excel 公式时，经常会通过引用单元格来实现计算，从而提高计算的速度和效率。单元格的引用主要包括相对引用、绝对引用、混合引用三种。

(1) 相对引用

相对引用单元格是指引用相对于包含单元格的位置。若复制包含相对引用的公式，Excel 会自动调整复制公式中的引用。如图 1-34 和图 1-35 所提到的例子，单元格 B5 中所含的公式为"=B2+B3+B4"。当公式复制到单元格 C5、D5 时，将调整为"=C2+C3+C4"和"=D2+D3+D4"。

(2) 绝对引用

绝对引用，顾名思义，就是单元格坐标并不随着引用位置的不同而变化。绝对引用的格式是在单元格行和列前加上"$"符号。如图 1-36 所示，如果要计算各产品一季度销售额占公司总销售额的百分比，首先在单元格 E5 中计算出总销售额，在 B6 中输入公式"=B5/$E$5"，然后向单元格 C6、D6 复制该公式即可得到各产品一季度销售额占总销售额的比重。

图 1-36　单元格的绝对引用

(3) 混合引用

在有些情况下，复制只想保留行固定不变或者列固定不变，这时可以使用混合引用，即同时包含相对引用和绝对引用。比如，混合引用$B3 使得列始终保持在 B 列不变，行将随着单元格位置进行调整；而 B$3 情况正好相反，列将随着单元格位置进行调整，而行固定在第 3 行不会改变。

接下来介绍不同工作表中单元格的引用。同一工作簿内的单元格引用格式为"工作表！单元格引用"。比如，在同一工作簿中，将工作表 Sheet1 中的单元格 G6、Sheet2 中的单元格 G6 和 Sheet3 中的单元格 G6 求和，结果放在 Sheet4 中的单元格 G6 中，那么在工作表 Sheet4 中的单元格 G6 中输入的公式为"=Sheet1！G6+Sheet2！G6+Sheet3！G6"。

1.4.2 函数

Excel 提供了各种领域常用的函数，包括财务、统计、工程等。若用户需要使用这些函数，只需选择函数名称进行调用即可，Excel 将会自动计算结果。

函数的基本要素和公式的基本要素相比并没有本质差别，只是形式不同，等号"="后不是普通的算术，而是函数。其主要成分为等号"="、引用的"函数名"、函数外的"括号"和函数运算的"参数"。其中，等号"="为函数的标志，"函数名"表示对应的特定函数，括号"( )"代表函数的参数部分，"参数"指的是函数运算所需的数据，通常是常数、单元格引用，或者是另外一个函数。

"插入函数"命令位于"公式"选项卡的"函数库"组中，如图 1-37 所示。单击"插入函数"按钮，将会弹出"插入函数"对话框，如图 1-38 所示，在"或选择类别"中选择函数所属类别，然后在"选择函数"列表中选择相应的函数。

图 1-37 "插入函数"命令

完成函数的选择后单击"确定"按钮，弹出对应函数的"函数参数"对话框，根据数据进行相应的设置即可。

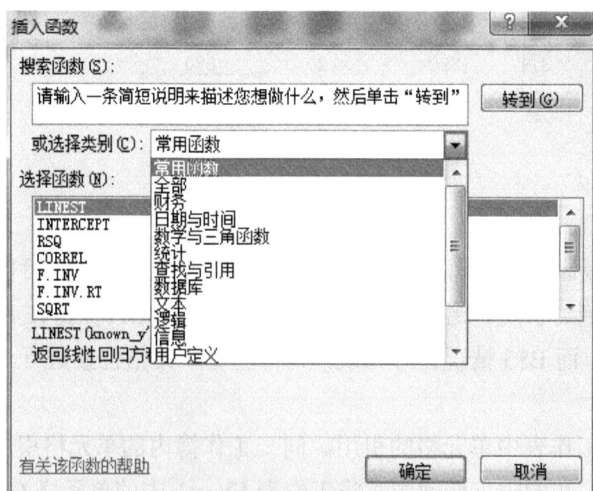

图 1-38 "插入函数"对话框

1.4.3　图表

Excel 中的图表很丰富，如柱形图、折线图、饼图等，而且与 Excel 2007 相比，Excel 2010 增加了迷你图，这里主要介绍"图表"组(如图 1-39 所示)中的图表类型。总体而言，Excel 有两种类型的图表：第一种是嵌入式图表，即直接放在工作表上，若用户需要同时显示图表及相关数据，可采用此方式；第二种是独立的图表工作表，即单独存放，若图表比较复杂或需要单独查看时可以采用这种方式。

在"插入"选项卡的"图表"组中，单击所需要的图表类型命令，在下拉列表中选择合适的子类型，或者单击右下角的按钮，将弹出"插入图表"对话框，如图 1-40 所示。

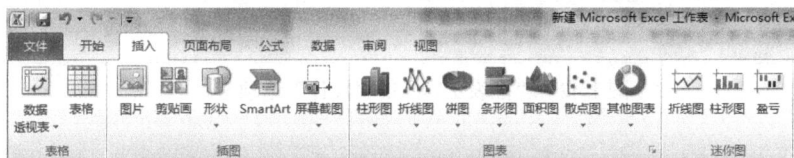

图 1-39　"图表"组

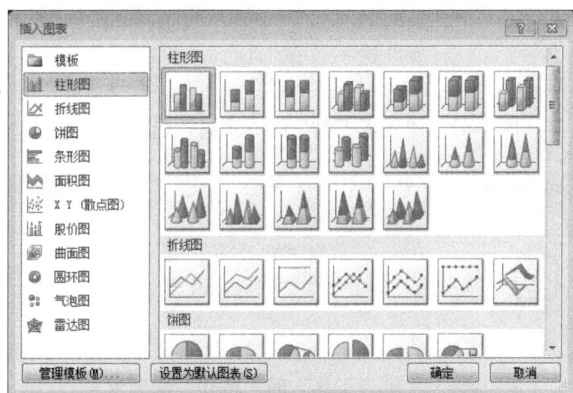

图 1-40　"插入图表"对话框

"插入图表"对话框中共含有 11 种图表类型，每一种图表类型又各有多个子类型。我们以图 1-36 中各种产品月销售额数据为例，插入了"三维簇状柱形图"，结果如图 1-41 所示。

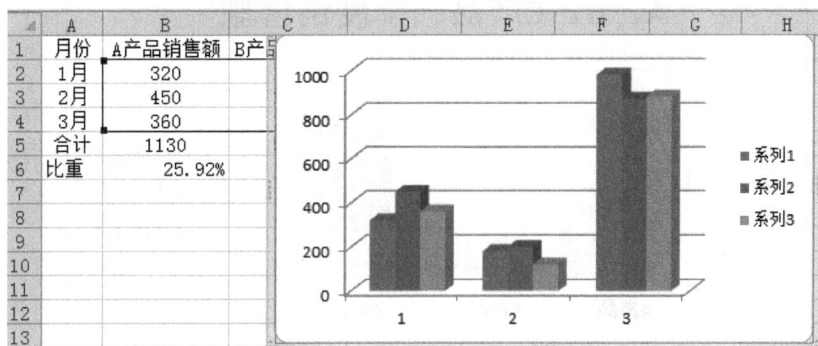

图 1-41　插入的"三维簇状柱形图"

插入图表后，可以运用"图表工具"下的各功能对图表进行编辑。"图表工具"包括"设计""布局""格式"三个选项卡，每个选项卡下又含有不同的命令选项。其中，"设计"选项卡的各选项主要用于选择数据、更改格式和移动图表等，如图 1-42 所示。"布局"选项卡下的各选项主要用于设置标签、坐标轴以及背景等，对于一些图表(如折线图、散点图)，还可以对图表进行分析操作，如图 1-43 所示。"格式"选项卡则主要用于设置图表的形状样式、大小以及表中字体的样式等，如图 1-44 所示。

图 1-42　"图表工具"的"设计"选项卡

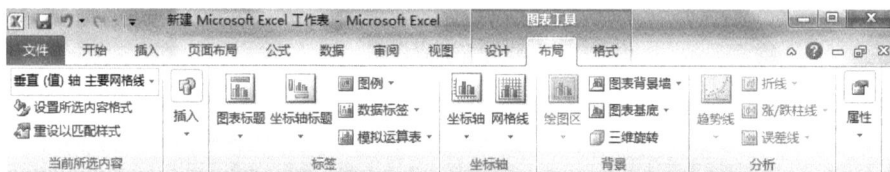

图 1-43　"图表工具"的"布局"选项卡

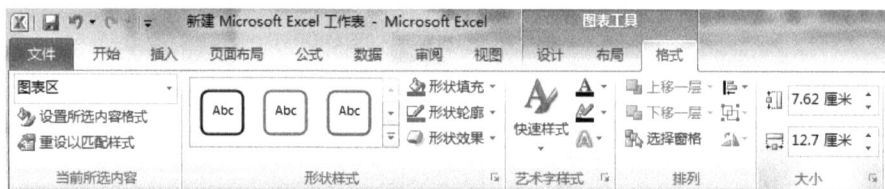

图 1-44　"图表工具"的"格式"选项卡

通过"图表工具"中的"设计""布局""格式"功能对图 1-41 中的柱形图的图表标题、横纵标题等进行设置，结果如图 1-45 所示。

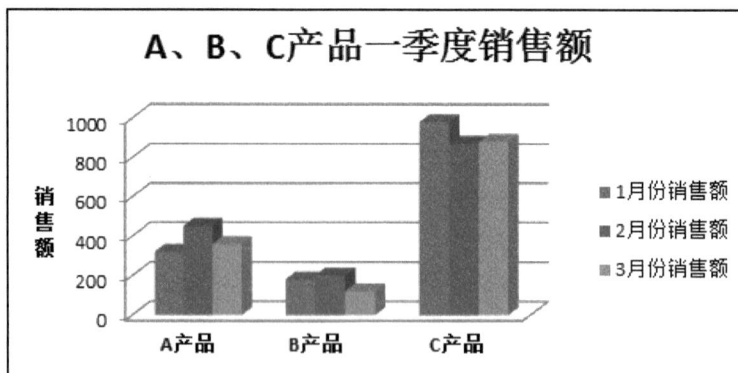

图 1-45　三种产品一季度销售额柱形图

1.5　本章小结

　　本章主要介绍了 Excel 2010 最基本的操作，为从未接触过 Excel 2010 的新手们提供了一个全景式的概览，包括如何启动、退出 Excel 界面，如何创建工作簿，输入、编辑数据等。而 Excel 中的公式、函数、图表三大基本功能虽然简单、快捷，却极大地丰富了它的内容，吸引着越来越多的工作人员选择使用 Excel 完成日常工作。

　　相对于以往版本，Excel 2010 不仅在某些功能上进行了改进，还增加了诸如迷你图、切片器等新功能，极大地丰富了 Excel 的内容，提高了统计数据的处理效率。总而言之，相信 Microsoft Excel 2010 凭借其简单易学、图表美观的优势，在今后的工作生活中将会有更大的舞台，得到越来越多的人青睐。

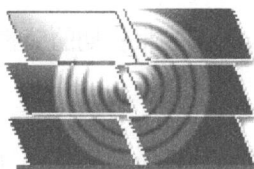

第 2 章
常用统计指数

统计指数是用来综合反映所研究社会经济现象复杂总体数量时间变动和空间对比状况的一种相对数。所谓复杂总体是指不同度量单位或性质各异的若干事物组成的、数量不能直接加总或不可以直接加总的总体。因此，在实际应用中，统计指数不仅解决了复杂总体数据太大的问题，更重要的是，对于不能直接加总或不能直接对比的复杂总体，编制统计指数能够反映和研究它们的变动方向和变动程度，以总结所有成员的综合变化。

指数的编制有着特定的方法体系，因为指数要反映的是多个部分的变动问题，这里主要涉及横向如何加总和纵向如何对比的问题。在统计中，按照指数的编制方式主要分为"先综合、后对比"的综合统计指数和"先对比、后综合"的平均统计指数。本章将主要介绍如何应用 Excel 编制不同类别的综合指数和平均指数。同时，对各种统计指数都将结合具体的例子和数据详细讲解。

2.1　综合指数

综合指数是指数的一种形式，是采用"先综合、后对比"的方式，即先将指数的各个组成部分加总起来进行综合，然后通过对比得到的指数。编制综合指数，首先需要确定与研究现象有关的同度量因素(权数)，从而把不能直接相加的现象数值转化为可以直接加总的价值形态总量，然后将两个不同时期的总量指标进行对比得到相对指标。编制综合指数的目的在于测定由不同度量单位的许多商品或产品所组成的复杂现象总体数量方面的总动态。

2.1.1　综合指数概述

按照加总方式的不同，综合指数分为同等加权指数、基期加权指数和报告期加权指数等，下面依次加以介绍。

首先假设：P_i^0——第 i 种商品基期的销售价格($i=1,2,\cdots,n$)；

$\qquad\qquad P_i^1$——第 i 种商品报告期的销售价格($i=1,2,\cdots,n$)；

$\qquad\qquad Q_i^0$——第 i 种商品基期的销售数量($i=1,2,\cdots,n$)；

Q_i^1——第 i 种商品报告期的销售数量($i = 1, 2, \cdots, n$)。

1. 同等加权指数

同等加权指数是将指数中的各个组成部分给予相同的权重，即分别把报告期与基期的销售价格或销售数量简单加总后，再进行对比。同等加权价格指数和同等加权数量指数的计算公式为：

$$I_{Ep} = \frac{\sum_{i=1}^{n} P_i^1}{\sum_{i=1}^{n} P_i^0} = \frac{\sum P^1}{\sum P^0} \tag{2-1}$$

$$I_{Eq} = \frac{\sum_{i=1}^{n} Q_i^1}{\sum_{i=1}^{n} Q_i^0} = \frac{\sum Q^1}{\sum Q^0} \tag{2-2}$$

其中，I_{Ep} 表示同等加权价格指数，I_{Eq} 表示同等加权数量指数。

同等加权指数是最简单的一种指数，其隐含的假设条件为组中的商品具有相同的重要程度，而当实际指数的各个组成部分之间重要性相差较大时，同等加权指数就无法很好地反映实际的变化。例如在股价指数中，大公司的股价变化和小公司的股价变化对整个股市的影响程度存在较大的差别，如果赋予相同的权重，就会低估大公司的股价变化影响而高估小公司的股价变化影响。

为了克服这种缺点，使指数更好地反映整体的变化情况，可以根据各变量重要性设定不同的权重。如果权重反映的是基期各组成部分的重要性，可采用基期作为加权权重的基期加权指数；如果权重反映的是报告期各组成部分的重要性，可采用报告期加权权重的报告期加权指数。

2. 基期加权指数

基期加权指数又称拉氏指数，是 1864 年德国统计学家拉斯贝尔(Etienne Laspeyres)提出的一种指数计算方法。其最基本的特征是权数根据基期值确定，在以后的计算期里不再发生变化。拉氏价格指数和拉氏数量指数的计算公式如下：

$$I_{Lp} = \frac{\sum P^1 \times Q^0}{\sum P^0 \times Q^0} \tag{2-3}$$

$$I_{Lq} = \frac{\sum P^0 \times Q^1}{\sum P^0 \times Q^0} \tag{2-4}$$

其中，I_{Lp} 表示拉氏价格指数，I_{Lq} 表示拉氏数量指数。

拉氏指数由于以基期变量值为权数，所以可以消除权数变动对指数的影响，从而使不同时期的指数具有可比性。实际应用中，相对于拉氏价格指数，拉氏数量指数更为常用。因为拉氏价格指数是在假定销售量不变的情况下价格的变动水平，这一指数尽管可以单纯反映价格的变动水平，但不能反映出消费量的变化。而人们更关心的是在报告期销售量条件下，价格变动对实际生活的影响。拉氏数量指数，是假定价格不变的条件下报告期销售量的综合变动，它不仅可以单纯反映出销售量的综合变动水平，也符合计算销售量指数的实际要求，因此，拉氏数量指数在实际中应用得较多。

3. 报告期加权指数

报告期加权指数又称帕氏指数，是 1874 年德国统计学家帕氏(Paasche)所提出的一种指数计算方法。其基本特征是将同度量因素固定在报告期，权数随着报告期的改变而随时更新。其中，帕氏价格指数和帕氏数量指数的计算公式如下：

$$I_{Pp} = \frac{\sum P^1 \times Q^1}{\sum P^0 \times Q^1} \tag{2-5}$$

$$I_{Pq} = \frac{\sum P^1 \times Q^1}{\sum P^1 \times Q^0} \tag{2-6}$$

其中，I_{Pp} 表示帕氏价格指数，I_{Pq} 表示帕氏数量指数。

帕氏指数由于以报告期变量值为权数，不能消除权数变动对指数的影响，因而使不同时期的指数缺乏可比性。但帕氏指数可以同时反映出价格和消费结构的变化，具有比较明确的经济意义。在实际应用中，常采用帕氏公式计算成本等价格指数。而帕氏数量指数由于包含了价格的变动，意味着是按调整后的价格来测定数量的综合变动，这本身不符合计算数量指数的目的，因此帕氏数量指数在实际中应用得很少。

帕氏指数和拉氏指数在计算结果上有差别，但两者并无对错之分，可以根据实际需要选用对应的指数。为了调和拉氏指数和帕氏指数的偏差并满足一些特定的需要，统计学家和经济学家根据拉氏指数和帕氏指数构造了新的综合指数，其中比较著名的有埃奇沃斯指数和费雪指数。

(1) 埃奇沃斯指数

埃奇沃斯指数是对拉氏指数和帕氏指数的权重进行算术平均的结果。埃奇沃斯价格指数和埃奇沃斯数量指数的计算公式如下：

$$I_{Mp} = \frac{\sum P^1 \times (\frac{Q^0 + Q^1}{2})}{\sum P^0 \times (\frac{Q^0 + Q^1}{2})} \tag{2-7}$$

$$I_{Mq} = \frac{\sum Q^1 \times (\frac{P^0 + P^1}{2})}{\sum Q^0 \times (\frac{P^0 + P^1}{2})} \tag{2-8}$$

其中，I_{Mp} 表示埃奇沃斯价格指数，I_{Mq} 表示埃奇沃斯数量指数。

(2) 费雪指数

费雪指数是对拉氏指数和帕氏指数进行几何平均的结果。费雪价格指数和费雪数量指数的计算公式如下：

$$I_{Fp} = \sqrt{I_{Lp} \times I_{Pp}} = \sqrt{\frac{\sum P^1 \times Q^0}{\sum P^0 \times Q^0} \times \frac{\sum P^1 \times Q^1}{\sum P^0 \times Q^1}} \tag{2-9}$$

$$I_{Fq} = \sqrt{I_{Lq} \times I_{Pq}} = \sqrt{\frac{\sum P^0 \times Q^1}{\sum P^0 \times Q^0} \times \frac{\sum P^1 \times Q^1}{\sum P^1 \times Q^0}} \tag{2-10}$$

其中，I_{Fp} 表示费雪价格指数，I_{Fq} 表示费雪数量指数。

2.1.2 实例应用：各类消费综合指数的计算

1. 实例的数据描述

表 2-1 列出的是甲、乙、丙、丁 4 种商品的价格和销量，假设选取这 4 种商品来计算消费指数，试据此计算各类消费综合指数。

表 2-1 商品销售表

商　　品	计 量 单 位	价　格		销　量	
		基期 P^0	报告期 P^1	基期 Q^0	报告期 Q^1
甲	千克	52	50	123	152
乙	台	43	41	23	57
丙	件	24	27	35	22
丁	套	31	35	33	17

2. 实例的操作步骤

(1) 新建一个 Excel 工作簿，命名为"各类消费综合指数的计算"，并在表格中输入相应的文字和数据，同时将指数值所在单元格区域的"单元格格式"设为"百分比"。

(2) 计算销售额和价格、销量以及销售额的合计数。其中：单元格 G3、H3、I3、J3 中的公式分别为"=C3*E3""=D3*F3""=D3*E3"和"=C3*F3"，单元格 C7 中的公式为

"=SUM(C3:C6)"，其余单元格的值由以上公式相应自动填充而来，结果如图 2-1 所示。

		价格		销量		销售额（元）			
商品	计量单位	基期 P^0	报告期 P^1	基期 Q^0	报告期 Q^1	P^0Q^0	P^1Q^1	P^1Q^0	P^0Q^1
甲	千克	52	50	123	152	6396	7600	6150	7904
乙	台	43	41	23	57	989	2337	943	2451
丙	件	24	27	35	22	840	594	945	528
丁	套	31	35	33	17	1023	595	1155	527
	合计	150	153	214	248	9248	11126	9193	11410

图 2-1　新建工作簿

(3) 计算同等加权指数。首先计算同等加权价格指数，在单元格 A9 中输入"同等加权价格指数"，相应地在单元格 C9 中输入公式"=D7/C7"，即 $\sum P^1 / \sum P^0$，按回车键即可得到结果为 102.00%。然后计算同等加权数量指数，在单元格 A10 中输入"同等加权数量指数"，相应地在单元格 C10 中输入公式"=F7/E7"，即 $\sum Q^1 / \sum Q^0$，按回车键即可得到结果为 115.89%，如图 2-2 所示。

(4) 计算基期加权指数(拉氏指数)。首先计算拉氏消费价格指数，在单元格 A11 中输入"拉氏消费价格指数"，相应地在单元格 C11 中输入公式"=I7/G7"，即 $\sum P^1Q^0 / \sum P^0Q^0$，按回车键即可得到结果为 99.41%。然后计算拉氏消费数量指数，在单元格 A12 中输入"拉氏消费数量指数"，相应地在单元格 C12 中输入公式"=J7/G7"，即 $\sum P^0Q^1 / \sum P^0Q^0$，按回车键即可得到结果为 123.38%，如图 2-3 所示。

	C10		f_x	=F7/E7
	A	B	C	D
9	同等加权价格指数		102.00%	
10	同等加权数量指数		115.89%	

图 2-2　同等加权指数的计算结果

	C12		f_x	=J7/G7
	A	B	C	D
11	拉氏消费价格指数		99.41%	
12	拉氏消费数量指数		123.38%	

图 2-3　基期加权指数的计算结果

(5) 计算报告期加权指数(帕氏指数)。首先计算帕氏消费价格指数，在单元格 A13 中输入"帕氏消费价格指数"，相应地在单元格 C13 中输入公式"=H7/J7"，即 $\sum P^1Q^1 / \sum P^0Q^1$，按回车键即可得到结果为 97.51%。然后计算帕氏消费数量指数，在单元格 A14 中输入"帕氏消费数量指数"，相应地在单元格 C14 中输入公式"=H7/I7"，即 $\sum P^1Q^1 / \sum P^1Q^0$，按回车键即可得到结果为 121.03%，如图 2-4 所示。

(6) 计算埃奇沃斯指数。首先计算埃奇沃斯消费价格指数，在单元格 A15 中输入"埃奇沃斯消费价格指数"，相应地在单元格 C15 中输入公式"=(D3*(E3+F3)/2+D4*(E4+F4)/2+D5*(E5+F5)/2+D6*(E6+F6)/2)/(C3*(E3+F3)/2+C4*(E4+F4)/2+C5*(E5+F5)/2+C6*(E6+F6)/2)"，即

$$\frac{\sum P^1 \times (\frac{Q^0+Q^1}{2})}{\sum P^0 \times (\frac{Q^0+Q^1}{2})}$$

，按回车键即可得到结果为 98.36%。然后计算埃奇沃斯消费数量指数，在

单元格 A16 中输入"埃奇沃斯消费数量指数",相应地在单元格 C16 中输入公式 "=(F3*(C3+D3)/2+F4*(C4+D4)/2+F5*(C5+D5)/2+F6*(C6+D6)/2)/(E3*(C3+D3)/2+E4*(C4+D4) /2+E5*(C5+D5)/2+E6*(C6+D6)/2)",即 $\dfrac{\sum Q^1 \times (\dfrac{P^0+P^1}{2})}{\sum Q^0 \times (\dfrac{P^0+P^1}{2})}$,按回车键即可得到结果为 122.21%,

如图 2-5 所示。

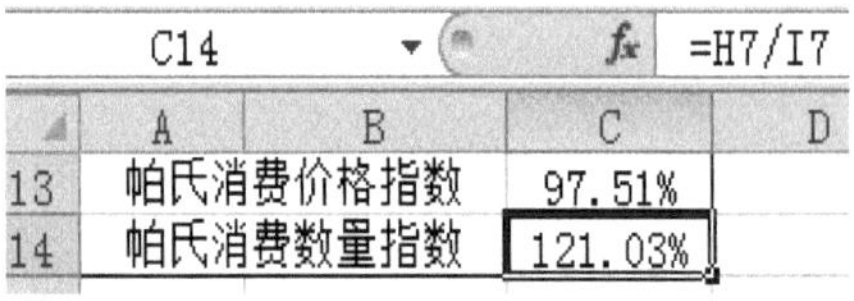

图 2-4 帕氏指数的计算结果 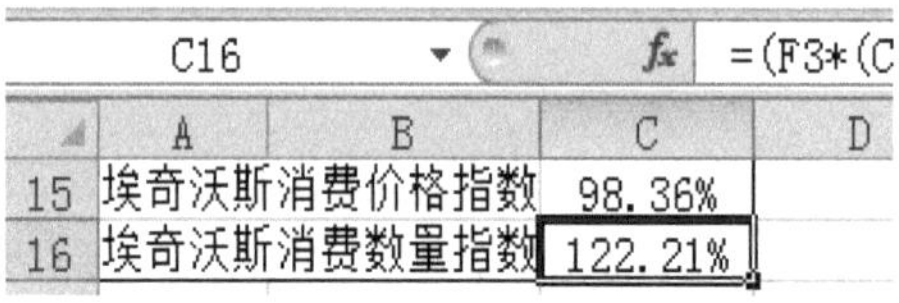   图 2-5 埃奇沃斯指数的计算结果

(7) 计算费雪指数。首先计算费雪消费价格指数,在单元格 A17 中输入"费雪消费价格指数",相应地在单元格 C17 中输入公式"=SQRT(C11*C13)",即 $\sqrt{I_{\text{Lp}} \times I_{\text{Pp}}}$,按回车键即可得到结果为 98.45%。然后计算费雪消费数量指数,在单元格 A18 中输入"费雪消费数量指数",相应地在单元格 C18 中输入公式"=SQRT(C12*C14)",即 $\sqrt{I_{\text{Lq}} \times I_{\text{Pq}}}$,按回车键即可得到结果为 122.20%,如图 2-6 所示。

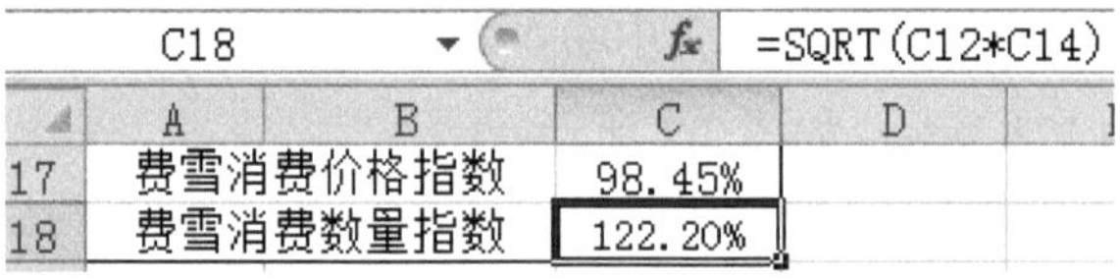

图 2-6 费雪指数的计算结果

3. 实例的结果分析

图 2-2 至图 2-6 分别显示了各种综合指数的计算结果。同等加权消费价格指数和同等加权消费数量指数分别为 102%和 115.89%,说明相对于基期,这 4 种商品的报告期价格上涨了 2%,销量增加了 15.89%,同等加权指数虽然计算简单,但并没有实际意义。拉氏消费价格指数为 99.41%,说明按基期销售量计算,相对于基期,这 4 种商品的报告期价格平均下降了 0.59%,且由于销售价格下跌使总的销售额减少了 55 元($\sum P^1 Q^0 - \sum P^0 Q^0$);拉氏消费数量指数为 123.38%,说明按基期价格计算,相对于基期,这 4 种商品的报告期销量增加了 23.38%,且由于销量增加使总的销售额增加了 2162 元($\sum P^0 Q^1 - \sum P^0 Q^0$)。

帕氏消费价格指数为 97.51%,说明按报告期销量计算,相对于基期,这 4 种商品的报告期价格平均下降了 2.49%,且由于销售价格下跌使总的销售额减少了 284 元 ($\sum P^1 Q^1 - \sum P^0 Q^1$);帕氏消费价格指数为 121.03%,说明按报告期价格计算,相对于基期,这 4 种商品的报告期销量增加了 21.03%，且由于销量增加使总的销售额增加了 1933 元 $(\sum P^1Q^1 - \sum P^1Q^0)$。另外，还可以看出，对拉氏和帕氏指数经过算术或几何平均后即为埃奇沃斯消费指数和费雪消费指数的结果。

2.2 平均指数

上一节所介绍的综合指数要求掌握所研究总体的全面统计数据，而在很多情况下，这是难以满足的。因此，除在较小范围内且商品品种较少的情况下，直接编制综合指数外，一般多编制平均指数，以得到研究对象的变化情况。

2.2.1 平均指数概述

平均指数是先求出指数的各组成部分的个体指数，然后将各个部分的个体指数平均，得到总体指数。由于指数中的不同个体具有不同的重要程度，因此需要对个体指数进行加权，实际中获得的数据一般为基期的总量数据 P^0Q^0 和报告期的总量数据 P^1Q^1。

1. 算术平均指数

算术平均指数是指在计算个体指数 k 后，以基期的总量数据 P^0Q^0 为权数，对个体指数使用算术平均的方法求得的平均值。算术平均指数可以分为价格算术平均指数和数量算术平均指数，计算公式如下：

$$\bar{k}_{Lp} = \frac{\sum \dfrac{P^1}{P^0}P^0Q^0}{\sum P^0Q^0} = \frac{\sum k_p P^0Q^0}{\sum P^0Q^0} \tag{2-11}$$

$$\bar{k}_{Lq} = \frac{\sum \dfrac{Q^1}{Q^0}P^0Q^0}{\sum P^0Q^0} = \frac{\sum k_q P^0Q^0}{\sum P^0Q^0} \tag{2-12}$$

其中，$\bar{k}_{Lp}$ 表示价格算术平均指数，$\bar{k}_{Lq}$ 表示数量算术平均指数。

2. 调和平均指数

调和平均指数是指在计算个体指数 k 后，以报告期的总量数据 P^1Q^1 为权数，对个体指数使用调和平均的方法求得的平均值。调和平均指数可以分为价格调和平均指数和数量调和平均指数，计算公式如下：

$$\overline{k}_{\text{Hp}} = \frac{\sum P^1 Q^1}{\sum \dfrac{P^0}{P^1} P^1 Q^1} = \frac{\sum P^1 Q^1}{\sum \dfrac{P^1 Q^1}{k_p}} \qquad (2\text{-}13)$$

$$\overline{k}_{\text{Hq}} = \frac{\sum P^1 Q^1}{\sum \dfrac{Q^0}{Q^1} P^1 Q^1} = \frac{\sum P^1 Q^1}{\sum \dfrac{P^1 Q^1}{k_q}} \qquad (2\text{-}14)$$

其中，$\overline{k}_{\text{Hp}}$ 表示价格调和平均指数，$\overline{k}_{\text{Hq}}$ 表示数量调和平均指数。

3. 固定加权平均指数

固定加权平均指数是指根据个体指数编制总指数时所依据的权数在一定时期内(如 5 年)保持不变计算得到的平均值。固定权数的资料，可以根据有关的普查、抽样调查或全面统计报表资料进行计算来确定，权数的表现形式为相对数(比重)。从理论上讲，编制指数时也应有固定加权算术平均数和固定加权调和平均数之分，但在实际应用中极少采用固定加权调和平均数，主要采用固定加权算术平均数，故这里只介绍固定加权算术平均指数，如价格指数的计算公式为：

$$\overline{k}_{\text{p}} = \frac{\sum k_{\text{p}} w}{\sum w} \qquad (2\text{-}15)$$

其中，$\overline{k}_{\text{p}}$ 为价格总指数，k_p 为价格个体(类)指数，w 为各类商品零售额在总零售额中所占的比重。

平均指数只是相应综合指数的变形，其结果的实际意义与综合指数相同。但是，在实际应用中，平均指数的编制既可以使用全面资料，也可以使用非全面资料。若依据的是非全面资料计算总指数，个体指数与基期、报告期总值数据之间不存在严格的一一对应关系时，其结果的实际意义则与综合指数有一定的差别。

2.2.2　实例应用：消费算术平均指数和消费调和平均指数的计算

1. 实例的数据描述

表 2-2 列出的是 A、B、C 三种商品的个体指数和基期销售额，假设选取这三种商品来计算消费指数，试据此计算消费算术平均指数和消费调和平均指数。

表 2-2　三种商品个体指数及销售额

商　品	计量单位	个 体 指 数		销售额/元	
		个体价格指数(%)k_p	个体销量指数(%)k_p	基期销售额 P^0Q^0	报告期销售额 P^1Q^1
A	件	95	110	40 000	41 800
B	桶	104	125	4000	5200
C	袋	125	120	3000	4500

2. 实例的操作步骤

(1) 新建一个 Excel 工作簿，命名为"消费算术平均指数和消费调和平均指数的计算"，并在表格中输入相应的文字和数据，同时将指数值所在单元格区域的"单元格格式"设为"百分比"。

(2) 计算 $k_p P^0 Q^0$、$k_q P^0 Q^0$、$P^1 Q^1 / k_p$、$P^1 Q^1 / k_q$ 以及销售额和 $k_p P^0 Q^0$、$k_q P^0 Q^0$、$P^1 Q^1 / k_p$、$P^1 Q^1 / k_q$ 的合计数。其中：单元格 G3、H3、I3、J3 中的公式分别为"=C3*E3""=D3*E3""=F3/C3"和"=F3/D3"，单元格 E6 中的公式为"=SUM(E3:E5)"，其余单元格的值由以上公式相应自动填充而来，结果如图 2-7 所示。

	A	B	C	D	E	F	G	H	I	J
1	商品	计量单位	个体指数		销售额(元)		$k_p P^0 Q^0$	$k_q P^0 Q^0$	$P^1 Q^1 / k_p$	$P^1 Q^1 / k_q$
2			个体价格指数k_p	个体销量指数k_q	基期 $P^0 Q^0$	报告期 $P^1 Q^1$				
3	A	件	95%	110%	40000	41800	38000	44000	44000	38000
4	B	桶	104%	125%	4000	5200	4160	5000	5000	4160
5	C	袋	125%	120%	3000	4500	3750	3600	3600	3750
6	合计		—	—	47000	51500	45910	52600	52600	45910

图 2-7　新建工作簿

(3) 计算消费算术平均指数。首先计算价格算术平均指数，在单元格 A8 中输入"价格算术平均指数"，相应地在单元格 C8 中输入公式"=G6/E6"，即 $\sum k_p P^0 Q^0 / \sum P^0 Q^0$，按回车键即可得到结果为 97.68%。然后计算数量算术平均指数，在单元格 A9 中输入"数量算术平均指数"，相应地在单元格 C9 中输入公式"=H6/E6"，即 $\sum k_q P^0 Q^0 / \sum P^0 Q^0$，按回车键即可得到结果为 111.91%，如图 2-8 所示。

(4) 计算消费调和平均指数。首先计算价格调和平均指数，在单元格 A10 中输入"价格调和平均指数"，相的地在单元格 C10 中输入公式"=F6/I6"，即 $\sum P^1 Q^1 / \sum \dfrac{P^1 Q^1}{k_p}$，按回车键即可得到结果为 97.91%。然后计算数量调和平均指数，相应地在单元格 C11 中输入"数量调和平均指数"，相应地在单元格 C11 中输入公式"=F6/J6"，即 $\sum P^1 Q^1 / \sum \dfrac{P^1 Q^1}{k_q}$，按回车键即可得到结果为 112.18%，如图 2-9 所示。

C9		f_x	=H6/E6
	A	B	C
8	价格算术平均指数		97.68%
9	数量算术平均指数		111.91%

图 2-8　消费算术平均指数的计算结果

C11		f_x	=F6/J6
	A	B	C
10	价格调和平均指数		97.91%
11	数量调和平均指数		112.18%

图 2-9　消费调和平均指数的计算结果

3. 实例的结果分析

消费价格算术平均指数和消费数量算术平均指数分别以个体价格指数和个体销量指数为变量、基期销售额为权数计算得到。从图 2-8 显示的结果来看，虽然 B 商品和 C 商品的个体价格指数都大于 100%，但由于这两种商品的销售额占销售总额的比重很小，因此对商品总体的影响小，而降价 5%的 A 商品因其销售额所占比重大，使得平均而言，三种商品的价格报告期比基期降低了 2.32%。由于价格总体水平的下跌，使得三种商品的销售额报告期比基期减少了 1090 元($\sum k_p P^0 Q^0 - \sum P^0 Q^0$)。同理可知，尽管 B 商品和 C 商品的销量增幅超过了 20%，但由于 A 商品的销售额占销售总额的绝大比重，故三种商品的销量平均而言增长了 11.91%。由于销量增长，使得三种商品的销售额报告期比基期增加了 5600 元($\sum k_q P^0 Q^0 - \sum P^0 Q^0$)。

消费价格调和平均指数和消费数量调和平均指数分别以个体价格指数和个体销量指数为变量、报告期销售额为权数计算得到。从图 2-9 显示的结果来看，虽然 B 商品和 C 商品的个体价格指数都大于 100%，但由于这两种商品的销售额占销售总额的比重很小，因此对商品总体的影响小，而降价 5%的 A 商品因其销售额所占比重大，使得三种商品的价格平均而言报告期比基期降低了 2.09%。由于价格总体水平的下跌，使得三种商品的销售额报告期比基期减少了 1100 元($\sum P^1 Q^1 - \sum P^1 Q^1 / k_p$)。同理可知，尽管 B 商品和 C 商品的销量增幅超过了 20%，但由于 A 商品的销售额占销售总额的绝大比重，故三种商品的销量平均而言增长了 12.18%。由于销量增长，使得三种商品的销售额报告期比基期增加了 5590 元($\sum P^1 Q^1 - \sum P^1 Q^1 / k_q$)。

2.2.3　实例应用：价格总指数的计算

1. 实例的数据描述

有甲、乙、丙三类商品，其代表规格品的个体价格指数分别为：95%、105%、120%，根据过去的资料经分析调整后，三类商品的分类销售额在全部销售额中所占的比重分别为：40%、25%、35%，试计算三类商品的价格总指数。

2. 实例的操作步骤

(1) 新建一个 Excel 工作簿，命名为"价格总指数的计算"，并在表格中输入相应的文字和数据，同时将指数值所在单元格区域的"单元格格式"设为"百分比"。

(2) 计算 k_pw 及其合计值。在单元格 E2 中输入公式"=C2*D2"，按回车键并将公式复制至 E4；在单元格 E5 中输入公式"=SUM(E2:E4)"，按回车键即可，如图 2-10 所示。

	A	B	C	D	E
1	商品	计量单位	个体价格指数 k_p	在销售额所占比重 W	k_pw
2	甲	台	95%	40%	38.00%
3	乙	斤	105%	25%	26.25%
4	丙	件	120%	35%	42.00%
5	合计		—	100%	106.25%

图 2-10　新建工作簿

(3) 计算价格总指数。在单元格 A6 中输入"价格总指数"，相应地在单元格 C6 中输入公式"=E5/D5"，即 $\sum k_pw / \sum w$，按回车键即可得到价格总指数为 106.25%，如图 2-11 所示。

C6		f_x	=E5/D5
	A	B	C
6	价格总指数		106.25%

图 2-11　价格总指数的计算结果

3．实例的结果分析

从图 2-11 所显示的结果可以看出，受甲、乙、丙三类商品占总销售额比重的影响，三类商品的价格水平平均而言报告期比基期上涨了 6.25%。尽管丙类商品的个体价格指数涨幅达到了 20%，但由于个体价格指数下降 5% 的甲类商品的销售额占销售总额的绝大比重，故三类商品的总体价格水平平均而言上涨了 6.25%。

2.3　本章小结

本章主要介绍了如何利用 Excel 计算统计指数来描述单个变量或一组变量的相对变化，按照"先综合还是先对比"将统计指数分为"先综合，后对比"的综合指数和"先对比，后平均"的平均指数。在综合指数中，主要介绍了同等加权指数、拉氏指数、帕氏指数以及由拉氏指数和帕氏指数综合得到的埃奇沃斯指数和费雪指数四个主要的类型。在平均指数中，主要介绍了算术平均指数、调和平均指数和调和固定平均指数三大类。

在经济工作中，指数的方法常常用来量化复杂现象的变化程度，为相关部门作决策提供参考依据。比如，居民消费价格指数、工业品价格指数、股票价格指数、货币购买力指数等都是经济工作中常常需要编制以及运用的指数，这些指数的具体编制方法可以查阅相关书籍。定期编制统计指数不仅可以了解所研究现象的变化情况，而且还可以分析导致变化的原因所在。

2.4 上机题

1. 某大型商场甲、乙、丙三种商品的销售资料如表 2-3 所示。

表 2-3　某大型商场甲、乙、丙三种商品的销售资料

商　品	计 量 单 位	价格(元/辆、包、件)		销　量	
		基 期 价 格	报告期价格	基 期 销 量	报告期销量
甲	辆	200	190	200	220
乙	包	50	52	80	100
丙	件	20	27	150	180

要求：(1) 计算甲、乙、丙三种商品销售情况的综合指数；

　　　(2) 计算甲、乙、丙三种商品的价格和销量的个体指数；

　　　(3) 计算甲、乙、丙三种商品销售情况的算术平均指数和调和平均指数；

　　　(4) 分析甲、乙、丙三种商品销售价格及销量的变动对销售总额有何影响。

2. 某外贸公司甲、乙、丙三种产品在 2010 年和 2011 年的出口价及其出口量资料如表 2-4 所示。

表 2-4　某外贸公司甲、乙、丙三种产品 2010 年和 2011 年的出口价及出口量资料

产　品	计 量 单 位	出　口　价		出　口　量	
		2010 年	2011 年	2010 年	2011 年
甲	吨	100	120	800	820
乙	件	80	110	8000	10000
丙	套	120	130	6000	6500

要求：运用本章所学的指标编制方法，分别从相对数和绝对数两个角度分析出口价和出口量的变动对出口额的影响。

3. 有甲、乙、丙三类商品，其代表规格品的个体价格指数和分类销售额在全部销售额中所占的比重如表 2-5 所示。

表 2-5　甲、乙、丙三类商品的个体价格指数及在总销售额中所占的比重

商　品	计 量 单 位	个体价格指数	在总销售额中所占比重
甲	台	87%	45%
乙	斤	110%	30%
丙	个	135%	20%

要求：(1) 计算甲、乙、丙三类商品的价格总指数；

　　　(2) 分析甲、乙、丙三类商品个体价格指数及在总销售额中所占的比重对价格总指数的影响。

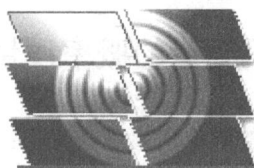

第 3 章

常用统计分布绘图

现实生活中，存在很多随机现象。比如，抛一个硬币，可能出现正面，也可能出现反面；投一个骰子，可能出现 1 点到 6 点之间的某一个数。在统计分析时，常常需要研究随机现象中所暗含的内在规律性，为此引入了一个特殊的变量——随机变量(random variable)，该变量表示随机现象的各种结果，即借此变量使随机现象的结果数量化，以便使用高度的、精确的数学工具加以研究和描述。而对一个随机变量的完整描述被称为随机变量的分布。统计分布的绘图过程旨在实现对随机变量分布特征的图形表示，使用图形可以显示数据中只通过查看工作表难于评估的模式、关系和分布。所选择的图形取决于所分析的数据的类型以及希望通过绘图所显示的内容。

按照随机变量可能取得的值，可以把它们分为两种基本类型：

(1) 离散型随机变量，即在一定区间内变量取值为有限个，或数值可以一一列举出来。例如某地区某年人口的出生数、死亡数，某药治疗某病病人的有效数、无效数等。

(2) 连续型随机变量，即在一定区间内变量取值有无限个，或数值无法一一列举出来。例如某地区男性健康成人的身长值、体重值，黄河水深度等。

描述离散型随机变量的函数为概率质量函数(probability mass function)，描述连续型随机变量的函数为概率密度函数(probability density function)。

本章首先在前两节对一般的离散型和连续型分布图形的绘制过程和方法予以介绍，然后着重阐述几种在统计学上具有很强实用性的离散型分布和连续型分布所对应的函数图像的绘制。这些分布包括：正态分布、泊松分布、指数分布、卡方分布(X^2分布)、t 分布和 F 分布。

3.1 一般概率函数图形绘制

随机变量分为离散型随机变量和连续型随机变量两类，分别对应概率质量函数和概率密度函数。下面依次介绍两种函数图形的绘制过程和方法。

3.1.1 离散型随机变量的概率质量函数

离散型随机变量 X 的概率质量函数如下：

$$f_X(x) = P(X = x) \tag{3-1}$$

对每一个概率质量函数 $f_X(x)$，必须满足如下两个条件：

(1) 对所有的 x，$f_X(x) \geqslant 0$；

(2) $\sum_x f_X(x) = 1$。

用概率的语言叙述，即满足概率质量函数的非负性和归一性。

3.1.2 实例应用：随机变量 X 的概率质量函数图的绘制

1. 实例的数据说明

同时掷两颗质地均匀的骰子，观察朝上一面出现的点数，则两颗骰子中出现的较大点数 X 的概率分布如表 3-1 所示，试绘制随机变量 X 的概率质量函数图。

表 3-1 随机变量 X 的概率分布

X	1	2	3	4	5	6
概率	1/36	3/36	5/36	7/36	9/36	11/36

2. 实例的操作步骤

(1) 新建一个 Excel 工作簿，命名为“概率质量函数图的绘制”，并在表格中输入相应的文字和数据，如图 3-1 所示。

(2) 选定单元格区域“C3:D8”，准备将数字格式化为分数格式，再输入数据。右击鼠标，选择菜单中的“设置单元格格式”命令，弹出“设置单元格格式”对话框。选择“数字”选项卡，在“分类”列表中选定“分数”选项，再在“类型”列表中选定“分母为两位数”，表示要采取分数格式，单击“确定”按钮。在单元格 C3 中输入“=1/36”，就会显示 1/36。依次输入单元格 C3:D8 的数据，就会显示如图 3-1 所示的数据表。

	A	B	C	D
1	随机变量X的概率分布			
2	X		概率f（x）	累积概率F（x）
3	1	f（1）=	1/36	1/36
4	2	f（2）=	1/12	1/9
5	3	f（3）=	5/36	1/4
6	4	f（4）=	7/36	4/9
7	5	f（5）=	1/4	25/36
8	6	f（6）=	11/36	1
9				

图 3-1 X 的概率分布数据表

(3) 选择"插入"→"图表"→"柱形图"命令，在柱形图下拉子图表类型中，根据需要选择二维柱形图中的第一种柱形图"簇状柱形图"，如图 3-2 所示。

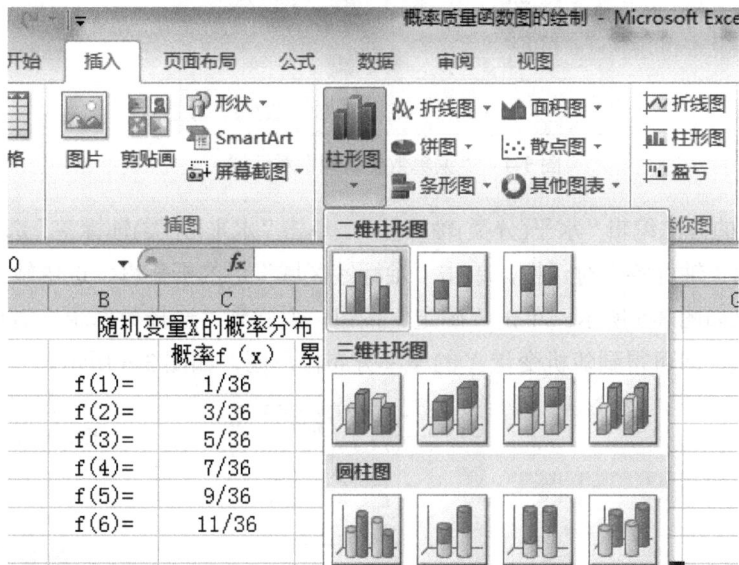

图 3-2　选择柱形图

(4) 在"图表工具"的"设计"选项卡的"数据"组中，单击"选择数据"，随即弹出"选择数据源"对话框，如图 3-3 所示。在"图例项(系列)"选项组中，单击"添加"按钮，弹出"编辑数据系列"对话框，单击"系列名称"后的折叠框，选中输入的单元格区域 C2，同样单击"系列值"后的折叠框，选中输入的单元格区域 C3:C8，结果如图 3-4 所示，最后单击"确定"按钮，返回到"选择数据源"对话框。

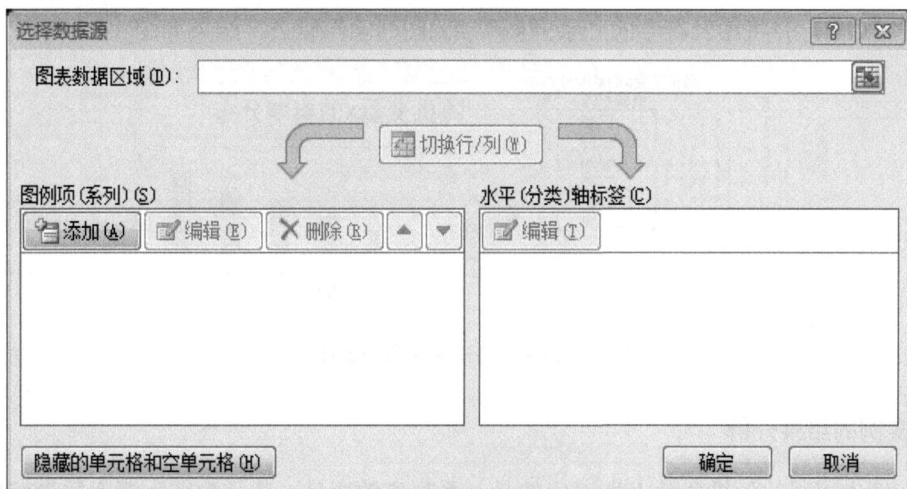

图 3-3　"选择数据源"对话框

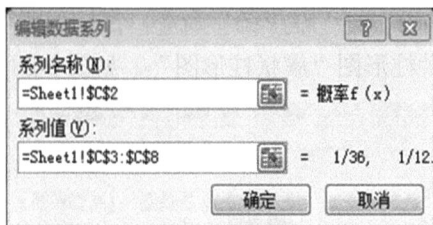

图 3-4　"编辑数据系列"对话框

(5) 以同样的方法编辑"水平(分类)轴标签"，单击"水平(分类)轴标签"选项组中的"编辑"按钮，弹出"轴标签"对话框，单击"轴标签区域"后的折叠框，选中输入的单元格区域 A3:A8，结果如图 3-5 所示。单击"确定"按钮，返回到"选择数据源"对话框，再次单击"确定"按钮，即可得到随机变量 X 的概率分布柱形图，如图 3-6 所示。

图 3-5　"轴标签"对话框

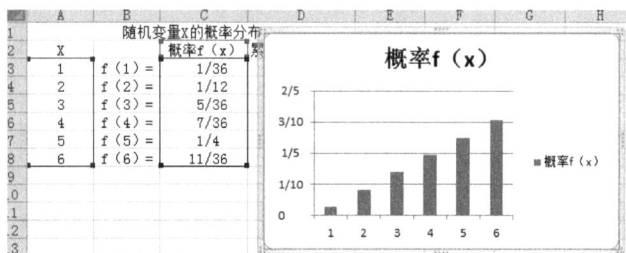

图 3-6　随机变量 X 的概率质量函数图

(6) 单击图表将其激活，在"图表工具"的"布局"选项卡的"标签"组中，单击"图表标题"→"图表上方"，修改图表标题为"随机变量 X 的概率分布"。在"布局"选项卡的"标签"组中，单击"坐标轴标题"→"主要横坐标轴标题"→"坐标轴下方标题"，输入"随机变量 X"。然后单击"坐标轴标题"→"主要纵坐标轴标题"→"竖排标题"，输入"概率 f(x)"，并将图表右方的"系列概率 f(x)图列项"删去，结果如图 3-7 所示。

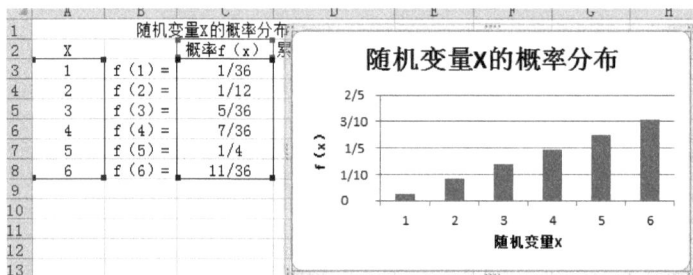

图 3-7　加标题的概率质量函数图

3. 实例的结果分析

该实例中出现的随机变量 X 所对应的是一系列离散变量，其函数图为概率质量函数图，从图 3-7 输出的结果可以看出这一点。之所以随机变量 X 从 1 到 6 对应的概率越来越大，是因为我们选择两颗骰子中出现的较大点数为随机变量 X，显然出现最大点 6 的概率最大。

3.1.3　连续型随机变量的概率密度函数

设 ξ 是随机变量，$F(x)$ 是它的分布函数，若存在一个非负可积函数 $f(x)$，使得对任意的 $x \in (-\infty, +\infty)$，有 $F(x) = P(\xi \leqslant x) = \int_{-\infty}^{x} f(t)\mathrm{d}t$，则称 ξ 为连续型随机变量，$f(x)$ 称为 ξ 的概率密度函数。显然，对每一个概率密度函数 $f(x)$ 必须满足以下两个要求：

(1) 对所有 x，有 $f(x) \geqslant 0$；

(2) $\int_{-\infty}^{+\infty} f(x)\mathrm{d}x = 1$。

用概率的语言叙述，即满足概率质量函数的非负性和归一性。

概率密度函数 $f(x)$ 在几何上表示为一条分布密度曲线，而分布函数 $F(x)$ 则表示为以分布密度曲线 $f(x)$ 为顶，以 X 轴为底，从 $-\infty$ 到 x 的一块表面积。

3.1.4　实例应用：随机变量 X 的概率密度函数图的绘制

1. 实例的数据说明

设随机变量 X 的概率密度函数如下：

$$f(x) = \begin{cases} \dfrac{1}{10}x, & 0 \leqslant x \leqslant 5 \\ 0, & x < 0 \text{ 或 } x > 5 \end{cases}$$

试绘制出连续型随机变量 X 的概率密度函数图。

2. 实例的操作步骤

(1) 新建一个 Excel 工作簿，命名为"概率密度函数图的绘制"，并在表格中输入相应的文字、数据和公式，如图 3-8 所示。在单元格 B3 中输入公式后按回车键，得到 $f(0)$ 为 0.00。

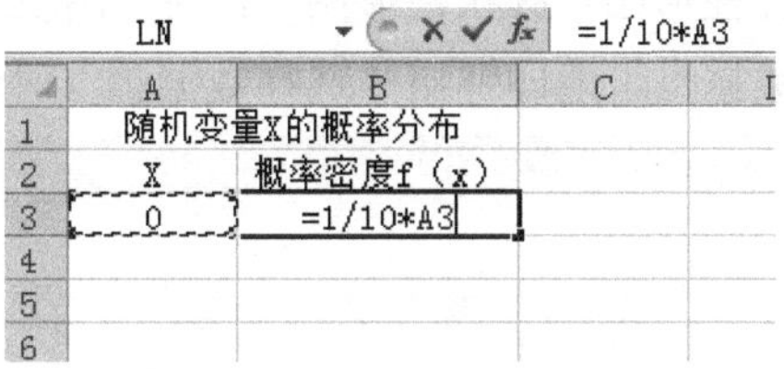

图 3-8　编辑 Excel 工作簿

(2) 选定单元格区域 A3:A53，选择"开始"→"编辑"→"填充"命令，在下拉菜单中选择"系列"以填充序列，如图 3-9 所示。接着弹出"序列"对话框，在"序列产生在"选项组中选定"列"单选框；在"类型"选项组中选定"等差序列"单选框；在"步长值"文本框中输入"0.1"；在"终止值"文本框中输入"5"，如图 3-10 所示。单击"确定"按钮，会看到在单元格 A3:A53 中分别显示 0、0.1、…、4.9、5。

(3) 选定单元格 B3，将公式复制至单元格 B53，这样就得到一列根据概率密度公式计算得出的概率值。选定第 7 至 48 行，右击鼠标，在下拉菜单中选择"隐藏"命令，画面显示如图 3-11 所示。

图 3-9　选择"填充序列"命令

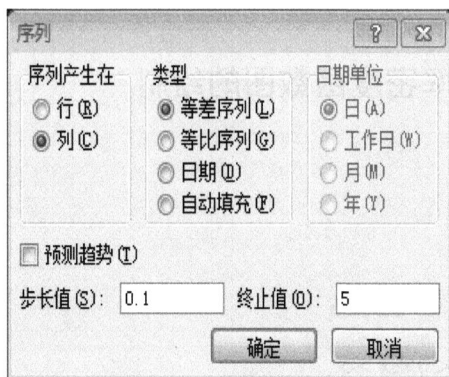

图 3-10　"序列"对话框

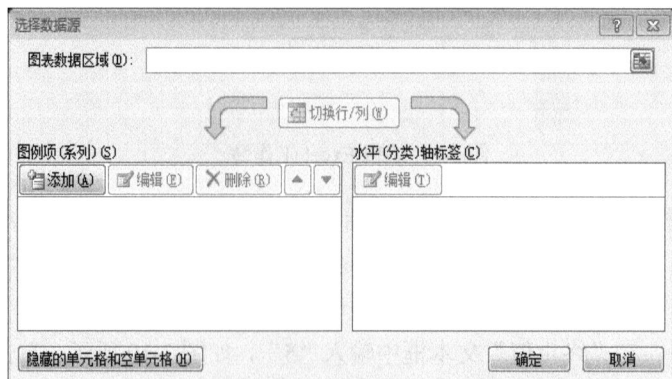

图 3-11　随机变量 X 的概率密度数据

(4) 在图 3-11 中，显示第 7 至第 48 行已经被隐藏起来了，若要绘图则需取消隐藏。选中 Excel 表格中的第 6 和第 49 行，右击鼠标，在下拉菜单中选择"取消隐藏"命令即可。

(5) 选择"插入"→"图表"→"柱形图"命令，在柱形图下拉子图表类型中，根据需要选择二维柱形图中的第一种柱形图"簇状柱形图"。在"图表工具"的"设计"选项卡的"数据"组中，单击"选择数据"，随即弹出"选择数据源"对话框，如图 3-12 所示。

图 3-12　"选择数据源"对话框

(6) 在"图例项(系列)"选项组中，单击"添加"按钮，弹出"编辑数据系列"对话框，单击"系列名称"后的折叠框，选中输入的单元格区域 A1，同样单击"系列值"后的折叠框，选中输入的单元格区域 B3:B53，结果如图 3-13 所示，最后单击"确定"按钮，返回到"选择数据源"对话框。

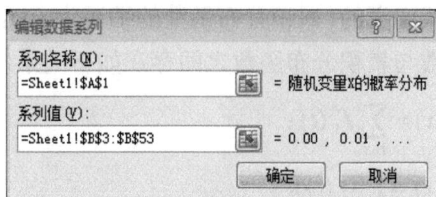

图 3-13　"编辑数据系列"对话框

(7) 以同样的方法编辑"水平(分类)轴标签"，单击"水平(分类)轴标签"选项组中的"编辑"按钮，弹出"轴标签"对话框，单击"轴标签区域"后的折叠框，选中输入的单元格区域 A3:A53，结果如图 3-14 所示。单击"确定"按钮，返回到"选择数据源"对话框，再次单击"确定"按钮，即可得到连续型随机变量 X 的概率密度函数的图形，如图 3-15 所示。

图 3-14　"轴标签"对话框　　　　　图 3-15　概率密度函数图

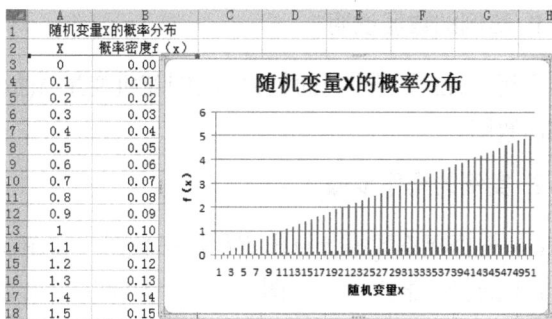

3. 实例的结果分析

连续型随机变量不是指随机变量的取值范围具有连续性，而是其取值的概率具有连续性。该实例中我们只能尽可能多地为随机变量 X 取值，显示概率密度函数图。如果随机变量 X 的取值能够达到无限多，则其概率密度函数图，即图 3-15 所显示的图形的斜边，将是一个连续的线段；而对应的累积分布函数图将是一个封闭的三角形。

3.2　累积分布图形绘制

3.2.1　累积分布函数

定义随机变量 X 的累积分布函数(cumulative distribution function)$F(x)$为如下的关于每个实

数 x 的函数：

$$F(x) = P(X \leqslant x), \quad -\infty < x < +\infty \tag{3-2}$$

有必要指出的是，无论随机变量 X 的分布是离散型、连续型还是两者的混合型，它的累积分布函数都是通过这种方式定义的。累积分布函数的缩写为 CDF。通过以上定义不难发现，概率质量函数或概率密度函数与累积分布函数之间存在如下关系：

对于概率质量函数，$F(x) = \sum_{t \leqslant x} f_X(t)$；

对于概率密度函数，$F(x) = \int_{-\infty}^{x} f(t)\mathrm{d}t$。

所以，对于概率密度(质量)函数和累积分布函数，知道其中一个就可以方便地推出另一个。

3.2.2 实例应用：随机变量 X 的累积分布函数图的绘制

1. 实例的数据说明

采用 3.1.2 实例应用的数据，绘制随机变量 X(掷两颗骰子每次出现的点数较大者)的累积分布函数图。

2. 实例的操作步骤

(1) 根据概率数据计算出累积概率数据，如图 3-1 中 D 列所示。

(2) 选择"插入"→"图表"→"柱形图"命令，在柱形图下拉子图表类型中，根据需要选择二维柱形图中的第一种柱形图"簇状柱形图"。在"图表工具"的"设计"选项卡的"数据"组中，单击"选择数据"，随即弹出"选择数据源"对话框，如图 3-16 所示。

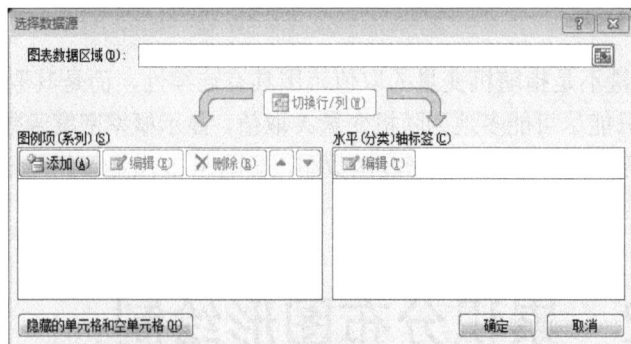

图 3-16　"选择数据源"对话框

(3) 在"图例项(系列)"选项组中，单击"添加"按钮，弹出"编辑数据系列"对话框，单击"系列名称"后的折叠框，选中输入的单元格区域 A1，同样单击"系列值"后的折叠框，选中输入的单元格区域 D3:D8，结果如图 3-17 所示，最后单击"确定"按钮，返回到"选择数据源"对话框。

(4) 以同样的方法编辑"水平(分类)轴标签",单击"水平(分类)轴标签"选项组中的"编辑"按钮,弹出"轴标签"对话框,单击"轴标签区域"后的折叠框,选中输入的单元格区域 A3:A8,结果如图 3-18 所示。单击"确定"按钮,返回到"选择数据源"对话框,再次单击"确定"按钮,即可得到随机变量 X 的累积概率函数图,如图 3-19 所示。

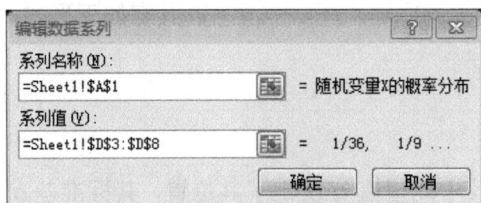

图 3-17　"编辑数据系列"对话框　　　　图 3-18　"轴标签"对话框

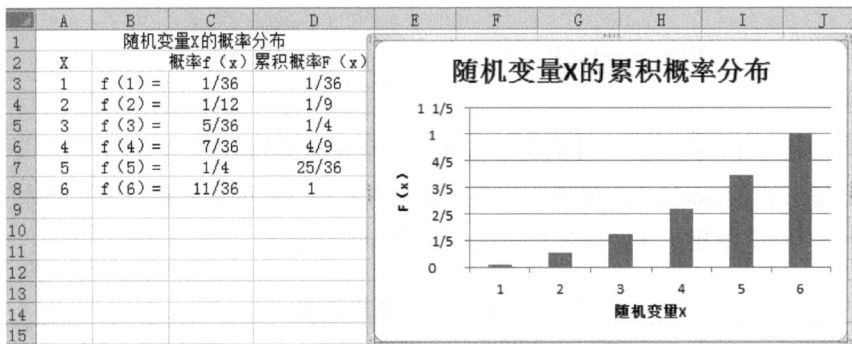

图 3-19　随机变量 X 的累积概率函数图

3. 实例的结果分析

图 3-19 显示的是离散型随机变量的累积概率函数图,将该图与图 3-7 相比较不难发现概率质量函数和累积分布函数的函数关系。另外,如果将该图与图 3-15 相比较,也不难发现离散型随机变量的累积概率分布图和连续型随机变量的累积概率分布图的区别,即一个是柱形图所对应的高度,一个是封闭图形所对应的面积。

3.3　正态分布图形绘制

正态分布(有时也称为高斯分布)是一个在数学、物理及工程等领域都非常重要的概率分布,在统计学的许多方面有着重大的影响力。主要原因有三个:

首先,正态分布或与其相联系的分布的随机变量在统计分析时更易于处理;

其次,正态分布的概率密度函数曲线为人们所熟悉的钟形曲线,它的对称性质使得它成为许多总体模型分布假设的首选。尽管还有很多分布的概率密度函数曲线也为钟形曲线,但大多数都不具有正态分布的统计易处理性;

第三，根据中心极限定理，在大样本条件下，正态分布可以近似于其他分布。

3.3.1 正态分布函数

如果连续型随机变量 X 的概率密度函数 $f(x\,|\,\mu,\sigma)(-\infty < \mu < +\infty, \sigma > 0)$ 具有如下形式：

$$f(x\,|\,\mu,\sigma) = \frac{1}{\sqrt{2\pi}\sigma} e^{-\frac{(x-\mu)^2}{2\sigma^2}}, \quad -\infty < x < +\infty \tag{3-3}$$

则称 X 服从均值为 μ、方差为 σ^2 的正态分布。其中期望值 μ 决定了其位置，其标准差 σ 决定了分布的幅度。对应的分布函数为：

$$F(x\,|\,\mu,\sigma) = P(X \leqslant x) = \int_{-\infty}^{+\infty} \frac{1}{\sqrt{2\pi}\sigma} e^{-\frac{(x-\mu)^2}{2\sigma^2}} \mathrm{d}x \tag{3-4}$$

特别的，定义 $\mu = 0$ 且 $\sigma^2 = 1$ 的正态分布为标准正态分布。

关于正态分布，Excel 2010 提供了 4 个函数来求正态分布的函数值或给定概率下的正态分布区间点。表 3-2 给出了各个函数所对应的功能和语法格式。

表 3-2　正态分布函数一览表

正态分布函数	功　　能	语 法 格 式
NORM.DIST 函数	返回正态分布函数值	NORM.DIST(x,mean,standard_dev,cumulative)
NORM.INV 函数	返回具有给定概率正态分布的区间点	NORM.INV(probability, mean,standard_dev)
NORM.S. DIST 函数	返回标准正态分布函数值	NORM.S. DIST (x, cumulative)
NORM.S.INV 函数	返回标准正态分布的区间点	NORM.S.INV(probability)

其中，x 表示用来计算正态分布(或标准正态分布)函数值的区间点；mean 表示正态分布的算术平均，即均值；standard_dev 表示正态分布的标准差；probability 表示正态分布概率；cumulative 为逻辑值，决定函数的形式。如果 cumulative 为 TRUE，则返回累积分布函数，如果 cumulative 为 FALSE，则返回概率密度函数。NORMDIST 来求解正态分布，该函数的功能是计算指定均值和标准差条件下的正态分布函数。

3.3.2 实例应用：某地区 18 岁女青年血压的正态分布函数图的绘制

1. 实例的数据说明

某地区 18 岁女青年的血压(收缩压，以 mm-Hg 计，设为随机变量 X)近似服从 N(110, 12^2)的正态分布，即 $\mu = 110$，$\sigma^2 = 114$。试绘制该地区 18 岁女青年的血压(随机变量 X)的概率密度函数图。

分析：因为随机变量 X 服从 $\mu = 110$，$\sigma^2 = 114$ 的正态分布，根据概率论知识，令

$Y = \dfrac{X - \mu}{\sigma} = \dfrac{X - 110}{12}$，则随机变量 Y 服从标准正态分布，所以 Y 落在 ±2.5 的概率达到 99.38%，

即 $P(-2.5 \leqslant Y \leqslant 2.5) = P(-2.5 \leqslant \dfrac{X - 110}{12} \leqslant 2.5) = 99.38\%$。绝大部分的数据落在 ±2.5 之间，所以我们将数据表中 Y 的最大值取为 2.5，最小值取为 -2.5，即随机变量 X 的最大取值为 140，最小取值为 80。

2. 实例的操作步骤

(1) 新建一个 Excel 工作簿，命名为"正态分布函数图的绘制"，并在表格中输入相应的文字和数据，如图 3-20 所示。

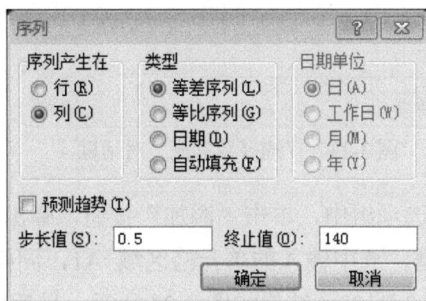

图 3-20　新建"正态分布函数图的绘制"工作簿

(2) 在单元格 A3 中输入"80"，选定单元格区域 A3:A123，选择"开始"→"编辑"→"填充"命令，在下拉菜单中选择"系列"以填充序列。接着弹出"序列"对话框，在"序列产生在"选项组中选定"列"单选框；在"类型"选项组中选定"等差序列"单选框；在"步长值"文本框中输入"0.5"；在"终止值"文本框中输入"140"，如图 3-21 所示。单击"确定"按钮，会看到在单元格 A3:A123 中分别显示 80、80.5、…、139.5、140。

图 3-21　"序列"对话框

(3) 利用 Excel 自带的正态分布函数 NORMDIST，在 B3 中输入公式："=NORMDIST(A3,110,12,FALSE)"，得到结果 0.001460692。选中单元格 B3，将公式复制至单元格 B123，这样就得到一列根据标准正态分布概率密度公式计算得出的概率值。选定第 9 至 112 行，右击鼠标，在下拉菜单中选择"隐藏"命令，画面显示如图 3-22 所示。

	A	B	C	D	E
1		随机变量X的正态分布			
2	X	f（x）		均值=	110
3	80	0.001460692		标准差=	12
4	80.5	0.001619648			
5	81	0.001792787			
6	81.5	0.001980992			
7	82	0.002185157			
8	82.5	0.002406184			
113	135	0.003795329			
114	135.5	0.003476749			
115	136	0.003179385			
116	136.5	0.002902412			
117	137	0.002644971			
118	137.5	0.002406184			
119	138	0.002185157			
120	138.5	0.001980992			
121	139	0.001792787			
122	139.5	0.001619648			
123	140	0.001460692			

图 3-22　正态分布基本数据

(4) 在图 3-22 所示的数据表中，第 9 至 112 行已被隐藏起来，若要绘图，则需要取消隐藏。取消隐藏后，选择"插入"→"图表"→"柱形图"命令，在柱形图下拉子图表类型中，根据需要选择二维柱形图中的第一种柱形图"簇状柱形图"。在"图表工具"的"设计"选项卡的"数据"组中，单击"选择数据"，随即弹出"选择数据源"对话框，如图 3-23 所示。

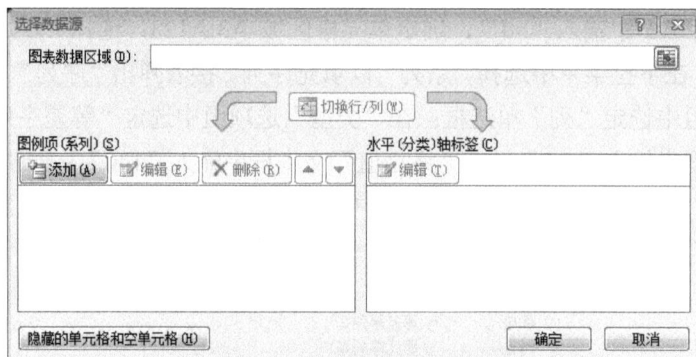

图 3-23　"选择数据源"对话框

(5) 在"图例项(系列)"选项组中，单击"添加"按钮，弹出"编辑数据系列"对话框，单击"系列名称"后的折叠框，选中输入的单元格区域 A1，同样单击"系列值"后的折叠框，选中输入的单元格区域 B3:B123，结果如图 3-24 所示，最后单击"确定"按钮，返回到"选择数据源"对话框。

(6) 以同样的方法编辑"水平(分类)轴标签"，单击"水平(分类)轴标签"选项组中的"编辑"按钮，弹出"轴标签"对话框，单击"轴标签区域"后的折叠框，选中输入的单元格区域 A3:A123，结果如图 3-25 所示。单击"确定"按钮，返回到"选择数据源"对话框，再次单击"确定"按钮，即可得到随机变量 X 的累积概率函数图，如图 3-26 所示。

图 3-24 "编辑数据系列"对话框   图 3-25 "轴标签"对话框

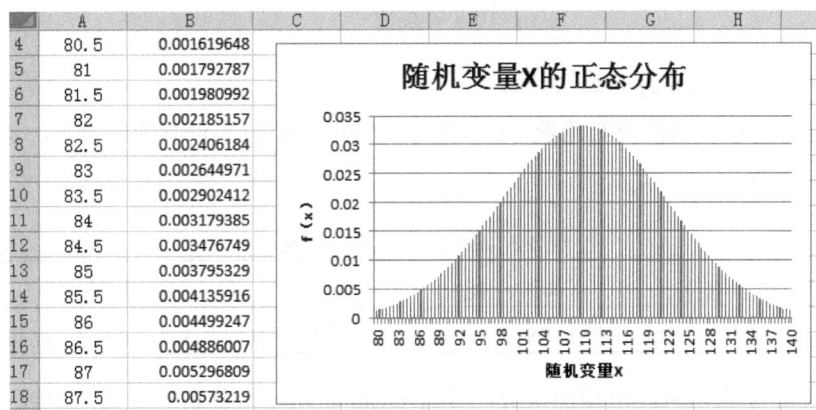

图 3-26 随机变量 X 的正态分布图

3. 实例的结果分析

图 3-26 显示的对称的钟形曲线即为该地区 18 岁女青年血压的分布图,是一正态分布图。正态分布图之所以被广泛应用,是因为很多随机变量都呈现出一个共同的特点:与均值较接近的数值出现的次数较多,而离均值远的数值出现的次数较少,即属于"中间多、两头少"的分布形态,从该实例的图形中很容易看出这一特点。

3.4 泊松分布图形绘制

在实际事例中,当一个随机事件(例如某电话交换台收到的呼叫、来到某公共汽车站的乘客、某放射性物质发射出的粒子、显微镜下某区域中的白血球等)以固定的平均瞬时速率 λ(或称密度)随机且独立地出现时,那么这个事件在单位的时间、面积或体积内出现的次数或个数就近似地服从泊松分布(poisson distribution)。另外,泊松分布也可以用来作为具有非常小的成功概率的二项分布的近似。

3.4.1　泊松分布函数

设 X 是一离散型随机变量，且 X 的取值为所有非负整数。如果 X 的概率函数具有如下形式：

$$f(x\,|\,\lambda)=\begin{cases} \dfrac{e^{-\lambda}\lambda^x}{x!}, x=0,1,2,\cdots \\ 0, x=其他 \end{cases} \tag{3-5}$$

则称 X 服从均值为 λ $(\lambda>0)$ 的泊松分布。

Excel 2010 提供了泊松分布函数——POISSON.DIST 函数来求解泊松分布，该函数的功能和语法格式见表 3-3。

表 3-3　泊松分布函数一览表

泊松分布函数	功　　能	语 法 格 式
POISSON.DIST 函数	返回泊松(POISSON)分布	POISSON.DIST(x,mean,cumulative)

其中，参数 x 表示时间出现的次数，参数 mean 表示泊松分布的均值，参数 cumulative 是逻辑值，用于指明函数的形式。如果 cumulative 为 TRUE，函数 POISSON 返回累积分布函数；如果 cumulative 为 FALSE，则返回概率质量函数。

因此，对于泊松分布，只要知道其均值 λ，就可以通过 POISSON 函数得出其泊松分布数据表，从而绘制出一定均值条件下的概率质量函数图或累积分布图。

3.4.2　实例应用：放射性颗粒击中目标粒子数的泊松分布函数图的绘制

1. 实例的数据说明

假设有一放射性颗粒，按照泊松过程，以每分钟 5 个颗粒的平均速率射中一个目标，则在此泊松过程中，在任何一分钟的间隔内，击中目标的粒子数(设为随机变量 X)服从均值为 5 的泊松分布，试绘出随机变量 X 的概率质量函数图。

2. 实例的操作步骤

(1) 新建一个 Excel 工作簿，命名为"泊松分布函数图的绘制"，并在表格中输入相应的文字和数据，如图 3-27 所示。因为服从泊松分布的随机变量 X，其取值为非负整数，没有上限。所以，此处我们取非负整数 0 至 15(可根据实际情况调大 X 的取值范围)。

图 3-27　新建"泊松分布函数图的绘制"工作簿

(2) 在单元格 B3 中输入 Excel 自带的泊松分布公式"=POISSON.DIST(A3，5，FALSE)"，得到结果 0.006738。选中单元格 B3，将公式复制至单元格 B18，这样就得到一列根据泊松分布概率质量公式计算得出的概率值，如图 3-28 所示。

图 3-28　泊松分布基本数据表

(3) 选择"插入"→"图表"→"柱形图"命令，在柱形图下拉子图表类型中，根据需要选择二维柱形图中的第一种柱形图"簇状柱形图"。在"图表工具"的"设计"选项卡的"数据"组中，单击"选择数据"，随即弹出"选择数据源"对话框，如图 3-29 所示。

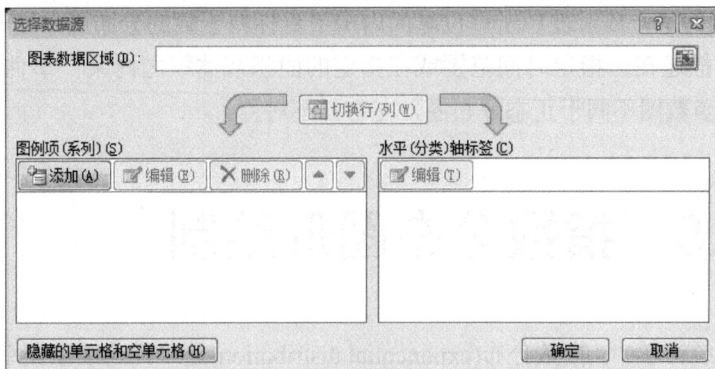

图 3-29　"选择数据源"对话框

(4) 在"图例项(系列)"选项组中，单击"添加"按钮，弹出"编辑数据系列"对话框，单击"系列名称"后的折叠框，选中输入的单元格区域 A1，同样单击"系列值"后的折叠框，选中输入的单元格区域 B3:B18，结果如图 3-30 所示，最后单击"确定"按钮，返回到"选择数据源"对话框。

(5) 以同样的方法编辑"水平(分类)轴标签"，单击"水平(分类)轴标签"选项组中的"编辑"按钮，弹出"轴标签"对话框，单击"轴标签区域"后的折叠框，选中输入的单元格区域 A3:A18，结果如图 3-31 所示。单击"确定"按钮，返回到"选择数据源"对话框，再次单击"确定"按钮，即可得到随机变量 X 的泊松分布函数图，如图 3-32 所示。

图 3-30　"编辑数据系列"对话框　　　　图 3-31　"轴标签"对话框

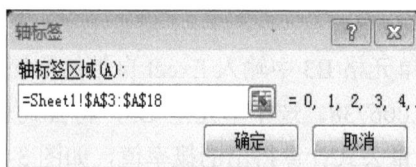

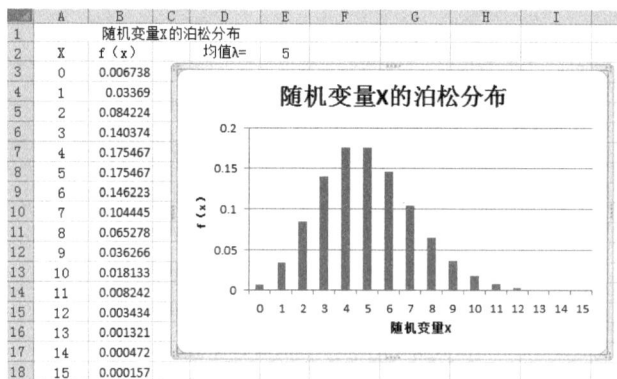

图 3-32　随机变量 X 的泊松分布函数图

3. 实例的结果分析

图 3-32 显示的是一放射性粒子单位时间内击中目标粒子数的分布图，是一泊松分布图。泊松分布常用来描述在一指定时间范围或在指定的面积或体积之内某一事件出现的次数或个数的分布，其函数图不同于正态分布图，左右并不对称。

3.5　指数分布图形绘制

在概率论和统计学中，指数分布(exponential distribution)是一种连续型概率分布，可以用来表示独立随机事件发生的时间间隔，比如旅客进机场的时间间隔等。另外，指数分布在产品的质量管理及可靠性研究中有重要应用，常用它描述各种"时间"，例如电子产品的寿命、动物的寿命、电话问题中的通话时间、随机服务系统中的服务时间等，都常假定服从指数分布。

3.5.1　指数分布函数

对于 $\lambda > 0$，如果连续型随机变量 X 的概率密度函数 $f(x|\lambda)$ 具有下述形式：

$$f(x|\lambda) = \begin{cases} \lambda e^{-\lambda x}, x \geq 0 \\ 0, x < 0 \end{cases} \tag{3-6}$$

则称 X 服从参数为 λ 的指数分布。其均值为 $\dfrac{1}{\lambda}$，方差为 $\dfrac{1}{\lambda^2}$。

对应的分布函数为：

$$F(x|\lambda) = P(X \leq x) = \begin{cases} 1 - e^{-\lambda x}, x \geq 0 \\ 0, x < 0 \end{cases} \tag{3-7}$$

Excel 2010 提供了指数分布函数——EXPON.DIST 函数来求解指数分布，该函数的功能和语法格式见表 3-4。

表 3-4　指数分布函数一览表

指数分布函数	功　　能	语 法 格 式
EXPON.DIST 函数	返回指数分布	EXPON.DIST(x,lambda,cumulative)

其中，x 表示用于指数函数计算的区间点，为非负数值；lambda 表示指数分布函数的参数，为正数；cumulative 是逻辑值，用于指明函数的形式。如果 cumulative 为 TRUE，函数 POISSON 返回累积分布函数；如果 cumulative 为 FALSE，则返回概率密度函数。

因此，对于指数分布，只要已知其参数值，就可以通过 EXPON.DIST 函数得出其指数分布数据表，从而绘制出一定参数值条件下的概率密度函数图或累积分布图。

3.5.2　实例应用：某电子元件寿命的指数分布函数图的绘制

1. 实例的数据说明

已知某种电子元件的寿命 X(年)服从 $\lambda = 3$ 的指数分布，试绘出随机变量 X 的概率密度函数图。

2. 实例的操作步骤

(1) 新建一个 Excel 工作簿，命名为"指数分布函数图的绘制"，并在表格中输入相应的文字和数据，如图 3-33 所示。

图 3-33　新建"指数分布函数图的绘制"工作簿

(2) 根据指数分布概率密度函数的表达式，只有当随机变量 X 的取值大于 0 时，概率密度函数取值非 0。此处我们对随机变量 X 在 0.3 到 9 的范围内进行绘图。在单元格 A3 中输入"0.3"，选定单元格区域 A3:A32，选择"开始"→"编辑"→"填充"命令，在下拉菜单中选择"系列"以填充序列。接着弹出"序列"对话框，在"序列产生在"选项组中，选定"列"单选框；在"类型"选项组中，选定"等差序列"单选框；在"步长值"文本框中输入"0.3"；在"终止值"文本框中输入"9"，如图 3-34 所示。单击"确定"按钮，会看到在单元格 A3:A32 分别显示 0.3、0.6、…、8.7、9。

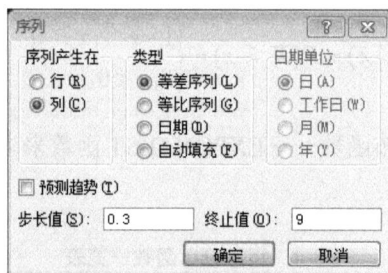

图 3-34　"序列"对话框

(3) 利用 Excel 自带的正态分布函数 EXPON.DIST(x,Lambda,Cumulative)，在 B3 中输入公式"= EXPON.DIST(A3,1/3,FALSE)"，得到结果 0.3016125。选中单元格 B3，将公式复制至单元格 B32，这样就得到一列根据指数分布概率密度公式计算得出的概率值。选定第 8 至第 25 行，右击鼠标，在下拉菜单中选择"隐藏"命令，画面显示如图 3-35 所示。

图 3-35　指数分布基本数据表

(4) 在图 3-35 所示的数据表中，第 8 至 25 行已被隐藏起来，若要绘图，则需要取消隐藏。取消隐藏后，选择"插入"→"图表"→"柱形图"命令，在柱形图下拉子图表类型中，根据需要选择二维柱形图中的第一种柱形图"簇状柱形图"。在"图表工具"的"设计"选项卡的"数据"组中，单击"选择数据"，随即弹出"选择数据源"对话框，如图 3-36 所示。

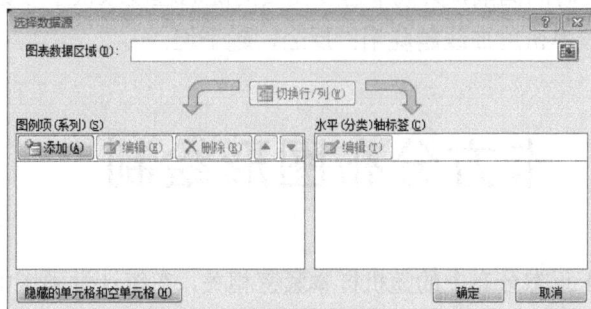

图 3-36　"选择数据源"对话框

(5) 在"图例项(系列)"选项组中，单击"添加"按钮，弹出"编辑数据系列"对话框，单击"系列名称"后的折叠框，选中输入的单元格区域 A1，同样单击"系列值"后的折叠框，选中输入的单元格区域 B3:B32，结果如图 3-37 所示，最后单击"确定"按钮，返回到"选择数据源"对话框。

(6) 以同样的方法编辑"水平(分类)轴标签"，单击"水平(分类)轴标签"选项组中的"编辑"按钮，弹出"轴标签"对话框，单击"轴标签区域"后的折叠框，选中输入的单元格区域 A3:A32，结果如图 3-38 所示。单击"确定"按钮，返回到"选择数据源"对话框，再次单击"确定"按钮，即可得到随机变量 X 的指数分布函数图，如图 3-39 所示。

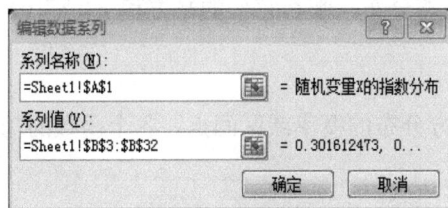

图 3-37　"编辑数据系列"对话框

图 3-38　"轴标签"对话框

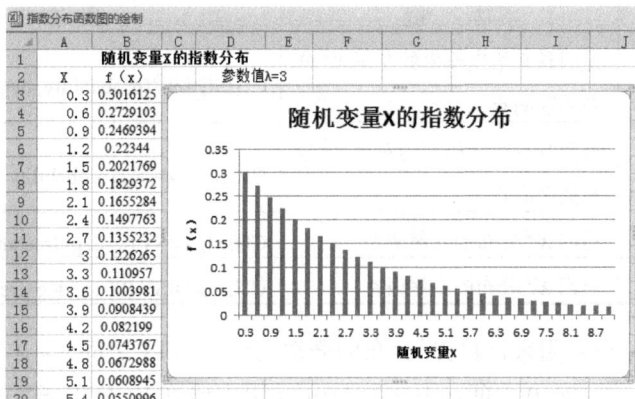

图 3-39　随机变量 X 的指数分布图

3. 实例的结果分析

图 3-39 显示的是电子元件寿命的分布函数图,是一指数分布图。指数分布图常用来表示独立随机事件发生的时间间隔,其概率密度曲线的陡峭程度取决于参数 λ 的大小,一般情况下,参数 λ 越大,概率密度曲线越陡峭;反之,越平坦。

3.6 卡方分布图形绘制

卡方分布与来自于正态分布中的随机样本紧密相关,在统计学领域中应用很广泛,它较多地应用于参数估计、假设检验等统计推断的很多问题中。

3.6.1 卡方分布函数

设连续型随机变量 X 的概率密度函数为:

$$f(x) = \begin{cases} \dfrac{1}{2^{n/2}\Gamma(n/2)} x^{(n/2-1)} e^{-x/2}, x > 0 \\ 0, x \leqslant 0 \end{cases} \tag{3-8}$$

则称随机变量 X 服从自由度为 n 的卡方分布。其均值为 n,方差为 $2n$,与准正态分布关系密切:如果随机变量 $X_1, \cdots, X_k$ 独立同分布且均服从标准正态分布,那么它们的平方和 $Y = \sum_{i=1}^{k} X_i^2$ 服从一个自由度为 k 的卡方分布,记为 $Y \sim \chi^2(k)$。

Excel 2010 提供了 4 个卡方分布函数来求解卡方分布的概率或区间点,各个函数的功能和语法格式见表 3-5。

表 3-5 X^2 统计函数一览表

X^2 统计函数	功　能	语　法　格　式
CHISQ.INV 函数	返回具有给定概率的左尾 X^2 分布的区间点	CHISQ.INV(probability, deg_freedom)
CHISQ.INV.RT 函数	返回具有给定概率的右尾 X^2 分布的区间点	CHISQ.INV.RT(probability, deg_freedom)
CHISQ.DIST 函数	返回 X^2 分布的左尾概率	CHISQ.DIST (x, deg_freedom, cumulative)
CHISQ.DIST.RT 函数	返回 X^2 分布的右尾概率	CHISQ.DIST.RT (x, deg_freedom)

其中,probability 表示用来计算 X^2 分布的概率,介于 0 和 1 之间,含 0 和 1;deg_freedom 表示自由度,介于 1 与 10^{10} 之间,不含 10^{10};x 用来计算 X^2 分布概率的数值,为非负数

值；cumulative 为逻辑值，决定函数的形式，如果 cumulative 为 TRUE，则返回累积分布函数，如果 cumulative 为 FALSE，则返回概率密度函数。

3.6.2　实例应用：随机变量 X 的卡方分布函数图的绘制

1. 实例的数据说明

假设随机变量 X 服从自由度为 10 的卡方分布，试绘出其概率密度函数图。

2. 实例的操作步骤

(1) 新建一个 Excel 工作簿，命名为"卡方分布函数图的绘制"，并在表格中输入相应的文字和数据，这里第一个参数为自由度的一半即为 5，同时令第二个参数为 3，如图 3-40 所示。

图 3-40　新建"卡方分布函数图的绘制"工作簿

(2) 根据卡方分布概率密度函数的表达式，只有当随机变量 X 的取值大于 0 时，概率密度函数取值非 0。此处我们对随机变量 X 在 1 到 50 的范围内进行绘图。在单元格 A3 中输入"1"，选定单元格区域 A3:A52，选择"开始"→"编辑"→"填充"命令，在下拉菜单中选择"系列"以填充序列，弹出"序列"对话框，在"序列产生在"选项组中，选定"列"单选框；在"类型"选项组中，选定"等差序列"单选框；在"步长值"文本框中输入"1"；在"终止值"文本框中输入"50"，如图 3-41 所示。单击"确定"按钮，就会看到在单元格 A3:A52 分别显示 1、2、…、49、50。

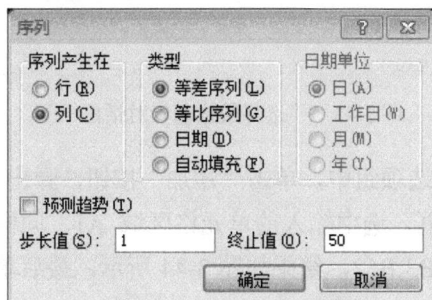

图 3-41　"序列"对话框

(3) 利用 Excel 自带的 CHISQ.DIST 函数，在 B3 中输入公式"=CHISQ.DIST(A3,10, FALSE)"，得到结果 0。选中单元格 B3，将公式复制至单元格 B52，这样就得到一列根据卡方分布概率密度公式计算得出的概率值。选定第 10 至第 47 行，右击鼠标，在下拉菜单中选择"隐藏"命令,画面显示如图 3-42 所示。

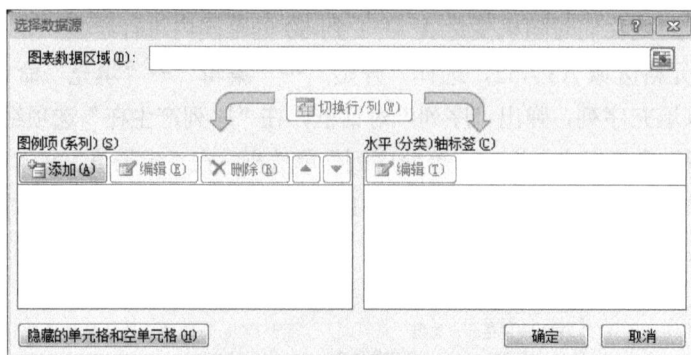

	A	B	C	D	E
	\multicolumn{5}{c|}{随机变量X的卡方分布}				
1					
2	X	f(x)		自由度=	10
3	1	0.00079			
4	2	0.007664			
5	3	0.023533			
6	4	0.045112			
7	5	0.066801			
8	6	0.084016			
9	7	0.094406			
48	46	5.98E-07			
49	47	3.95E-07			
50	48	2.61E-07			
51	49	1.72E-07			
52	50	1.13E-07			
53					

图 3-42　卡方分布基本数据表

(4) 在图 3-42 所示的数据表中,第 10 至 47 行已被隐藏起来,若要绘图,则需要取消隐藏。取消隐藏后,选择"插入"→"图表"→"柱形图"命令,在柱形图下拉子图表类型中,根据需要选择二维柱形图中的第一种柱形图"簇状柱形图"。在"图表工具"的"设计"选项卡的"数据"组中,单击"选择数据",随即弹出"选择数据源"对话框,如图 3-43 所示。

图 3-43　"选择数据源"对话框

(5) 在"图例项(系列)"选项组中,单击"添加"按钮,弹出"编辑数据系列"对话框,单击"系列名称"后的折叠框,选中输入的单元格区域 A1,同样单击"系列值"后的折叠框,选中输入的单元格区域 B3:B52,结果如图 3-44 所示,最后单击"确定"按钮,返回到"选择数据源"对话框。

(6) 以同样的方法编辑"水平(分类)轴标签",单击"水平(分类)轴标签"选项组中的"编辑"按钮,弹出"轴标签"对话框,单击"轴标签区域"后的折叠框,选中输入的单元格区域 A3:A52,结果如图 3-45 所示。单击"确定"按钮,返回到"选择数据源"对话框,再次单击"确定"按钮,即可得到随机变量 X 的卡方分布函数图,如图 3-46 所示。

图 3-44　"编辑数据系列"对话框　　　　图 3-45　"轴标签"对话框

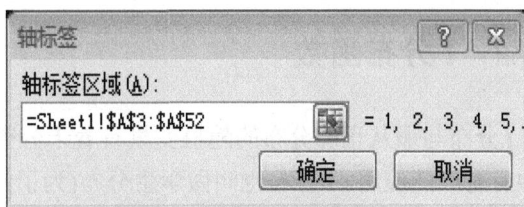

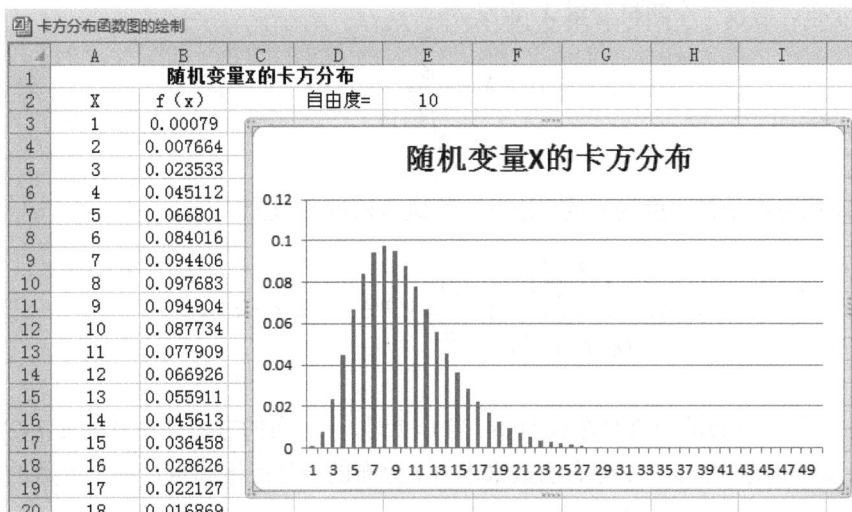

图 3-46　随机变量 X 的卡方分布图

3. 实例的结果分析

图 3-46 显示的是自由度为 10 的卡方分布图,与指数分布类似,在图形的右侧都"拖着长长的尾巴",这是因为较大的随机变量所对应的函数值越来越接近于零。从图形上看,卡方分布的图形形状与泊松分布类似,但实际上两者并不相同。一方面两者的应用范围不同,另一方面,卡方分布对应的是连续型变量,而泊松分布对应的是离散型变量,只是因为在绘制卡方分布图形时只能取一些离散的值,而使两者的图形看起来较为接近。

3.7　t 分布和 F 分布图形绘制

除了以上所介绍的几种类型的分布外,t 分布和 F 分布也较常用。因为 t 分布和 F 分布函数图形的绘制方法与卡方分布的绘制方法类似,这里不再介绍具体的操作步骤,只对这两种函数一一加以阐述。

3.7.1 *t* 分布函数

t 分布与服从正态分布的随机变量有着十分密切的关系。*t* 分布和卡方分布一样在统计推断中有着广泛应用。*t* 分布也叫做学生分布(为了纪念 W.S.Gosset 在 1908 年用笔名 "Student" 发表对该分布的研究，因此命名为学生分布)。该分布定义如下：

考虑两个独立随机变量 *Y* 和 *Z*，其中 *Y* 服从自由度为 *n* 的卡方分布(χ^2 分布)，而 *Z* 服从标准正态分布。假设一个随机变量 *X* 定义为：

$$X = \frac{Z}{\sqrt{\dfrac{Y}{n}}} \tag{3-9}$$

那么就称 *X* 的分布是自由度为 *n* 的 *t* 分布。其概率密度函数为：

$$f(x) = \frac{\Gamma(\dfrac{n+1}{2})}{(n\pi)^{1/2}\Gamma(\dfrac{n}{2})}(1+\frac{x^2}{n})^{-(n+1)/2}, \quad -\infty < x < +\infty \tag{3-10}$$

当 *n*>1 时，*t* 分布的均值存在且为 0；当 *n*>2 时，*t* 分布的方差存在且为 *n*/(*n*-2)。

Excel 2010 提供了 5 个 *t* 分布函数来求解 *t* 分布的概率或区间点，各个函数的功能和语法格式见表 3-6。

表 3-6　*t* 分布函数一览表

t 分布函数	功　　能	语 法 格 式
T.DIST 函数	返回左尾学生 *t*-分布	T.DIST(x, deg_freedom, cumulative)
T.DIST.2T 函数	返回双尾学生 *t*-分布	T.DIST.2T(x, deg_freedom)
T.DIST.RT 函数	返回右尾学生 *t*-分布	T.DIST.RT(x, deg_freedom)
T.INV 函数	返回学生 *t*-分布的左尾区间点	T.INV(probability, deg_freedom)
T.INV.2T 函数	返回学生 *t*-分布的双尾区间点	T.INV.2T(probability, deg_freedom)

其中，*x* 表示用来计算 *t* 分布的数值；deg_freedom 表示自由度；probability 表示双尾学生 *t*-分布的概率值；cumulative 为逻辑值，决定函数的形式，如果 cumulative 为 TRUE，则返回累积分布函数，如果 cumulative 为 FALSE，则返回概率密度函数。

3.7.2 *F* 分布函数

F 分布主要用在许多假设检验的重要问题中，当想要检验关于两种不同正态分布的方差的假设时，它们的假设检验统计量的建立都是基于 *F* 分布的。*F* 分布的定义如下：

考虑两个独立的随机变量 *Y* 和 *W*，*Y* 是自由度为 *m* 的卡方分布，*W* 是自由度为 *n* 的卡方分布，m 和 n 都是正整数，定义一个新的随机变量 X 如下：

$$X = \frac{Y/m}{W/n} \tag{3-11}$$

则称 X 的分布为自由度为 m 和 n 的 F 分布。其概率密度函数表示如下：

$$f(x) = \begin{cases} \dfrac{\Gamma((m+n)/2)m^{m/2}n^{n/2}}{\Gamma(m/2)\cdot\Gamma(n/2)}\dfrac{x^{(n/2-1)}}{(mx+n)^{(m+n)/2}}, & x>0 \\ 0, & x\leqslant 0 \end{cases} \tag{3-12}$$

F 分布的均值为 $\dfrac{n}{n-2}$，$n>2$ 时；方差为 $\dfrac{2n^2(m+n-2)}{m(n-2)^2(n-4)}$，$n>4$ 时。

Excel 2010 提供了 4 个 F 分布函数来求解 F 分布的概率或区间点，各个函数的功能和语法格式见表 3-7。

表 3-7　F 分布函数一览表

F 分布函数	功　能	语　法　格　式
F.DIST 函数	返回两组数据的(左尾)F 概率分布	F.DIST(x,deg_freedom1,deg_freedom2,cumulative)
F.DIST.RT 函数	返回两个数据集的(右尾)F 概率分布	F.DIST.RT(x,deg_freedom1,deg_freedom2)
F.INV 函数	返回给定概率的 F 分布的左尾区间点	F.INV(probability,deg_freedom1,deg_freedom2)
F.INV.RT 函数	返回给定概率的 F 分布的右尾区间点	F.INV.RT(probability,deg_freedom1,deg_freedom2)

其中，x 表示用来计算 F 分布的数值；probability 表示对应于 F 分布的左、右尾概率；deg_freedom1 表示分子的自由度；deg_freedom2 表示分母的自由度；cumulative 为逻辑值，决定函数的形式，如果 cumulative 为 TRUE，则返回累积分布函数，如果 cumulative 为 FALSE，则返回概率密度函数。

3.8　本章小结

本章主要介绍了随机变量统计分布图的绘制。随机变量包括离散型随机变量和连续型随机变量两大类，在统计学上用概率质量函数来刻画离散型随机变量的分布，而用概率密度函数来刻画连续型随机变量的分布。本章先从一般出发，介绍了一般随机变量概率质量(密度)函数图形的绘制和累积分布图形的绘制；然后着重介绍了几个在统计学上占据重要地位、在

Excel 在统计分析中的应用

现实生活中有很强实用性的分布的定义、应用背景及分布图形的绘制，使读者在充分理解各个分布的基本原理的前提下，能够正确地应用 Excel 软件绘制出统计分布图形。

3.9 上机题

1. 同时掷两颗质地均匀的骰子，观察朝上一面出现的点数，则每次出现的两个点数之和 X 的概率分布如表 3-8 所示。

表 3-8 随机变量 X 的概率分布

X	2	3	4	5	6	7
概率	1/36	2/36	3/36	4/36	5/36	6/36
X	8	9	10	11	12	
概率	5/36	4/36	3/36	2/36	1/36	

要求：(1) 绘制随机变量 X 的概率质量函数图；

(2) 绘制随机变量 X 的累积分布图。

2. 某城市郊区的公共汽车每隔 15 分钟开一趟班车，王先生到车站的时间是随机的。设乘客候车时间为随机变量 X，则其概率密度函数为：

$$f(x)=\begin{cases}\dfrac{1}{15}x,0\leqslant x\leqslant 15\\0,其他\end{cases}$$

要求：绘制乘客候车时间的概率密度函数图。

3. 某公司生产的一批电子产品的寿命(单位为年，设为随机变量 X)近似服从 $N(10,4)$ 的正态分布，即 $\mu=10$，$\sigma^2=4$。

要求：(1) 绘制该公司生产的这批电子产品的寿命的概率密度函数图；

(2) 绘制该公司生产的这批电子产品的寿命的累积分布图。

4. 假定某企业职工在周一请事假的人数 X 近似服从泊松，且设周一请事假的人数平均数为 2.5 人。

要求：(1) 绘制该企业某周一请事假人数的概率质量函数图；

(2) 绘制该企业某周一请事假人数的累积分布图。

5. 某种打印机的寿命服从指数分布，该打印机的平均寿命为 2000 小时。

要求：(1) 绘制该打印机寿命的概率质量函数图；

(2) 绘制该打印机寿命的累积分布图。

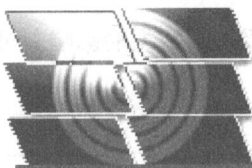

第 4 章

描述性统计分析

在进行数据分析的时候，一般先要对数据进行描述性统计分析(descriptive statistical analysis)，以发现其内在的规律，再选择进一步的分析方法。描述性统计分析要对调查总体所有变量的有关数据做统计性描述，其内容主要包括反映数据一般水平的集中趋势分析、反映数据之间差异程度的离散程度分析以及反映数据分布偏度和峰度的分布形状分析。均值、中位数、众数、方差、标准差、峰值、偏度等是我们在描述性统计分析中常用的统计指标。本章将结合实例详解如何利用 Excel 2010 强大的函数功能和数据分析工具来实现对数据的描述性统计分析。

4.1 集中趋势分析

集中趋势分析在统计分析中占据着很重要的地位。集中趋势(central tendency)在统计学中是指一组数据向某一中心值靠拢的程度和趋势，它反映了一组数据中心点的位置所在。集中趋势的测定就是寻找反映数据水平的代表值或中心值。

4.1.1 集中趋势的描述指标

平均数是统计中广泛应用的一种综合指标，它表明同类现象在一定时间、地点、条件下所达到的一般水平。无论是自然现象还是社会现象，很多变量的分布都表现为接近平均数的数据较多，远离平均数的数据较少，也即大多数数据以平均数为中心密集地分布在它的两侧，呈现出向心力作用下的集中趋势。因此，平均数是描述集中趋势的指标，常用的平均数有算术平均值、几何平均值、众数和中位数，其中算术平均值和几何平均值是数值平均数，而中位数和众数是位置平均数。Excel 2010 利用统计函数功能来计算和描述数据的集中趋势。

1. 算术平均值(mean)

算术平均值即全部数据的算术平均，也是集中趋势的最主要测度值。平均值作为一组数据的代表，比较可靠稳定，它与该组数据中的每一个数据均有关系，能够充分反映该组数据所包含的信息，但是易受极端数据的影响。对一组数据 $x_1, x_2, ..., x_n$，其算术平均值为：

$$\bar{x} = \frac{x_1 + x_2 + \cdots + x_n}{n} = \frac{\sum_{i=1}^{n} x_i}{n} \tag{4-1}$$

而对于分组数据，计算的平均值称为加权算术平均值。设原始数据被分为 k 组，各组的组中值分别用 $M_1, M_2, \cdots, M_k$ 表示，各组变量值出现的频数分别用 $f_1, f_2, \cdots, f_k$ 表示，则其加权算术平均值为：

$$\bar{x} = \frac{M_1 f_1 + M_2 f_2 + \cdots + M_k f_k}{f_1 + f_2 + \cdots + f_k} = \frac{\sum_{i=1}^{k} M_i f_i}{n} \tag{4-2}$$

2. 几何平均值(average)

几何平均值是另一种反映数据平均水平的平均值，适用于对比率数据的平均，主要用于计算平均增长率。几何平均值受极端值的影响较算术平均值小。如果变量值有负值，计算出的几何平均值就会成为负数或虚数。几何平均值的对数是各变量值对数的算术平均值。当所掌握的变量本身是比率的形式时，采用几何平均值计算平均比率更为合理。几何平均值一般用 G 表示，它的计算公式如下：

$$G_m = \sqrt[n]{x_1 \times x_2 \times \cdots \times x_n} = \sqrt[n]{\prod_{i=1}^{n} x_i} \tag{4-3}$$

3. 众数(mode)

众数是在统计分布上具有明显集中趋势点的数值，即一组数据中占比例最多的那个数值，记为 M_0。众数代表数据的一般水平，适于数据量较多时使用。众数的优点是比较容易了解一组数据的大致情况，不受极端数据的影响，并且求法简便，但是当一组数据变化很大时，众数只能用来大概估计一组数据的集中趋势，可靠性较差。一组数据可能没有众数或者存在多众数，并且该指标不够灵敏，当数据发生变动时，众数不一定会变化。

而对于分组数据，则先要找出频数最多的一组作为众数组，然后运用公式来确定众数。对于组距分组数据，众数的数值与其相邻两组的频数分布有一定的关系，这种关系可总结如下：

设众数组的频数为 f_m，众数前一组的频数为 f_{+1}，众数后一组的频数为 f_{-1}。当众数相邻两组的频数相等时，即 $f_{+1} = f_{-1}$，众数组的组中值即为众数；当众数组的前一组的频数多于众数组后一组的频数时，即 $f_{+1} > f_{-1}$，则众数会向其前一组靠近，众数小于其组中值；当众数组后一组的频数多于众数组前一组的频数时，即 $f_{+1} < f_{-1}$，则众数会向其后一组靠近，众数大于其组中值。基于这种思路，分组数据众数的计算公式如下：

下限公式：$M_o = L + \dfrac{f_m - f_{-1}}{(f_m - f_{-1}) + (f_m - f_{+1})} \times d = L + \dfrac{\Delta_1}{\Delta_1 + \Delta_2} \times d$ （4-4）

上限公式：$M_o = U - \dfrac{f_m - f_{+1}}{(f_m - f_{-1}) + (f_m - f_{+1})} \times d = U - \dfrac{\Delta_2}{\Delta_1 + \Delta_2} \times d$ （4-5）

其中，L 表示众数所在组的下限；U 表示众数所在组的上限；d 表示众数所在组的组距。利用上述公式计算众数时是假定数据分布具有明显的集中趋势，且众数组的频数在该组内是均匀分布的，若这些假定不成立，则众数的代表性就会很差。

4. 中位数(median)

中位数是指将数据按大小顺序排列起来，形成一个数列，居于数列中间位置的那个数据。中位数简单明了，很少受一组数据的极端值的影响。但也因为不受两端数据的影响，所以中位数缺乏灵敏性，不能充分利用所有数据的信息。中位数的作用与算术平均数相近，也是作为所研究数据的代表值。在一个等差数列或一个正态分布数列中，中位数就等于算术平均数。在数列中出现极端值的情况下，用中位数作为代表值要比用算术平均数更好；如果研究的目的就是为了反映中间水平，当然也应该用中位数。设一组数据为 $x_1, x_2, \cdots, x_n$，则中位数为：

$$M_e = \begin{cases} x_{\frac{n+1}{2}} & n \text{ 为奇数} \\ \dfrac{1}{2}\left\{ x_{\frac{n}{2}} + x_{\frac{n}{2}+1} \right\} & n \text{ 为偶数} \end{cases}$$ （4-6）

而对于分组数据，计算中位数也需要分两步进行：

(1) 从变量数列的累计频数栏中找出第 $\dfrac{n}{2}$ 个单位所在的组，即"中位数组"，该组的上、下限就规定了中位数的可能取值范围；

(2) 假定在中位数组内的各单位是均匀分布的，则中位数的计算公式如下：

$$M_e = L_i + \dfrac{\frac{n}{2} - F_{i-1}}{F_i - F_{i-1}} \times d$$ （4-7）

其中，L_i 表示中位数所在组的下限，d 表示中位数所在组的组距，F_i 表示中位数所在组的累计频数，F_{i-1} 表示中位数所在组的前一组的累计频数，n 表示数据个数。

对于描述集中趋势的三个指标——平均值、众数和中位数，Excel 2010 在函数库中提供了相应的函数用于计算这三个指标，分别是 AVERAGE 函数、MODE.SNGL 函数和 MEDIAN 函数，其功能和语法格式见表 4-1。表中的函数主要用于计算未分组数据的各个集中趋势指标，如果分析分组数据，则可以根据公式计算其各个指标。

表 4-1　描述集中趋势的函数一览表

函　　数	功　　能	语 法 格 式
AVERAGE 函数	返回其参数的算术平均值，参数可以是数值或包含数值的名称、数组或引用	AVERAGE(number1,number2,…)
GEOMEAN 函数	返回一正数数组或数值区域的几何平均数	GEOMEAN(number1,number2,…)
MODE.SNGL 函数	返回一组数据或数据区域中出现频率最高或重复出现的数值	MODE.SNGL(number1,number2,…)
MEDIAN 函数	返回一组数的中值	MEDIAN(number1,number2,…)

其中 number1,number2,…是需要求其算术平均值、几何平均值、众数或中位数的 1～255 个参数，参数可以是数字或者包含数字的名称、数组或引用。在使用时，如果区域或单元格引用参数包含文本、逻辑值或空单元格，则忽略其值，但包含零值的单元格将被计算在内；如果参数为错误值或为不能转换为数字的文本，将会导致错误。

需要注意的是，对于 AVERAGE 函数，若在计算中包含引用中的逻辑值和代表数字的文本，则应使用 AVERAGEA 函数；若只对符合某些条件的值计算平均值，则应使用 AVERAGEIF 函数或 AVERAGEIFS 函数；对于 MODE.SNGL 函数，如果数据集合中不含有重复的数据，则返回错误值。

4.1.2　实例应用：某超市 4 月份销售额的集中趋势分析(未分组数据)

1. 实例的数据说明

已知某超市 4 月份逐日销售额如表 4-2 所示，试对该超市 4 月份的销售额进行集中趋势分析。

表 4-2　某超市 4 月份逐日销售额　　　　　　　　　　　　　　　(单位：万元)

269	249	322	263	282	273	303	268	284	272
258	291	280	267	272	301	281	261	292	271
278	265	230	240	310	238	252	272	276	257

2. 实例的操作步骤

(1) 新建 Excel 工作簿，命名为"某超市 4 月份销售额的集中趋势分析"，并将样本数据和相关文字输入到工作表中，如图 4-1 所示。

(2) 计算算术平均值。单击单元格 C2，在单元格中输入公式"=AVERAGE(A2:A31)"，按回车键即可得到该超市 4 月份的日均销售额为 272.57 万元。

(3) 计算众数。单击单元格 C3，在单元格中输入公式"=MODE.SNGL(A2:A31)"，按回车键即可得到该超市 4 月份出现次数最多的销售额为 272 万元。

(4) 计算中位数。单击单元格 C4，在单元格中输入公式"=MEDIAN(A2:A31)"，按回车键即可得到该超市 4 月份逐日销售额的中位数为 272 万元，结果如图 4-2 所示。

	A	B
1	逐日销售额（万元）	集中趋势指标
2	269	算术平均值
3	249	众数
4	322	中位数
5	263	
6	282	
7	273	
8	303	
9	268	
10	284	
11	272	
12	258	
13	291	
14	280	
15	267	
16	272	
17	301	
18	281	
19	261	
20	292	
21	271	
22	278	
23	265	

图 4-1　新建工作簿

	A	B	C
1	逐日销售额（万元）	集中趋势指标	
2	269	算术平均值	272.57
3	249	众数	272
4	322	中位数	272
5	263		
6	282		
7	273		
8	303		
9	268		
10	284		
11	272		
12	258		
13	291		
14	280		
15	267		
16	272		
17	301		
18	281		
19	261		
20	292		
21	271		
22	278		
23	265		

图 4-2　集中趋势分析结果

(5) 除了直接输入公式的方法外，也可以通过"插入函数"命令加以计算。单击 C2 单元格，选择工具栏中的"公式"→"函数库"→"插入函数"命令，弹出"插入函数"对话框，在"或选择类别"下拉菜单中选择"统计"，在"选择函数"下拉菜单中选择"AVERAGE"函数，如图 4-3 所示。单击"确定"按钮，弹出"函数参数"对话框，单击"Number1"后的折叠按钮，选定单元格区域 A2:A31，如图 4-4 所示。单击"确定"按钮，会得到同样的结果。众数和中位数的计算同样可以通过"插入函数"命令实现，步骤同上。

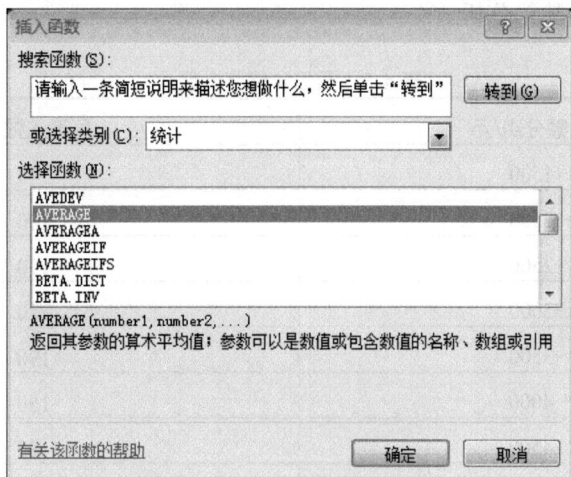

图 4-3　"插入函数"对话框

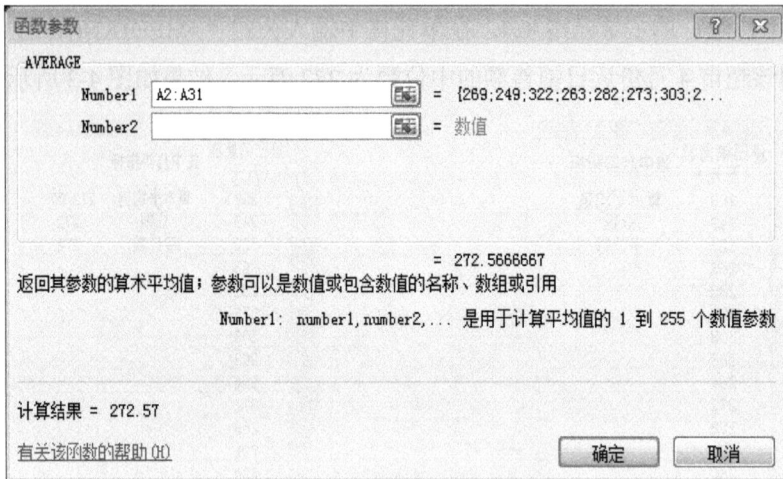

图 4-4　"函数参数"对话框

3. 实例的结果分析

从图 4-2 的计算结果可知，该超市在 4 月份的日均销售额为 272.57 万元，出现次数最多的销售额为 272 万元，逐日销售额的中位数为 272 万元。该超市可以采用类似的方法对其他月份或其他年度的销售额进行集中趋势分析，并加以比较，以对超市的商品销售进行恰当的管理，从而提高超市的营业利润。

4.1.3　实例应用：某公司员工年终奖的集中趋势分析(分组数据)

1. 实例的数据说明

某公司 2011 年年底发给员工的年终奖金的分组资料如表 4-3 所示，试对该公司发给员工的年终奖金进行集中趋势分析。

表 4-3　员工年终奖金额

按奖金金额分组/元	员工人数/人
1000～1500	40
1500～2000	100
2000～2500	170
2500～3000	220
3000～3500	190
3500～4000	150
4000～4500	130
4500～5000	120

2. 实例的操作步骤

(1) 新建 Excel 工作簿，命名为"某公司员工年终奖的集中趋势分析"，并将样本数据和相关文字输入到工作表中，如图 4-5 所示。

(2) 计算加权算术平均值。先计算出每组数据组中值 M_i 与频数 f_i 的乘积 $M_i f_i$，单击单元格 D1，输入 $M_i f_i$，相应的在 D2 中输入公式"=B2*C2"，按下回车键后，将公式复制至单元格 D9，计算结果如图 4-6 所示；单击单元格 C10，输入公式"= SUM(C2:C9)"后按回车键，即可在单元格 C10 中算出样本容量，并将公式复制到单元格 D10；单击单元格 B12，输入公式"=D10/C10"，按回车键即求得该公司员工年终奖的加权平均金额为 3138.39，计算结果如图 4-7 所示。

	A	B	C
1	按奖金金额分组（元）	组中值 M_i	员工人数 f_i（人）
2	1000～1500	1250	40
3	1500～2000	1750	100
4	2000～2500	2250	170
5	2500～3000	2750	220
6	3000～3500	3250	190
7	3500～4000	3750	150
8	4000～4500	4250	130
9	4500～5000	4750	120
10	合计		
11	集中趋势指标		
12	加权算术平均值		
13	众数		
14	中位数		
15			

图 4-5　新建工作簿

	A	B	C	D
1	按奖金金额分组（元）	组中值 M_i	员工人数 f_i（人）	$M_i f_i$
2	1000～1500	1250	40	50000
3	1500～2000	1750	100	175000
4	2000～2500	2250	170	382500
5	2500～3000	2750	220	605000
6	3000～3500	3250	190	617500
7	3500～4000	3750	150	562500
8	4000～4500	4250	130	552500
9	4500～5000	4750	120	570000
10	合计			
11	集中趋势指标			
12	加权算术平均值			
13	众数			
14	中位数			
15				

图 4-6　$M_i f_i$ 计算结果

	A	B	C	D	E
1	按奖金金额分组（元）	组中值 M_i	员工人数 f_i（人）	$M_i f_i$	
2	1000～1500	1250	40	50000	
3	1500～2000	1750	100	175000	
4	2000～2500	2250	170	382500	
5	2500～3000	2750	220	605000	
6	3000～3500	3250	190	617500	
7	3500～4000	3750	150	562500	
8	4000～4500	4250	130	552500	
9	4500～5000	4750	120	570000	
10	合计		1120	3515000	
11	集中趋势指标				
12	加权算术平均值	3138.39			
13	众数				
14	中位数				

图 4-7　加权算术平均值计算结果

(3) 计算众数。首先确定众数组，由表中数据可知众数组为频数(即员工人数)最高的组"2500～3000"，员工人数为 220。然后选择上限公式或下限公式计算众数。单击单元格 B13，若选择下限公式，则在单元格中输入公式 "=2500+(C5-C4)/((C5-C4)+(C5-C6))*500"，按回车键即可；若选择上限公式，则在单元格中输入公式 "=3000-(C5-C6)/((C5-C4)+(C5-C6))*500"，按回车键。其中，2500 为众数组的下限，3000 为众数组上限，500 为众数组的组距，C5 是众数组的频数为 220，C4 为众数前一组的频数为 170，C6 为众数后一组的频数为 190，计算结果如图 4-8 所示，我们会发现用上限公式和用下限公式计算出来的众数相等，均为2812.5。

	A	B	C	D
1	按奖金金额分组（元）	组中值M_i	员工人数f_i（人）	$M_i f_i$
2	1000～1500	1250	40	50000
3	1500～2000	1750	100	175000
4	2000～2500	2250	170	382500
5	2500～3000	2750	220	605000
6	3000～3500	3250	190	617500
7	3500～4000	3750	150	562500
8	4000～4500	4250	130	552500
9	4500～5000	4750	120	570000
10	合计		1120	3515000
11	集中趋势指标			
12	加权算术平均值	3138.39		
13	众数	2812.5		
14	中位数			
15				

图 4-8　众数计算结果

　　(4) 计算中位数。首先计算累计人数，在单元格 E1 中输入"累计人数"，并将单元格 C2 的数据复制到单元格 E2 中，单击单元格 E3，输入公式 "=E2+C3"，按回车键，将公式复制至 E9 单元格，求出累计人数，如图 4-9 所示；然后单击单元格 C11，输入公式"=C11/2"，按回车键计算出中位数所在频数为 560，则中位数所在组为 "3000～3500" 组；最后根据公式计算中位数，单击单元格 B14，输入公式 "=3000+(C10/2-E5)/(E6-E5)*500"，按回车键即可得到中位数为 3078.95，计算结果如图 4-10 所示，其中，3000 为中位数所在组的下限，C10 为样本容量 n，E5 为中位数所在组的前一组的累计频数，E6 为中位数所在组的累计频数，500 为组距。

	A	B	C	D	E
1	按奖金金额分组（元）	组中值M_i	员工人数f_i（人）	$M_i f_i$	累计人数
2	1000～1500	1250	40	50000	40
3	1500～2000	1750	100	175000	140
4	2000～2500	2250	170	382500	310
5	2500～3000	2750	220	605000	530
6	3000～3500	3250	190	617500	720
7	3500～4000	3750	150	562500	870
8	4000～4500	4250	130	552500	1000
9	4500～5000	4750	120	570000	1120
10	合计		1120	3515000	
11	集中趋势指标				
12	加权算术平均值	3138.39			
13	众数	2812.5			
14	中位数				

图 4-9　计算累计人数

	A	B	C	D	E
1	按奖金金额分组（元）	组中值M_i	员工人数f_i（人）	$M_i f_i$	累计人数
2	1000～1500	1250	40	50000	40
3	1500～2000	1750	100	175000	140
4	2000～2500	2250	170	382500	310
5	2500～3000	2750	220	605000	530
6	3000～3500	3250	190	617500	720
7	3500～4000	3750	150	562500	870
8	4000～4500	4250	130	552500	1000
9	4500～5000	4750	120	570000	1120
10	合计		1120	3515000	
11	集中趋势指标		560		
12	加权算术平均值	3138.39			
13	众数	2812.5			
14	中位数	3078.95			
15					

图 4-10　中位数计算结果

3. 实例的结果分析

从图 4-10 的输出结果可知，该公司在 2011 年年底发给员工的年终奖金额的加权算术平均值为 3138.39 元，众数为 2812.5 元，中位数为 3078.95 元。公司员工可以将自己得到的年终奖与之比较，看处于什么位置，争取来年更加努力，以提高个人年终奖所在层次。

4.2　离中趋势分析

上节所讨论的平均值、众数和中位数刻画了数据集中趋势的情况，反映了数据集中分布的中心值，但它只是数据分布特征的一个方面，所以仅考察数据的集中趋势是不够的，还需对数据的离散程度加以分析。数据的离散程度是数据分布的另一重要特征，是指某个变量值远离中心值的程度，因此也叫离中趋势。

集中趋势是经过综合与抽象后对数据的一般水平的概括性描述，其代表性取决于数据的离中趋势，离中趋势越小代表性越好，反之代表性越差。另外，离中趋势也常用来反映产品的质量与风险情况，它在统计分析中扮演着重要的角色。

4.2.1　离中趋势的描述指标

统计分析中离中趋势的描述指标有多种，常用的有极差、四分位差、方差以及标准差。下面依次加以介绍。

1. 极差

极差也称全距，表示一组数据的最大值和最小值的差。极差是描述数据离中趋势最简单的方法，它表明数据的分布范围。极差越小表示数据的分布越集中。显然，该方法虽然简单明了，但是反应不够灵敏，当最值不变而其他值变化时极差不能及时反映出来，并且易受极端值的影响。

2. 四分位差

处于数据一半位置的观测值被称为中位数，则处在数据的 25% 和 75% 位置的观测值分别叫做下四分位数(Q_1)和上四分位数(Q_3)，四分位差即为(Q_3-Q_1)。四分位差反映了中间 50% 数据的离散程度，其数值越小，说明中间的数据越集中；数值越大，说明中间的数据越分散。该指标的优点在于不受极端值的影响，但是只能表示中间一半变量的分散情况。其计算公式为：

$$Q_1 = \frac{n+1}{4} \tag{4-8}$$

$$Q_3 = \frac{3(n+1)}{4} \tag{4-9}$$

3. 方差与标准差

方差是各变量值与其均值的平均离散程度，标准差为方差的平方根。方差和标准差越大，说明数据离散程度越大，反之越小。方差和标准差的主要区别是标准差是具有量纲的，它与变量值的计算单位相同。方差与标准差是反映数据离中趋势的最常用的指标，也是描述数据分布特征的重要统计量。

若样本数据的均值为 $\overline{x}$，则其方差为：

$$\sigma^2 = \frac{1}{n-1}\sum_{i=1}^{n}(x_i - \overline{x})^2 \tag{4-10}$$

对应的标准差为：

$$\sigma = \sqrt{\frac{1}{n-1}\sum_{i=1}^{n}(x_i - \overline{x})^2} \tag{4-11}$$

对于描述离中趋势的四个指标——极差、四分位差、方差和标准差，Excel 2010 在函数库中提供了相应的函数用于计算这几个指标，分别是 MAX-MIN 函数、QUARTILE.INC 函数(或 QUARTILE.EXC 函数)、VAR.S 函数和 STDEV.S 函数，其功能和语法格式见表 4-4。

表 4-4　描述离中趋势的函数一览表

函　数	功　能	语 法 格 式
MAX-MIN 函数	MAX：返回一组数据的最大值 MIN：返回一组数据的最小值	MAX(number1,number2,…) MIN(number1,number2,…)
QUARTILE.INC 函数	基于 0 到 1 之间(含 0 和 1)的百分点值，返回一组数据的四分位数	QUARTILE.INC(array,quart)
QUARTILE.EXC 函数	基于 0 到 1 之间(不含 0 和 1)的百分点值，返回一组数据的四分位数	QUARTILE.EXC(array,quart)
VAR.S 函数	估算基于样本的方差	VAR.S(number1,number2,…)
STDEV.S 函数	估算基于样本的标准偏差	STDEV.S(number1,number2,…)

其中，number1,number2,…需要求其最大(小)值、四分位数、方差或标准差的 1～255 个参数，参数可以是数字或者包含数字的名称、数组或引用。在使用时，如果区域或单元格引用参数包含文本、逻辑值或空单元格，则忽略其值，但包含零值的单元格将被计算在内；如果参数为错误值或为不能转换为数字的文本，将会导致错误。array 是需要求得四分位数值的数组或数值型单元格区域；quart 则决定返回哪一个四分位值，比如，若等于 1 则返回第一个四分位数，等于 3 则返回第三个四分位数。

需要注意的是，若在计算中包含引用中的逻辑值和代表数字的文本，则应使用 MAXA、MINA、VARA、STDEVA 函数。另外，如果数据为整个样本总体，则应使用 VAR.P 函数和 STDEV.P 函数来计算方差和标准差，此时方差和标准差的计算使用"无偏差"或"n"。

4.2.2   实例应用：两班学生语文成绩的离中趋势分析

1. 实例的数据说明

某学校从初中二年级的两个班分别抽出 20 名学生的期中考试语文成绩(见表 4-5)，试根据表中资料对两个班学生的语文成绩进行离中趋势分析。

表 4-5   两班学生的语文成绩

一班	81	90	78	76	80	72	78	88	93	84
成绩	85	88	83	75	91	87	85	76	80	90
二班	89	86	69	76	75	98	84	71	84	85
成绩	87	73	87	94	89	72	87	90	80	84

2. 实例的操作步骤

(1) 新建 Excel 工作簿，命名为"两班学生语文成绩的离中趋势分析"，并将样本数据和相关文字输入到工作表中，如图 4-11 所示。

(2) 计算极差。单击单元格 D2，在单元格中输入公式"=MAX(A2:A21)−MIN(A2:A21)"，并将公式复制到单元格 E2，即得一班和二班语文成绩的极差分别为 21 和 29。

(3) 计算四分位差。单击单元格 D3，在单元格中输入公式"=QUARTILE.INC(A2:A21,3)−QUARTILE.INC(A2:A21,1)"，并将公式复制到单元格 E3，即得一班和二班语文成绩的四分位差分别为 10 和 11.75。

(4) 计算方差。单击单元格 D4，在单元格中输入公式"=VAR.S(A2:A21)"，并将公式复制到单元格 E4，即得一班和二班语文成绩的方差分别为 36.42 和 63.89。

(5) 计算标准差。单击单元格 D5，在单元格中输入公式"=STDEV.S(A2:A21)"，并将公式复制到单元格 E5，即得一班和二班语文成绩的标准差分别为 6.03 和 7.99，结果如图 4-12 所示。

	A	B	C
1	一班语文成绩	二班语文成绩	离中趋势指标
2	81	89	极差
3	90	86	四分位差
4	78	69	方差
5	76	76	标准差
6	80	75	
7	72	98	
8	78	84	
9	88	71	
10	93	84	
11	84	85	
12	85	87	
13	88	73	
14	83	87	
15	75	94	
16	91	89	
17	87	72	
18	85	87	
19	76	90	
20	80	80	
21	90	84	
22			

图 4-11　新建工作簿

	A	B	C	D	E
1	一班语文成绩	二班语文成绩	离中趋势指标	一班语文成绩	二班语文成绩
2	81	89	极差	21	29
3	90	86	四分位差	10	11.75
4	78	69	方差	36.421053	63.89474
5	76	76	标准差	6.0349857	7.993418
6	80	75			
7	72	98			
8	78	84			
9	88	71			
10	93	84			
11	84	85			
12	85	87			
13	88	73			
14	83	87			
15	75	94			
16	91	89			
17	87	72			
18	85	87			
19	76	90			
20	80	80			
21	90	84			
22					

图 4-12　计算结果

(6) 除了直接输入公式外，也可以通过"插入函数"命令加以计算，结果与直接输入公式相同。具体操作步骤同 4.1.2 节的内容，此处不再赘述。

3. 实例的结果分析

如果计算从一班和二班抽取的这 20 名学生语文成绩的算术平均值，易得均分为 83 分，无法判断这两个班级学生的语文水平孰高孰低，但是通过离中趋势分析，我们发现不管是极差、四分位差、方差还是标准差，一班都小于二班，说明一班学生的语文水平更均衡一些，二班学生的语文水平则参差不齐，因此二班学生的总体语文水平不如一班好。

4.3　分布形态的分析

集中趋势和离中趋势是数据分布的两大重要特征，但要想全面了解数据分布的特点，还需要知道数据分布的形状是否对称、偏斜的程度以及分布的扁平程度等，即对数据的分布形态进行分析。

4.3.1　分布形态的描述指标

对数据分布形状的测度主要有偏度和峰度两个统计指标。

1. 偏度

偏态是对数据分布对称性的描述，测度偏态的统计量是偏度。如果一组数据的分布是对称的，则偏度等于 0；如果偏度明显不等于 0，表明分布是非对称的。若偏度大于 1 或小于 -1，则分布为高度偏态分布；若偏度为 0.5~1 或 -1~-0.5，则认为是中等偏态分布；偏度越接近于 0，说明分布的偏斜程度越低。

一般用 SK 来表示偏度，它的计算公式如下：

$$SK = \frac{n\sum(x_i - \bar{x})^3}{(n-1)(n-2)s^3} \tag{4-12}$$

当 SK 为正值时，可以判断分布为右偏分布；反之，当 SK 为负值时，可以判断分布为左偏分布，SK 的数值越大，表示偏斜的程度越大。

2. 峰度

峰态是对数据分布平峰或尖峰程度的描述，测度峰态的统计量是峰度。峰态通常是与标准正态分布相比而言的。若一组数据服从标准正态分布，则峰度的值等于 0；若峰度的值明显不等于 0，则表明分布比正态分布更平或更尖。

一般用 K 来表示峰度，它的计算公式如下：

$$K = \frac{n(n+1)\sum(x_i-\bar{x})^4 - 3\left[\sum(x_i-\bar{x})^2\right]^2 (n-1)}{(n-1)(n-2)(n-3)s^4} \tag{4-13}$$

用峰度说明分布的扁平或尖峰程度，是通过与标准正态分布的峰度进行比较而言的。正态分布的峰度为 0，当 $K>0$ 时分布为尖峰分布，说明数据的分布更集中；当 $K<0$ 时分布为扁平分布，说明数据的分布更分散。

对于描述分布形态的两个指标——偏度和峰度，Excel 2010 在函数库中提供了相应的函数用于计算这两个指标，分别是 SKEW 函数和 KURT 函数，其功能和语法格式见表 4-6。

表 4-6　描述分布形态的函数一览表

函　数	功　能	语　法　格　式
SKEW 函数	返回分布的不对称度，用于体现某一分布相对于其平均值的不对称程度	SKEW (number1,number2,…)
KURT 函数	返回一组数据的峰值	KURT(number1,number2,…)

其中，number1,number2,…是需要求其偏度或峰度的 1~255 个参数，参数可以是数字或者包含数字的名称、数组或引用。在使用时，逻辑值和直接键入到参数列表中代表数字的文本被计算在内；如果数组或引用参数包含文本、逻辑值或空白单元格，则这些值将被忽略，但包含零值的单元格将计算在内；如果参数为错误值或为不能转换为数字的文本，将会导致错误。

需要注意的是，对于 SKEW 函数，如果数据点个数少于 3 个，或样本标准差为零，函数 SKEW 返回错误值#DIV/0!；对于 KURT 函数，如果数据点少于 4 个，或样本标准偏差等于 0，函数 KURT 同样返回错误值#DIV/0!。

4.3.2 实例应用：两班学生语文成绩的分布形态分析

1. 实例的数据说明

采用实例应用 4.2.2 的数据，试对两班学生语文成绩的分布形态进行分析。

2. 实例的操作步骤

(1) 新建 Excel 工作簿，命名为"两班学生语文成绩的分布形态分析"，并将样本数据和相关文字输入到工作表中，如图 4-13 所示。

(2) 计算偏度。单击单元格 D2，在单元格中输入公式"=SKEW(A2:A21)"，按回车键，并将公式复制至单元格 E2，即得一班和二班语文成绩的偏度分别为 - 0.083 和 - 0.226。

(3) 计算峰度。单击单元格 D3，在单元格中输入公式"=KURT(A2:A21)"，按回车键，并将公式复制至单元格 E3，即得一班和二班语文成绩的峰度分别为 - 1.067 和 - 0.682。计算结果如图 4-14 所示。

	A	B	C	D	E
1	一班语文成绩	二班语文成绩	分布形态指标	一班语文成绩	二班语文成绩
2	81	89	偏度		
3	90	86	峰度		
4	78	69			
5	76	76			
6	80	75			
7	72	98			
8	78	84			
9	88	71			
10	93	84			
11	84	85			
12	85	87			
13	88	73			
14	83	87			
15	75	94			
16	91	89			
17	87	72			
18	85	87			
19	76	90			
20	80	80			
21	90	84			
22					

图 4-13 新建工作簿

	A	B	C	D	E
1	一班语文成绩	二班语文成绩	分布形态指标	一班语文成绩	二班语文成绩
2	81	89	偏度	−0.08301	−0.22602
3	90	86	峰度	−1.066561	−0.68155
4	78	69			
5	76	76			
6	80	75			
7	72	98			
8	78	84			
9	88	71			
10	93	84			
11	84	85			
12	85	87			
13	88	73			
14	83	87			
15	75	94			
16	91	89			
17	87	72			
18	85	87			
19	76	90			
20	80	80			
21	90	84			
22					

图 4-14 计算结果

(4) 除了直接输入公式外，也可以通过"插入函数"命令加以计算，结果与直接输入公式相同。具体操作步骤同实例应用 4.1.2，此处不再赘述。

3. 实例的结果分析

偏斜度反映的是以平均值为中心的分布的不对称程度，正偏斜度表示不对称部分的分布更加趋于正值，负偏斜度表示不对称部分的分布更加趋于负值。根据图 4-14 显示的计算结果可知，一班学生语文成绩的分布偏度为 - 0.08301，而二班学生语文成绩的分布偏度为 - 0.22602。由此可见，两班学生语文成绩的分布均趋于负值，为左偏分布。而且相较而言，二班学生的语文成绩分布左偏的程度更大，即小于平均值 83 分的成绩更多。

对于峰值而言,正峰值表示相对尖锐的分布,负峰值表示相对较平坦的分布。根据图 4-14 显示的计算结果可知,两班学生的语文成绩分布的峰值也均为负,即 −1.066561 和 −0.68155, 而且相比之下,一班学生语文成绩分布的分值更小,从而可以判定一班学生语文成绩的分布相对较为平坦,这和离中趋势的分析结果相一致。

4.4　Excel 中"描述统计"工具的说明与应用

Microsoft Excel 2010 提供了一组数据分析工具,称为"分析数据库",在进行数据分析时可节省操作步骤。只需为每一个分析工具提供必要的数据和参数,该工具就能输出相应的结果,其中有些工具在输出数字的同时还能生成图表,使分析结果更加清晰直观。

4.4.1　数据分析工具的加载

在 Excel 2010 中,数据分析工具并不作为命令显示在选项卡中,如要使用数据分析工具, 必须另行加载。加载数据分析工具的具体操作如下:

(1) 单击 Office 按钮,再单击"Excel 选项"按钮,弹出"Excel 选项"对话框。

(2) 在弹出的"Excel 选项"对话框中选择"加载项"选项卡,在可用"加载项"列表中单击选择"分析工具库",然后单击"转到"按钮,如图 4-15 所示。

(3) 随即弹出"加载宏"对话框,如图 4-16 所示,在"可用加载宏"列表中勾选"分析工具库",然后单击"确定"按钮进行加载。

图 4-15　"Excel 选项"对话框

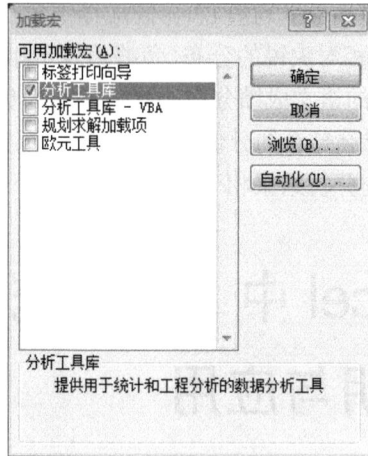

图 4-16　"加载宏"对话框

(4) 若用户是第一次使用此功能，系统会弹出如图 4-17 所示的对话框提示用户此功能需要安装，单击"是"按钮即可。

(5) 安装完毕后重启计算机，单击"数据"选项卡，在"数据"选项卡的右侧已含有"数据分析"项，如图 4-18 所示，说明"数据分析"已加载成功。

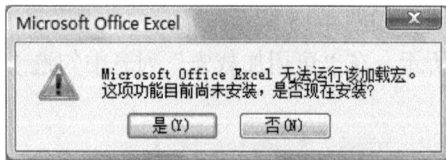

图 4-17　"提示"对话框

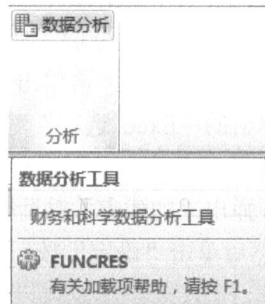

图 4-18　"数据分析"项

4.4.2　"描述统计"工具的操作

数据分析工具库中含有多个分析工具，其中描述统计工具用来生成描述所给数据的标准统计量，包括平均值、标准误差、中值、众数、标准偏差、方差、峰度、偏斜度、最小值、最大值、总和、观测数和置信度等。相对于前几节所介绍的输入公式或通过"插入函数"命令对数据进行描述统计分析，更加简单且容易操作。

具体来说，只需执行"数据分析"命令，然后在分析工具库中选择"描述统计"工具即可。下面通过实例介绍用数据分析工具进行描述统计分析的相关操作。

4.4.3 实例应用：2011 年水泥产量的描述统计分析

1. 实例的数据说明

表 4-7 给出了我国 2011 年各月份的水泥产量，试对该数据进行描述统计分析。

表 4-7 2011 年各月份的水泥产量

月　份	1	2	3	4	5	6
产量/万吨	11614.95	8814.10	16455.61	18555.60	19628.39	19794.43
月　份	7	8	9	10	11	12
产量/万吨	18307.79	18243.11	19031.40	19062.86	18805.91	17508.13

2. 实例的操作步骤

(1) 新建 Excel 工作簿，命名为“2011 年水泥产量的描述统计分析”，并将样本数据和相关文字输入到工作表中，如图 4-19 所示。

	A	B	C
1	月份	水泥产量（万吨）	
2	1月	11614.95	
3	2月	8814.10	
4	3月	16455.61	
5	4月	18555.60	
6	5月	19628.39	
7	6月	19794.43	
8	7月	18307.79	
9	8月	18243.11	
10	9月	19031.40	
11	10月	19062.86	
12	11月	18805.91	
13	12月	17508.13	
14			
15			

图 4-19 新建工作簿

(2) 单击“数据”选项卡中的“数据分析”按钮，随即弹出“数据分析”对话框，在“分析工具”一栏中选择“描述统计”选项，如图 4-20 所示，然后单击“确定”按钮。

(3) 随即弹出“描述统计”对话框，在“描述统计”对话框中，单击“输入区域”文本框后的折叠按钮，然后选中单元格区域 B1:B13；因为输入区域的数据是按列排列的，所以“分组方式”选择“逐列”；因为“输入区域”包含了标志项，所以选中“标志位于第一行”复选框；单击“输出区域”单选按钮，在右侧的文本框中输入单元格 C1；选中“汇总统计”“平均数置信度”“第 K 大值”“第 K 小值”复选框，并在“平均数置信度”右侧输入所需要的置信度，这里设置为默认值“95%”；在“第 K 大值”“第 K 小值”右侧输入所需要的 K 值，这里设置为默认值“1”，如图 4-21 所示。

(4) 单击“确定”按钮，得到描述统计计算结果，如图 4-22 所示。

Excel 在统计分析中的应用

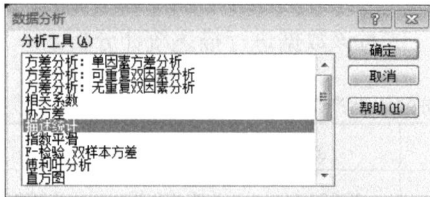

图 4-20　"数据分析"对话框

图 4-21　"描述统计"对话框

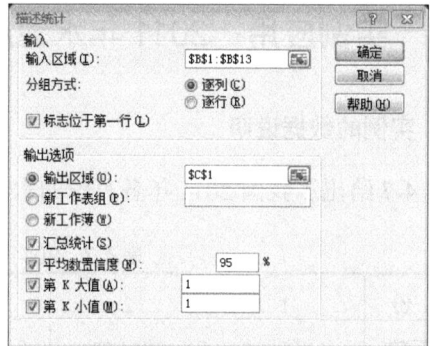

图 4-22　"描述统计"输出结果

3. 实例的结果分析

从图 4-22 的输出结果，我们可以很容易地看出对 2011 年水泥产量的描述统计结果，包括描述水泥产量集中趋势的指标——平均值、众数和中位数，描述水泥产量离中趋势的指标——极差(可由最值求得)、方差和标准差，以及描述水泥产量分布形态的指标——偏度和峰度。因此，利用数据分析工具比插入函数更简便。

4.5　本章小结

本章主要介绍了如何用 Excel 对数据进行基本的统计分析，即描述统计，主要考查了数据的集中趋势、离散趋势和分布形态这三个方面。具体而言，在对数据进行描述统计分析时，要采用一些统计量加以量化，其中，描述集中趋势的统计量为众数、中位数和平均值；描述离中趋势的统计量为极差、四分位差、方差和标准差；描述分布形态的统计量为峰度和偏度。Excel 提供了相应的函数用于计算这些统计量，通过插入函数或直接输入公式都可以对其进行计算。最后，本章着重介绍了数据分析工具的加载过程和描述统计工具的使用方法，该工具比函数拥有更大的优势。总之，描述统计分析是数据分析的第一步，统计分析者应熟练掌握该方法。

4.6 上机题

1. 我国幅员辽阔，不同地区间的经济水平存在或大或小的差异，从各地区生产总值的高低就能看出这一点。表 4-8 给出了 2010 年我国 31 个地区的生产总值。

表 4-8 2010 年我国 31 个地区的生产总值

地　区	地区生产总值/亿元
北　京	14 113.58
天　津	9 224.46
河　北	20 394.26
山　西	9 200.86
内蒙古	11 672
辽　宁	18 457.27
吉　林	8 667.58
黑龙江	10 368.6
上　海	17 165.98
江　苏	41 425.48
浙　江	27 722.31
安　徽	12 359.33
福　建	14 737.12
江　西	9 451.26
山　东	39 169.92
河　南	23 092.36
湖　北	15 967.61
湖　南	16 037.96
广　东	46 013.06
广　西	9 569.85

地　区	地区生产总值/亿元
海　南	2 064.5
重　庆	7 925.58
四　川	17 185.48
贵　州	4 602.16
云　南	7 224.18
西　藏	507.46
陕　西	10 123.48
甘　肃	4 120.75
青　海	1 350.43
宁　夏	1 689.65
新　疆	5 437.47

要求：(1) 对 2010 年我国 31 个地区的生产总值进行集中趋势分析；

(2) 对 2010 年我国 31 个地区的生产总值进行离中趋势分析；

(3) 对 2010 年我国 31 个地区的生产总值进行分布形态分析；

(4) 利用"描述统计"工具对 2010 年我国 31 个地区的生产总值进行分析。

2. 表 4-9 是某电脑公司 120 天销售额数据的分组资料。

表 4-9　某电脑公司 120 天的销售额数据

按销售额分组/万元	天　数
140～150	4
150～160	9
160～170	16
170～180	27
180～190	20
190～200	17
200～210	10
210～220	8
220～230	4
230～240	5
合计	120

要求：根据上述资料，试对该电脑公司 120 天的销售额进行集中趋势分析。

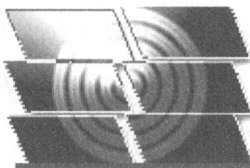

第 5 章
抽样与参数估计

在实际工作中，常常需要对某一总体样本的特性进行分析，从成本和可行性的角度考虑，一般并不对总体的所有样本进行逐一检测，而是通过一定的方法抽取其中的一部分，通过抽出的部分来推断总体样本的特征。比如，要检验某种工业产品的质量，我们只需从中抽取一小部分产品进行检验，并用计算出来的合格率来估计全部产品的合格率，或是根据合格率的变化来判断生产线是否出现了异常。这便是统计工作中常用的抽样推断方法。

统计抽样推断是统计学研究的重要内容，是按照随机性原则，从研究对象中抽取一部分进行观察，并根据所得到的观察数据，对研究对象的数量特征做出具有一定可靠程度的估计和推断，以达到认识总体的一种统计方法。它包括两大核心内容：参数估计和假设检验。两者都是根据样本资料，运用科学的统计理论和方法，对总体特征作出判断，其中参数估计是对所要研究的总体参数进行合乎数理逻辑的推断，而假设检验是对先前提出的某个陈述进行检验，以判断真伪。

本章主要介绍统计抽样方法的两种常见形式——简单随机抽样和周期抽样，并介绍如何利用 Excel 2010 的函数和工具进行抽样以及如何对总体特征指标进行参数估计。

5.1 简单随机抽样

抽样推断首先要抽取样本，根据具体的抽样步骤，随机抽样方法分为简单随机抽样和等距抽样。简单随机抽样又叫纯随机抽样，是最简单、最普遍的抽样组织方法，每次抽取时总体中的个体被抽到的概率完全相同。在 Excel 中，简单随机抽样可以通过三种方法实现：

(1) 通过随机数函数抽取随机数。

(2) 通过"随机数发生器"工具产生随机函数。

(3) 使用抽样分析工具产生随机数。

5.1.1 使用随机数函数

Excel 2010 提供了 RAND 函数与 RANDBETWEEN 函数产生随机数，通过在单元格中直接输入公式或者通过"插入函数"命令均可实现。

1. RAND 函数

RAND 函数的功能是产生 0~1(不包含 1)的均匀分布随机小数，每次计算工作表时都会返回一个新的数值，它是一个无参数函数，其语法格式如下：

RAND( )

若要生成 a 与 b 之间(不含 b)的随机数，可以使用公式 "=RAND( )*(b-a)+a"。如果想得到整数，就用 "=INT(RAND( )*(b-a)+a)"，也可以事先在输出结果的单元格区域设置单元格的数值格式，以将生成的小数输出为整数显示出来。

如果要使用函数 RAND( )生产一组随机数，并且不随单元格计算而改变，可以在编辑栏中输入 "=RAND( )"，并保持编辑状态，然后按 F9 键，将公式永久性地改为随机数。不过，这样只能一个一个地永久性更改，如果数字比较多，也可以全部选中之后，选择一个合适的位置粘贴，粘贴的方法是单击右键，在弹出的菜单中执行 "选择性粘贴" 命令，然后在弹出的选项中选择 "值(v)" 项，这样就可将之前复制的随机数公式产生的数值(而不是公式)复制下来。

2. RANDBETWEEN 函数

RANDBETWEEN 函数的功能是产生介于两个指定数之间的随机数。其语法格式是

RANDBETWEEN(Bottom，Top)

其中，参数 Bottom 是返回的最小整数，Top 是返回的最大整数。

5.1.2 实例应用：对员工工号的简单随机抽样

1. 实例的数据说明

元旦将至，某公司想从 100 名员工中随机抽取 10 名员工参加公司组织的元旦晚会合唱演出，员工工号从 001 至 100，试用 Excel 的函数功能随机抽选出 10 名员工的工号。

2. 实例的操作步骤

(1) 新建 Excel 工作簿，命名为 "对员工工号的简单随机抽样"，在数据表中输入员工工号，并按照要求设置好输出结果区域，如图 5-1 所示。

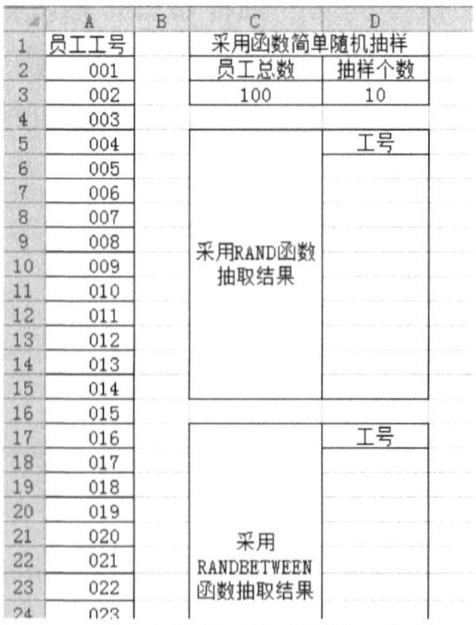

图 5-1　新建简单随机抽样工作簿

(2) 使用 RAND 函数随机抽取员工工号。因为此处抽取的员工工号含 100 号，所以单击单元格 D6，并在单元格中输入公式 "=INT(RAND( )*($C$3-1)+1)+1"，按回车键得到随机抽取的一个员工工号，然后将 D6 的公式向下复制至 D15，即可得到随机抽取的 10 个员工工号，如图 5-2 所示。

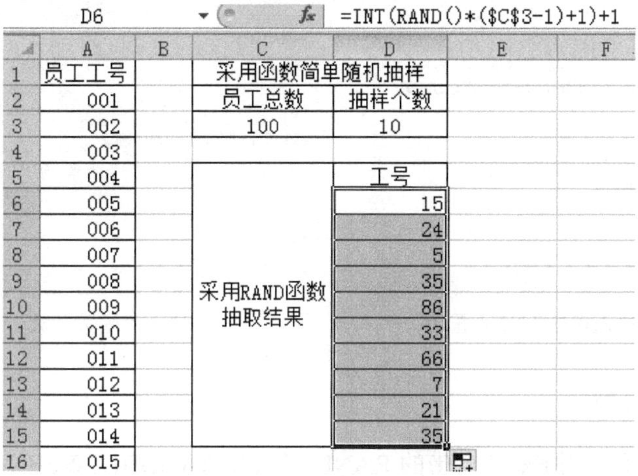

图 5-2　采用 RAND 函数的简单随机抽样结果

(3) 使用 RANDBETWEEN 函数随机抽取员工工号。单击单元格 D18，并在单元格中输入公式 "=RANDBETWEEN(1,100)"，按回车键得到随机抽取的一个员工工号，然后将 D18 的公式向下复制至 D27，即可得到随机抽取的 10 个员工工号，如图 5-3 所示。

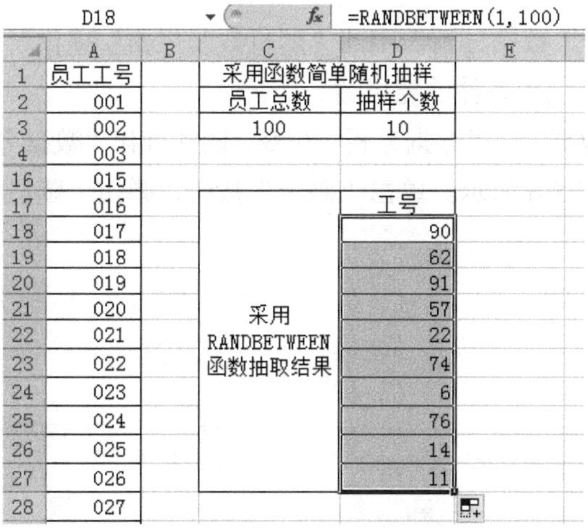

图 5-3　采用 RANDBETWEEN 函数的简单随机抽样结果

(4) 该函数抽样也可以通过插入函数命令实现，以 RANDBETWEEN 函数为例。选择工具栏中的 "公式" → "函数库" → "插入函数" 命令，弹出 "插入函数" 对话框，在 "或选择类别" 下拉菜单中选择 "全部"，在 "选择函数" 下拉菜单中选择 "RANDBETWEEN" 函数，如图 5-4 所示。单击 "确定" 按钮，弹出 "函数参数" 对话框，在 "Bottom" 后的空白框中输入"1"，在"Top"后的空白框中输入"100"，如图 5-5 所示。单击"确定"按钮即可得到一个抽样结果，然后将公式复制至其他单元格即可。

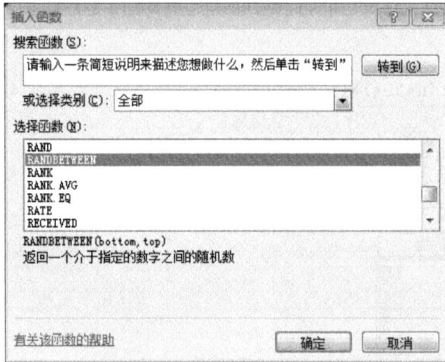

图 5-4　"插入函数"对话框

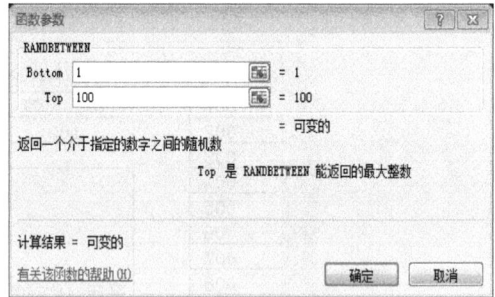

图 5-5　"函数参数"对话框

3. 实例的结果分析

在该实例中，我们采用 Excel 自带的 RAND 函数和 RANDBETWEEN 函数对参加元旦晚会合唱演出的员工进行了简单随机抽样，从图中可以看出，输出的结果均是介于 0～100 之间，对单元格格式稍加设置，便可以当作员工工号的抽样结果。

5.1.3　使用随机数发生器

Excel 2010 的加载项"数据分析"中的"随机数发生器"提供了随机数产生的功能，利用此功能可以产生多种类型和条件的随机数。

在工具栏中选择"数据"→"数据分析"命令，随即弹出"数据分析"对话框，选择"随机数发生器"选项，如图 5-6 所示。单击"确定"按钮，弹出"随机数发生器"对话框，如图 5-7 所示。

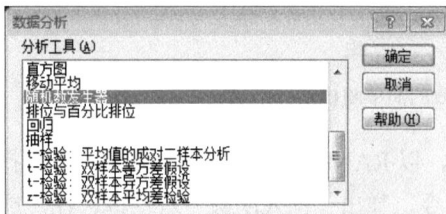

图 5-6　"数据分析"对话框

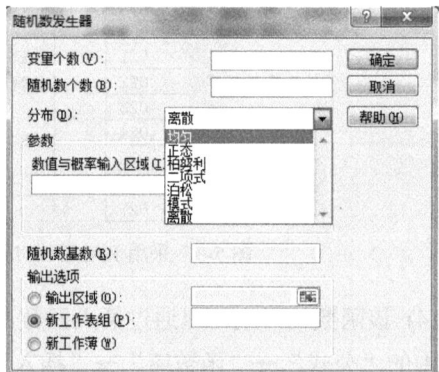

图 5-7　"随机数发生器"对话框

5.1.4　实例应用：某活动中幸运观众的随机抽样

1. 实例的数据说明

在某娱乐活动中，主持人准备从现场 400 名观众中随机抽取 10 名作为幸运观众，试使用随机抽样发生器抽出这 10 名幸运观众。

2. 实例的操作步骤

(1) 新建 Excel 工作簿，命名为"某活动中幸运观众的随机抽样"，在单元格 A1 中输入"采用随机数发生器进行抽样"。

(2) 设置单元格格式。为保证输出的结果为整数，首先设置输出区域的单元格格式，选中单元格区域 A2:A11，右击鼠标，在快捷菜单中选择"设置单元格格式"，弹出"设置单元格格式"对话框。在该对话框中选择"数字"选项卡，然后选择"数值"选项，并将"小数位数"设为 0，如图 5-8 所示，最后单击"确定"按钮。

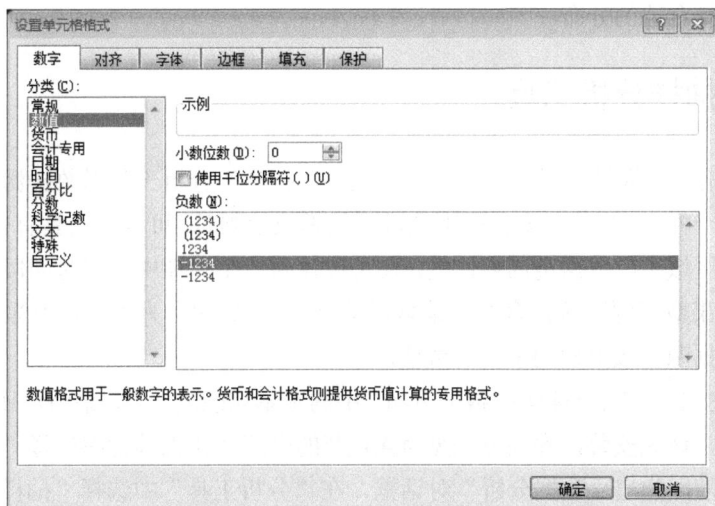

图 5-8　"设置单元格格式"对话框

(3) 在工具栏中选择"数据"→"数据分析"命令，随即弹出"数据分析"对话框，选择"随机数发生器"选项，单击"确定"按钮，随即弹出"随机数发生器"对话框。对该对话框做以下设置：在"变量个数"文本框中输入"1"；在"随机数个数"文本框中输入"10"；单击"分布"后的下拉箭头按钮，选择"均匀"选项；在"参数"下的"介于"文本框中输入"1"和"400"；在"输出选项"中选中"输出区域"，并单击其后的折叠按钮，选中A2 单元格，如图 5-9 所示。

(4) 单击"确定"按钮，输出结果如图 5-10 所示。

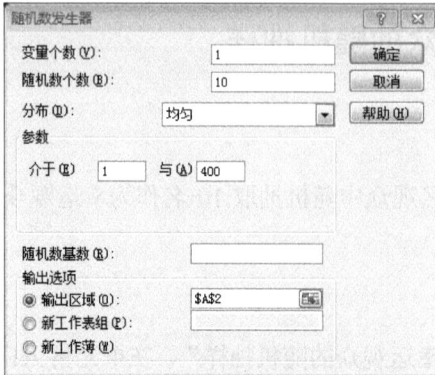

图 5-9   "随机数发生器"对话框

图 5-10   输出结果

3. 实例的结果分析

该实例是采用数据分析工具中的随机数发生器进行随机抽样的，该工具不但简单易用，而且能够产生多个分布的随机数，在分析各种不同分布对应的分布图时也会用到。用户可以根据实际情况选择合适的分布。

5.1.5   使用抽样分析工具

Excel 2010 给用户提供了"抽样"分析工具，"抽样"分析工具以数据源区域为总体，从而为其创建一个样本。当总体太大而不能进行处理或绘制时，可以选用具有代表性的样本。如果确认数据源区域中的数据是周期性的，还可以仅对一个周期中特定时间段中的数值进行采样。例如，如果数据源区域包含季度销售量数据，则以"4"为周期进行采样，将在输出区域中生成与数据源区域中相同季度的数值。

"抽样"分析工具属于加载项"数据分析"中的基本功能之一，如果用户还没有安装"数据分析"加载项，请先安装，安装方法见 4.4.1 节的介绍。在工具栏中选择"数据"→"数据分析"命令，随即弹出"数据分析"对话框，在"分析工具"中选择"抽样"选项，如图 5-11 所示，单击"确定"按钮，随即弹出"抽样"对话框，如图 5-12 所示。

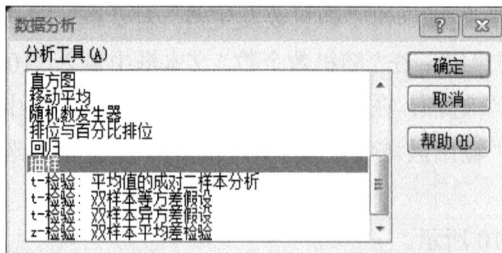

图 5-11   "数据分析"对话框

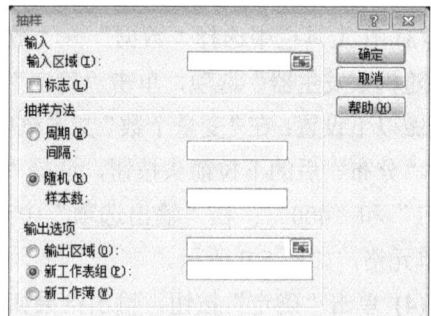

图 5-12   "抽样"对话框

5.1.6　实例应用：31 个地区资本形成总额的随机抽样

1. 实例的数据说明

表 5-1 显示的是 2009 年我国内地 31 个地区的资本形成总额数据，试采用抽样工具随机抽出 8 个样本。

表 5-1　2009 年我国内地 31 个地区的资本形成总额　　　　　　(单位：亿元)

地区	北京	天津	河北	山西	内蒙古	辽宁	吉林	黑龙江
总额	5256.2	5459.9	9264.8	4910.7	7495.4	9412.0	6074.5	5027.8
地区	上海	江苏	浙江	安徽	福建	江西	山东	河南
总额	6766.0	17571.9	10607.3	4914.2	6819.7	4163.4	18110.0	13304.1
地区	湖北	湖南	广东	广西	海南	重庆	四川	贵州
总额	6827.0	6773.4	14949.0	5795.8	914.2	3818.6	7696.6	2100.5
地区	云南	西藏	陕西	甘肃	青海	宁夏	新疆	
总额	3756.6	380.6	5447.2	1916.0	798.2	1308.8	2549.8	

2. 实例的操作步骤

(1) 新建 Excel 工作簿，命名为"31 个地区的资本形成总额的随机抽样"，将数据和相关文字输入到工作表中。

(2) 在工具栏中选择"数据"→"数据分析"命令，随即弹出"数据分析"对话框，选择"抽样"选项，单击"确定"按钮，随即弹出"抽样"对话框。对该对话框做以下设置：单击"输入区域"后的折叠按钮，选中区域 B2:B32；此例中输入区域的第一行和第一列并无标记，因此不勾选"标志"复选框；在"抽样方法"一栏中选择"随机"选项，"样本数"代表抽取样本的容量，此处要求抽取 8 个样本，所以设置"样本数"为"8"；在"输出选项"中选中"输出区域"，并单击其后的折叠按钮，选中 C2 单元格，如图 5-13 所示。

(3) 单击"确定"按钮，输出结果如图 5-14 所示。

3. 实例的结果分析

该实例是采用数据分析工具中的抽样分析工具进行随机抽样的。抽样分析工具是从已知总体中抽取指定数量的样本，相对而言，该工具比随机数发生器操作起来更为简便，但是随机数发生器能够产生多种分布的随机数，所以抽样分析工具和随机数发生器的功能侧重点不同，用户可以根据实际需要选择最佳的抽样工具。

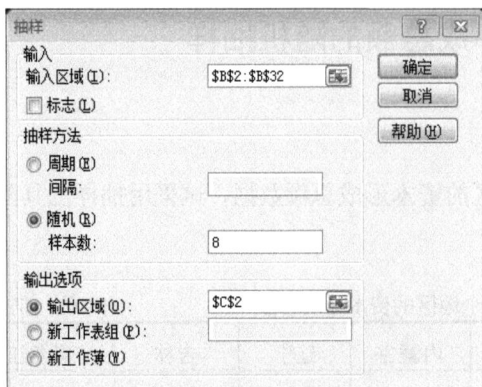

图 5-13 "抽样"对话框

图 5-14 采用抽样工具抽样结果

5.2 周期抽样

某些总体数据本身呈现一定的周期循环特征，如铁路的月客流量，每年的暑假和春节前后都会出现波峰，再如冷饮的销售量，夏季销量很大，而冬季销量较小。此时，随机抽样法会破坏样本的周期性，导致总体样本信息缺失，也就无法准确分析总体样本的特征。而周期抽样法是按照周期值来选择抽样单位的固定间隔，然后按照这个固定间隔来抽取样本，使得选取的抽样单位也具有周期区间的性质，因此保留了总体样本的周期性，是一种非常适合于周期循环性总体样本的抽样方法。

5.2.1 使用抽样分析工具

前面所介绍的"抽样"分析工具除了可以用来进行随机抽样外，还可以进行周期抽样。如果确认数据源区域中的数据是周期性的，就可以对一个周期中特定时间段中的数值进行采样，以更好地反映总体样本的特征。

5.2.2 实例应用：社会消费品零售总额的周期抽样

1. 实例的数据说明

图 5-15 显示的是 2005 年 7 月份至 2011 年 6 月份我国社会消费品零售总额数据(由于数据较多，对 2007 年 1 月份至 2010 年 12 月份的数据进行了隐藏处理)，试采用周期抽样法从中抽取样本。

春节前后，人们的消费需求较其他月份大幅提高，社会消费品零售总额随之增加，因此月社会零售总额有着明显的周期循环特征，故对该样本总体进行周期抽样。

2. 实例的操作步骤

(1) 新建 Excel 工作簿，命名为"社会消费品零售总额的周期抽样"，将数据和相关文字输入到工作表中。

(2) 在工具栏中选择"数据"→"数据分析"命令，随即弹出"数据分析"对话框，选择"抽样"选项，单击"确定"按钮，随即弹出"抽样"对话框。对该对话框做以下设置：单击"输入区域"后的折叠按钮，选中区域 B2:B73；此例中输入区域的第一行和第一列并无标记，因此不勾选"标志"复选框；在"抽样方法"一栏中选择"周期"选项，"周期"代表样本总体的循环周期，该实例是对社会消费品零售总额的月度数据进行抽样，而其以年为周期，即周期是 12，所以设置"间隔"为"12"；在"输出选项"中选择"输出区域"，并单击其后的折叠按钮，选中 C2 单元格，如图 5-16 所示。

(3) 单击"确定"按钮，输出结果如图 5-17 所示。

	A	B	C	D
1	年月份	社会消费品零售总额（亿元）	采用抽样工具进行周期抽样	
2	2005-07	4934.9		
3	2005-08	5040.8		
4	2005-09	5495.0		
5	2005-10	5846.6		
6	2005-11	5909.0		
7	2005-12	6850.4		
8	2006-01	6641.6		
9	2006-02	6001.9		
10	2006-03	5796.7		
11	2006-04	5774.6		
12	2006-05	6175.6		
13	2006-06	6057.8		
14	2006-07	6012.2		
15	2006-08	6077.4		
16	2006-09	6553.6		
17	2006-10	6997.7		
18	2006-11	6821.7		
19	2006-12	7499.2		
68	2011-01	15249.0		
69	2011-02	13769.1		
70	2011-03	13588.0		
71	2011-04	13649.0		
72	2011-05	14696.8		
73	2011-06	14565.1		
74				
75				

图 5-15　我国社会消费品各月份零售总额数据

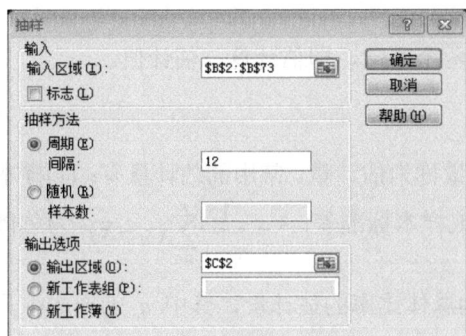

图 5-16　"抽样"对话框

	A	B	C
1	年月份	社会消费品零售总额（亿元）	采用抽样工具进行周期抽样
2	2005-07	4934.9	6057.8
3	2005-08	5040.8	7026
4	2005-09	5495.0	8642
5	2005-10	5846.6	9941.6
6	2005-11	5909.0	12329.9
7	2005-12	6850.4	14565.1
8	2006-01	6641.6	
9	2006-02	6001.9	
10	2006-03	5796.7	
11	2006-04	5774.6	
12	2006-05	6175.6	
13	2006-06	6057.8	

图 5-17　周期抽样结果

3. 实例的结果分析

如果对该数据绘制折线图并添加趋势线，如图 5-18 所示，则可以一目了然地看出社会消费品零售总额呈现周期循环特征。因此对该总体应采用周期抽样，以准确反映样本总体的周期性特征。

虽然我国社会消费品各月份零售总额不尽相同，与其他月份相比春节前后总额更大，但我国社会消费品零售总额是逐年同比增长的，从抽样结果很容易发现这一点，这也与向上倾斜的趋势线描述的结果一致。

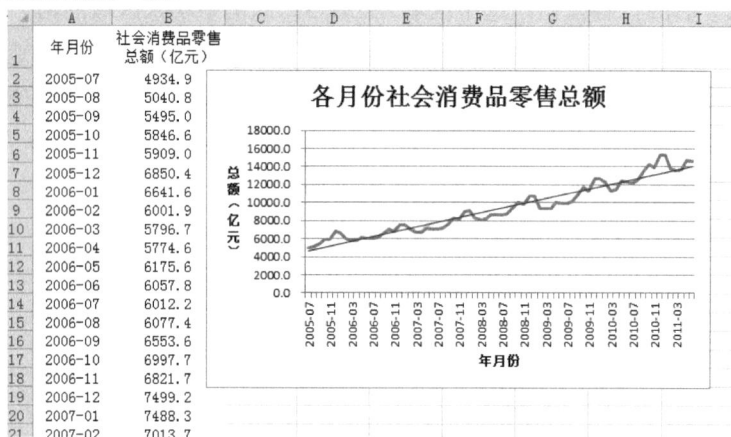

图 5-18　我国社会消费品各月份零售总额折线图

5.3　参数估计的基本概念

参数估计就是利用抽样调查取得的样本指标估计和推断总体指标或总体参数的一种统计方法，本节简单介绍参数估计的一些概念。

5.3.1　估计量与估计值

在对总体参数进行估计之前，首先要理解两个概念，即估计量与估计值。

1. 估计量

对总体参数进行估计时相对应的样本统计量称为估计量。常用的估计量有：(1)样本均值 $\bar{x} = \frac{1}{n}\sum_{i=1}^{n} x_i$ 是总体均值的估计量；(2)样本方差(或样本标准差) $s^2 = \frac{1}{n-1}\sum_{i=1}^{n}(x_i - \bar{x})^2$ 为总体方差 (或总体标准差)的估计量；(3)样本比率 $\tilde{p} = \frac{a}{n}$ 为总体比率的估计量，其中 a 为样本中具有规定特征的单位数。

2. 估计值

估计值是统计量中的一个具体数值，也就是样本估计量的具体观察值。例如，100 个女生的平均身高，即样本均值 $\bar{x}$ 是一个估计量，假如 $\bar{x}=1.62$，那么这个 1.62 就是一个估计值。

5.3.2　点估计与区间估计

参数估计的方法有点估计与区间估计两种。

1. 点估计

点估计就是用样本统计量 $\hat{\theta}$ 的某个取值直接作为总体参数 θ 的估计值，即直接用样本指标的某个取值作为总体指标的估计值，亦称为定值估计。例如，用样本均值 $\bar{x}$ 作为总体均值 μ 的估计值，用样本的方差 s^2 作为总体方差 σ^2 的估计值等。

点估计的优点在于它能够明确地估计总体参数，但一般该值不会等于总体参数的真值。它与真值的误差以及估计可靠性如何，我们无从知道，而区间估计则可弥补这种不足。

2. 区间估计

区间估计是在一定的概率保证下，用以点估计值为中心的一个区间范围来估计总体指标值的一种估计方法。为了使推算的结果可信，可以设置一个区间，使推断的结果包括在这一范围内，这一区间称为置信区间，其中区间的最小值称为置信下限，最大值称为置信上限。而置信区间中包含总体参数真值的概率，称为置信概率，也称作置信水平或置信系数。

一般来说，当样本量给定时，置信区间的宽度随着置信系数的增大而增大，随着置信系数的减小而减小，这是因为区间比较大时，才能使包含参数真值的概率较大；而当置信水平固定时，置信区间的宽度随样本量的增大而减小，显然，较大的样本所提供的有关总体的信息比较小的样本多。

5.3.3　估计量的优良标准

在对总体参数做出估计时，并非所有的估计量都是优良的，从而产生了评价估计量是否优良的标准。对于点估计量来说，一个好的估计量有如下三个标准。

1. 无偏性

无偏性是指样本统计量的期望值等于该统计量所估计的总体参数。若以 θ 表示被估计的总体参数，$\hat{\theta}$ 表示 θ 的无偏估计量，则有 $E(\hat{\theta})=\theta$。

2. 一致性

当样本容量 n 增大时，如果估计量越来越接近总体参数的真值，就称这个估计量为一致估计量。估计量的一致性是从极限意义上讲的，它适用于大样本的情况。如果一个估计量是

Excel 在统计分析中的应用

一致估计量，那么采用大样本则更加可靠。

3. 有效性

有效性的概念是指估计量的离散程度。对给定的样本容量而言，如果两个估计量都是无偏的，其中方差较小的估计量相对来说更有效。

5.4 总体均值的区间估计

由于估计时的条件不同，例如，总体分布是否为正态分布，总体方差是否已知，用于构造估计量的样本是大样本还是小样本，是重复抽样还是不重复抽样，不同情况下对总体均值估计的方法也有所不同，因此在此有必要对它们分别进行阐述。

5.4.1 总体方差已知下的估计

当总体服从正态分布且方差已知时，样本均值 $\bar{x}$ 的抽样分布仍为正态分布，其数学期望为总体均值 μ，方差为 σ^2/n。而样本均值经过标准化以后的随机变量则服从标准正态分布，即：

$$z = \frac{\bar{x} - \mu}{\sigma/\sqrt{n}} \sim N(0,1) \tag{5-1}$$

根据式(5-1)可以得出总体均值 μ 所在的 $(1-\alpha)$ 置信水平下的置信区间为：

$$\bar{x} \pm z_{\alpha/2} \frac{\sigma}{\sqrt{n}} \tag{5-2}$$

其中，$\bar{x} - z_{\alpha/2} \frac{\sigma}{\sqrt{n}}$ 称为置信下限，$\bar{x} + z_{\alpha/2} \frac{\sigma}{\sqrt{n}}$ 称为置信上限；α 是事先所确定的总体均值不包括在置信区间的概率；$1-\alpha$ 称为置信水平。

在很多情况下，我们遇到的总体为非正态分布，但根据中心极限定理，当样本容量 n 足够大时，无论总体服从什么分布，样本均值 $\bar{x}$ 的抽样分布将近似服从正态分布。因此，仍可以利用公式(5-2)近似估计。

对于服从正态分布或者大样本容量的总体，Excel 2010 提供了 CONFIDENCE.NORM 函数用于构建总体平均值的置信区间。置信区间为一个值区域，样本均值 $\bar{x}$ 位于该区域的中间，区域范围为 $\bar{x} \pm$ CONFIDENCE.NORM。CONFIDENCE.NORM 函数的语法格式为：

CONFIDENCE.NORM(alpha,standard_dev,size)

其中，alpha 用于计算置信度的显著水平参数。置信度等于 100*(1-alpha)%，即如果 alpha 为 0.05，则置信度为 95%；standard_dev 表示数据区域的总体标准偏差，假设为已知；size

表示样本容量。

需要说明的是，如果任意参数为非数值型，则函数 CONFIDENCE.NORM 返回错误值 #VALUE!；如果 alpha≤0 或 alpha≥1，则函数 CONFIDENCE.NORM 返回错误值#NUM!；如果 standard_dev≤0 或 size<1，则函数 CONFIDENCE.NORM 返回错误值#NUM!；如果假设 alpha 等于 0.05，则需要计算等于(1–alpha)或 95%的标准正态分布曲线之下的面积，其面积值为±1.96，此时置信区间为$\bar{x} \pm 1.96(\frac{\sigma}{\sqrt{n}})$。

5.4.2　实例应用：所购入原材料平均重量的区间估计

1．实例的数据说明

某企业生产车间采购负责人希望估计购入的一批 5000 包原材料的平均重量，已知原材料的总体标准差σ=15kg，对随机抽取的 250 个样本称重后所计算出的每包平均值$\bar{x}$=65kg。试在 95%的置信水平下对该批原材料的平均重量进行区间估计。

2．实例的操作步骤

(1) 新建 Excel 工作簿，命名为"所购入原材料平均重量的区间估计"，将相关文字和数据输入到工作表中，如图 5-19 所示。

(2) 计算$z_{\alpha/2}\frac{\sigma}{\sqrt{n}}$。单击单元格 B6，选择工具栏中的"公式"→"函数库"→"插入函数"命令，弹出"插入函数"对话框，在"或选择类别"下拉菜单中选择"统计"，在"选择函数"下拉菜单中选择"CONFIDENCE.NORM"函数，如图 5-20 所示。单击"确定"按钮，弹出"函数参数"对话框，在"Alpha"文本框中输入"1-B5"，在"Standard_dev"文本框中输入"B4"，在"Size"文本框中输入"B2"，如图 5-21 所示。单击"确定"按钮，会得到$z_{\alpha/2}\frac{\sigma}{\sqrt{n}}$的计算结果为 1.8594。

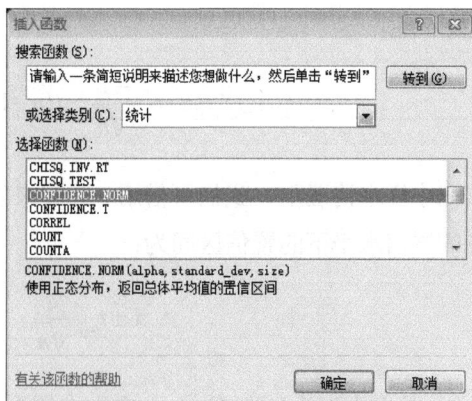

图 5-19　新建工作簿

图 5-20　"插入函数"对话框

(3) 计算置信上限与置信下限。单击单元格 B7，并输入公式 "=B3+B6"，按回车键即可得到置信上限为 66.8594；单击单元格 B8，并输入公式 "=B3-B6"，按回车键即可得到置信下限为 63.1406，最终结果如图 5-22 所示。

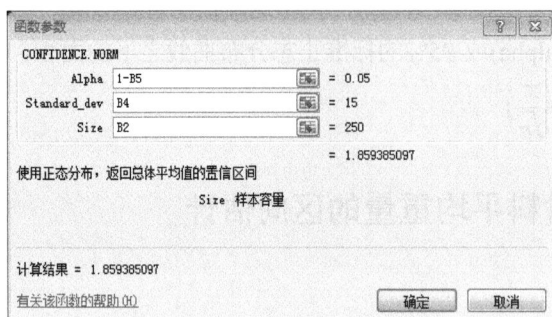

图 5-21 "函数参数"对话框

图 5-22 计算结果

3. 实例的结果分析

通过插入 "CONFIDENCE.NORM" 函数，我们对该实例进行了总体均值估计，从计算结果可以得出，该企业有 95%的把握认为购入的这批原材料的平均重量为 63.1406kg～66.8594kg。

虽然本例的数据说明中并未说明总体是否服从正态分布，但因为样本容量较大(为 5000)，亦可以按照正态分布的情况进行估计。

5.4.3 总体方差未知且为小样本下的估计

上节构造总体均值置信区间的方法，只有在总体方差已知时才能应用。但是总体均值未知而总体方差已知的情况是不多见的，一般情况是两者均未知。这时，我们可以计算样本标准差 s，并用它来代替总体标准差 σ。但此时新的统计量不再服从正态分布，而是服从自由度为$(n-1)$的 t 分布：

$$t = \frac{\overline{x} - \mu}{s / \sqrt{n}} \sim t(n-1) \tag{5-5}$$

因此，在小样本情况下，我们可借用 t 分布来估计总体均值。根据 t 分布建立的总体均值 μ 在$1-\alpha$的置信水平下的置信区间为：

$$\overline{x} \pm t_{\alpha/2} \frac{s}{\sqrt{n}} \tag{5-6}$$

式中，$t_{\alpha/2}$ 是自由度为$(n-1)$时，t 分布中右侧面积为 $\alpha/2$ 的 t 值。

对于总体方差未知且为小样本下的均值估计，Excel 2010 提供了 T.INV.2T 函数用于计算 $t_{\alpha/2}$。T.INV.2T 函数的语法格式为：

T.INV.2T(probability,deg_freedom)

其中，probability 表示对应于双尾 t 分布的概率，deg_freedom 表示样本的自由度。需要说明的是，如果其中任何一个参数为非数值型，则函数 T.INV.2T 返回错误值#VALUE!；如果 probability≤0 或 probability>1，则函数 T.INV.2T 返回错误值#NUM!；如果 deg_freedom<1，则函数 T.INV.2T 返回错误值#NUM!。

5.4.4　实例应用：所生产产品平均重量的区间估计

1. 实例的数据说明

某企业生产车间负责人希望估计生产的一批产品的平均重量，该批产品的总体方差未知，对随机抽取的 24 个样本称重后的结果如表 5-2 所示。试在 95%的置信水平下对该批产品的平均重量进行区间估计。

表 5-2　随机抽取 24 包原材料的重量　　　　　　　　（单位：千克）

75	78	75	73	79	78
74	78	76	77	78	74
75	78	81	74	76	77
72	73	75	78	80	70

2. 实例的操作步骤

(1) 新建 Excel 工作簿，命名为"所生产产品平均重量的区间估计"，将相关文字和数据输入到工作表中，如图 5-23 所示。

(2) 计算样本均值。单击单元格 C3，输入公式"=AVERAGE(A2:A25)"，按回车键即可得到抽取的 24 个样本的平均重量为 76Kg。

(3) 计算样本标准差。单击单元格 C4，输入公式"=STDEV.S(A2:A25)"，按回车键即可得到抽取的 24 个样本重量的标准差为 2.6540。

(4) 计算 $t_{\alpha/2}$。因为该公式较复杂，故采用"插入函数"法。单击单元格 C6，选择工具栏中的"公式"→"函数库"→"插入函数"命令，弹出"插入函数"对话框，在"或选择类别"下拉菜单中选择"统计"，在"选择函数"下拉菜单中选择"T.INV.2T"函数，如图 5-24 所示。单击"确定"按钮，弹出"函数参数"对话框，在"Probability"文本框中输入"1-C5"，在"Deg_freedom"文本框中输入"C2-1"，如图 5-25 所示。

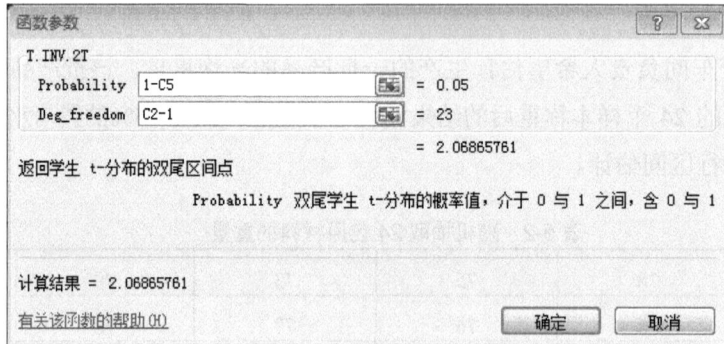

图 5-23　新建工作簿

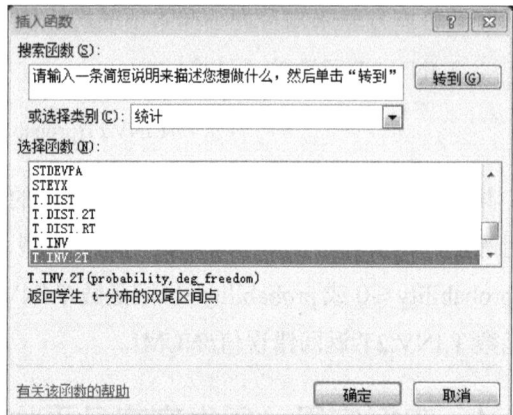

图 5-24　"插入函数"对话框

图 5-25　"函数参数"对话框

(5) 计算置信上限与置信下限。单击单元格 C7，输入公式"=C3+C6*C4/SQRT(C2)"，按回车键即得置信上限为 77.1207；同样，单击单元格 C8，输入公式"=C3−C6*C4/SQRT(C2)"，按回车键即得置信下限为 74.8793。其中，C6*C4/SQRT(C2)相当于公式 $t_{\alpha/2}\dfrac{s}{\sqrt{n}}$。

3. 实例的结果分析

在该实例中，虽然总体方差未给定，但采用了可计算的样本方差来代替，然后又通过插入"T.INV.2T"函数，我们对该企业生产的这批产品的平均重量进行了估计。从计算结果可以得出，该企业生产车间负责人有 95%的把握认为生产的这批产品的平均重量为 74.8793kg～77.1207kg。

5.4.5　总体方差未知且为大样本下的估计

当总体方差未知且样本容量大于 30，即为大样本时，可用标准正态分布近似地当作 t 分布。因此，在实际工作中，只有在小样本的情况下，才应用 t 分布，而对于大样本，则通常采用正态分布来构造总体均值的置信区间。另外，根据中心极限定理，从非正态总体中抽样时，只要能够抽取大样本，那么，样本均值的抽样分布就会服从正态分布。

因为总体方差未知，所以用样本方差来代替。这时，总体均值在 $1-\alpha$ 的置信水平下的置信区间为：

$$\overline{x} \pm z_{\alpha/2} \frac{s}{\sqrt{n}} \tag{5-5}$$

这里仍然利用 Excel 2010 提供的 CONFIDENCE.NORM 函数来构建总体平均值的置信区间，只不过总体标准差要用样本标准差代替。

5.4.6　实例应用：销售人员日均销量的区间估计

1. 实例的数据说明

某电器公司管理人员希望估计销售部门的销售情况，日均销量的总体方差未知，从中随机抽取的 50 名销售人员日均销量如表 5-3 所示。试在 95% 的置信水平下对销售部门的日均销量进行区间估计。

表 5-3　50 名销售人员的日均销量　　　　　　　　　　　　　　　（单位：台）

85	103	89	88	77	102	89	78	73	83
89	70	65	81	78	84	89	87	75	82
95	86	84	80	85	95	81	75	82	66
80	96	84	87	96	90	81	94	105	79
96	77	89	102	91	87	95	99	87	89

2. 实例的操作步骤

(1) 新建 Excel 工作簿，命名为"销售人员日均销量的区间估计"，将相关文字和数据输入到工作表中，如图 5-26 所示。

(2) 设置单元格格式。因为电器销售数量为离散型，首先将单元格格式设为整数。选中单元格 C3、C4、C6、C8 和 C9，右击鼠标，选择菜单中的"设置单元格格式"命令，弹出"设置单元格格式"对话框。选择"数字"选项卡，在"分类"列表中选定"数值"选项，并将"小数位数"设为"0"，表示要采取整数格式，最后单击"确定"按钮。

(3) 计算样本均值。单击单元格 C3，输入公式"=AVERAGE(A2:A51)"，按回车键即可得到抽取的 50 个样本的平均销售量为 86 台。

(4) 计算样本标准差。单击单元格 C4，输入公式"=STDEV.S(A2:A51)"，按回车键即可得到抽取的 50 个样本销量的标准差为 9.14。

(5) 计算 $z_{\alpha/2}\dfrac{\sigma}{\sqrt{n}}$。因为该公式较复杂，故采用"插入函数"法。单击单元格 C6，选择工具栏中的"公式"→"函数库"→"插入函数"命令，弹出"插入函数"对话框，在"或选择类别"下拉菜单中选择"统计"，在"选择函数"下拉菜单中选择"CONFIDENCE.NORM"函数，如图 5-27 所示。然后单击"确定"按钮，弹出"函数参数"对话框，在"Alpha"文本框中输入"1-C5"，在"Standard_dev"文本框中输入"C4"，在"Size"文本框中输入"C2"，如图 5-28 所示。单击"确定"按钮，会得到 $z_{\alpha/2}\dfrac{\sigma}{\sqrt{n}}$ 的计算结果为 2.53。

(6) 计算置信上限与置信下限。单击单元格 C8，输入公式"=C3+C6"，按回车键即可得到置信上限为 88.53；单击单元格 C9，输入公式"=C3-C6"，按回车键即可得到置信下限为 83.47，最终结果如图 5-29 所示。

图 5-26 新建工作簿

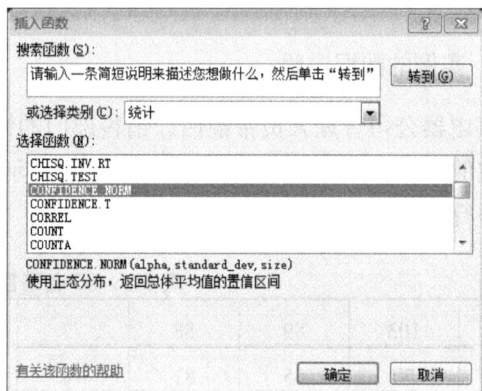

图 5-27 "插入函数"对话框

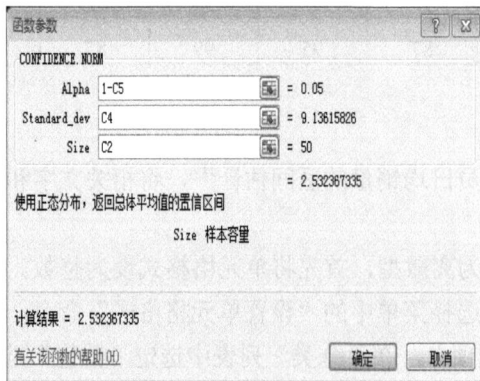

图 5-28 "函数参数"对话框

图 5-29 计算结果

3. 实例的结果分析

在该实例中，因为总体方差未知，所以首先通过计算样本方差以代替总体方差进行均值估计，然后通过插入"CONFIDENCE.NORM"函数得到了销售部门日均销量的区间范围。

从计算结果可以得出，该公司有 95%的把握可以认为销售部门的日均销量介于 83 台～89 台之间。

5.5 总体方差的区间估计

上节内容讲解的是总体均值的估计问题，在实际问题中，有时不仅需要了解总体的均值，还需要知道总体水平的波动程度，这就需要对总体方差进行估计。

5.5.1 总体方差的区间估计

由抽样分布的知识可知，样本方差服从自由度为(n-1)的 X^2 分布。因此，用 X^2 分布构造总体方差的置信区间。给定一个显著性水平 α，由于 $\dfrac{(n-1)s^2}{\sigma^2} \sim X^2(n-1)$，于是有：

$X_{1-\alpha/2}^2 \leqslant \dfrac{(n-1)s^2}{\sigma^2} \leqslant X_{\alpha/2}^2$，从而可以推出总体方差 σ^2 在 $(1-\alpha)$ 置信水平下的置信区间为：

$$\frac{(n-1)s^2}{X_{\alpha/2}^2} \leqslant \sigma^2 \leqslant \frac{(n-1)s^2}{X_{1-\alpha/2}^2} \tag{5-6}$$

对于总体方差的估计，Excel 2010 分别提供了 CHISQ.INV 函数和 CHISQ.INV.RT 函数用于计算给定概率的 X^2 分布的左尾和右尾区间点。

表 5-4 计算 X^2 分布区间点的函数一览表

函 数	功 能	语 法 格 式
CHISQ.INV 函数	返回给定概率的 X^2 分布的左尾区间点	CHISQ.INV(probability,deg_freedom)
CHISQ.INV.RT 函数	返回给定概率的 X^2 分布的右尾区间点	CHISQ.INV.RT(probability,deg_freedom)

其中，probability 表示对应于 X^2 分布的左、右尾概率，deg_freedom 表示样本的自由度。需要说明的是，如果其中任何一个参数为非数值型，则函数将返回错误值#VALUE!；如果 probability<0 或 probability>1，则函数将返回错误值#NUM!；如果 deg_freedom<1，则函数将返回错误值#NUM!。

5.5.2 实例应用：食品重量方差的区间估计

1. 实例的数据说明

某食品生产企业以生产袋装食品为主，每天的产量在 2000 袋左右。按照规定，每袋的重量应为 100g。为对产品质量进行监测，企业质检部门定期对产品进行抽检，以分析每袋食品的重量是否符合要求。现从某天生产的一批食品中随机抽取 25 袋，并测得重量如表 5-5 所示。试在 95%的置信水平下对该袋装食品的重量方差进行区间估计。

表 5-5 随机抽取的 25 袋食品的重量 (单位：克)

93.3	98.5	101.4	102.8	136.8
105	108.6	97.8	95.4	116.6
102.2	101.6	102	123.5	100
115.6	108.8	95	107.5	102.6
103	102	101	112.5	100.5

2. 实例的操作步骤

(1) 新建 Excel 工作簿，命名为"食品重量方差的区间估计"，将相关文字和数据输入到工作表中，如图 5-30 所示。

(2) 计算样本均值。单击单元格 C3，并输入公式"=AVERAGE(A2:A26)"，按回车键即可得到抽取的 25 个样本的平均重量为 105.4g。

(3) 计算样本标准差。单击单元格 C4，并输入公式"=STDEV.S(A2:A26)"，按回车键即可得到抽取的 25 个样本重量的标准差为 9.6532。

(4) 计算 $X^2_{\alpha/2}$。因为该公式较复杂，故采用"插入函数"法。单击单元格 C6，选择工具栏中的"公式"→"函数库"→"插入函数"命令，弹出"插入函数"对话框，在"或选择类别"下拉菜单中选择"统计"，在"选择函数"下拉菜单中选择"CHISQ.INV.RT"函数，如图 5-31 所示。单击"确定"按钮，弹出"函数参数"对话框，在"Probability"文本框中输入"(1−C5)/2"，在"Deg_freedom"文本框中输入"C2-1"，如图 5-32 所示，按回车键得到计算结果为 39.3641。

图 5-30 新建工作簿

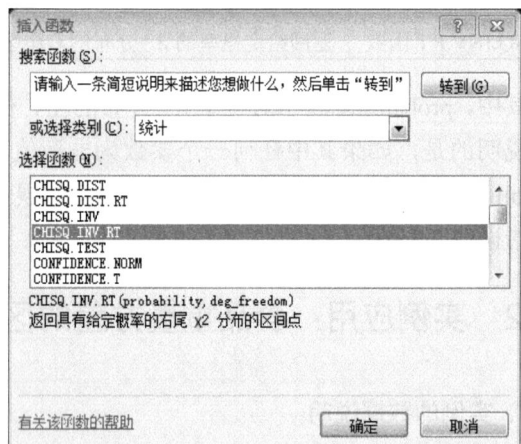

图 5-31 "插入函数"对话框

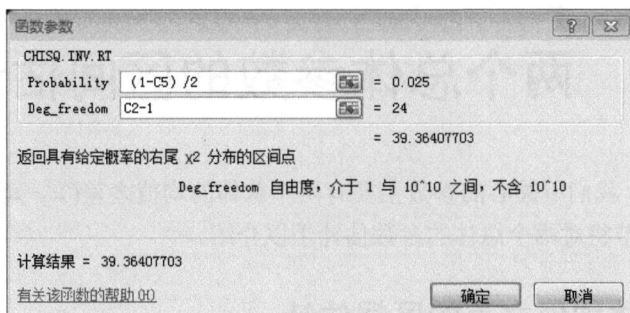

图 5-32　"函数参数"对话框

(5) 计算 $X^2_{1-\alpha/2}$。与计算 $X^2_{\alpha/2}$ 步骤类似，在"选择函数"对话框中选择"CHISQ.INV"函数，然后单击"确定"按钮，弹出"函数参数"对话框，在"Probability"文本框中输入"(1-C5)/2"，在"Deg_freedom"文本框中输入"C2-1"，如图 5-33 所示。按回车键即得计算结果为 12.4012。

(6) 计算置信上、下限。单击单元格 C10，输入公式"=(C2-1)*C4^2/C8"，(C2-1)表示自由度，C4 表示样本标准差，C8 表示 $X^2_{1-\alpha/2}$，相当于计算公式 $\dfrac{(n-1)s^2}{X^2_{1-\alpha/2}}$，得到置信上限为

180.3397；同样，单击单元格 C11，并输入公式"=(C2-1)*C4^2/C6"，相当于计算公式 $\dfrac{(n-1)s^2}{X^2_{\alpha/2}}$，

得到置信下限为 56.8137。计算结果如图 5-34 所示。

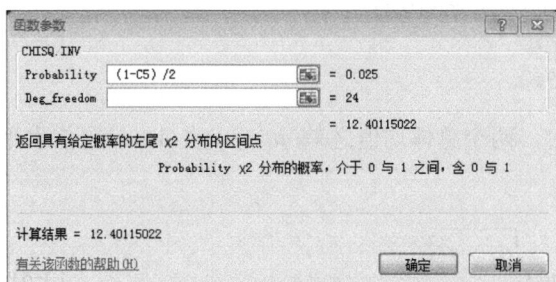

图 5-33　"函数参数"对话框

图 5-34　计算结果

3. 实例的结果分析

对总体方差的区间估计是用 X^2 分布构造的。在本实例中，首先利用 Excel 2010 提供的 CHISQ.INV 函数和 CHISQ.INV.RT 函数分别计算给定概率 X^2 分布的左尾和右尾区间点。然后，借助构造的 X^2 分布公式计算出袋装食品重量方差的区间范围。从计算结果可以得出，该食品生产企业有 95%的把握可以认为其生产的袋装食品总体重量方差为 56.8137～180.3397，如果对方差求算术平方根，则易得袋装食品总体重量标准差为 7.5375g～13.4291g。

5.6 两个总体参数的区间估计

对于两个总体，我们所关心的参数主要有两个总体的均值之差($\mu_1 - \mu_2$)、两个总体的方差比 $\sigma_1{}^2 / \sigma_2{}^2$ 等，本节将对两个总体的参数估计予以介绍。

5.6.1 两个总体均值之差的区间估计

设两个总体的均值分别为 μ_1 和 μ_2，从两个总体中分别抽取样本量为 n_1 和 n_2 的两个随机样本，其样本均值分别为 $\bar{x}_1$ 和 $\bar{x}_2$。估计两个总体均值之差($\mu_1 - \mu_2$)的估计量显然是两个样本的均值之差($\bar{x}_1 - \bar{x}_2$)。对于两个总体均值之差的估计，需要考虑两个样本是独立样本还是匹配样本，是大样本还是小样本等情况。如果一个样本中的元素与另一个样本中的元素相互独立，则两个样本为独立样本；否则为匹配样本。下面分别介绍各种情况下均值之差的区间估计。

1. 两样本为独立且大样本的估计

如果两个总体都服从正态分布或两个总体不服从正态分布但两个样本都为大样本，根据抽样分布的知识可知，两个样本均值之差($\bar{x}_1 - \bar{x}_2$)的抽样分布服从期望值为($\mu_1 - \mu_2$)、方差为 $\dfrac{\sigma_1^2}{n_1} + \dfrac{\sigma_2^2}{n_2}$ 的正态分布，而两个样本均值之差经标准化后服从标准正态分布，即：

$$z = \frac{(\bar{x}_1 - \bar{x}_2) - (\mu_1 - \mu_2)}{\sqrt{\dfrac{\sigma_1^2}{n_1} + \dfrac{\sigma_2^2}{n_2}}} \sim N(0,1) \tag{5-7}$$

(1) 当两个总体的方差 σ_1^2 和 σ_2^2 都已知时，两个总体均值之差($\mu_1 - \mu_2$)在($1-\alpha$)置信水平下的置信区间为：

$$(\bar{x}_1 - \bar{x}_2) \pm z_{\alpha/2} \sqrt{\frac{\sigma_1^2}{n_1} + \frac{\sigma_2^2}{n_2}} \tag{5-8}$$

(2) 当两个总体的方差 σ_1^2 和 σ_2^2 未知时，可用两个样本方差 s_1^2 和 s_2^2 来代替，这时，两个总体均值之差($\mu_1 - \mu_2$)在($1-\alpha$)置信水平下的置信区间为：

$$(\bar{x}_1 - \bar{x}_2) \pm z_{\alpha/2} \sqrt{\frac{s_1^2}{n_1} + \frac{s_2^2}{n_2}} \tag{5-9}$$

2. 两样本为独立且小样本的估计

(1) 当两个总体的方差 σ_1^2 和 σ_2^2 未知但相等时，需要用两个样本的方差 s_1^2 和 s_2^2 来估计，这时需要将两个样本的数据组合在一起，以给出总体方差的合并估计量，用 s_p^2 表示，计算公式为：

$$s_\mathrm{p}^2 = \frac{(n_1 - 1)s_1^2 + (n_2 - 1)s_2^2}{n_1 + n_2 - 2} \tag{5-10}$$

这时，两个样本均值之差经标准化后服从自由度为 $n_1 + n_2 - 2$ 的 t 分布，即：

$$t = \frac{(\bar{x}_1 - \bar{x}_2) - (\mu_1 - \mu_2)}{s_\mathrm{p}\sqrt{\dfrac{1}{n_1} + \dfrac{1}{n_2}}} \sim t(n_1 + n_2 - 2) \tag{5-11}$$

因此两个总体均值之差 $(\mu_1 - \mu_2)$ 在 $(1-\alpha)$ 置信水平下的置信区间为：

$$(\bar{x}_1 - \bar{x}_2) \pm t_{\alpha/2}(n_1 + n_2 - 2)s_\mathrm{p}\sqrt{\frac{1}{n_1} + \frac{1}{n_2}} \tag{5-12}$$

(2) 当两个总体的方差 σ_1^2 和 σ_2^2 未知且不相等时，只要两个总体都服从正态分布，并且两个样本的样本量相等，则两个总体均值之差 $(\mu_1 - \mu_2)$ 在 $(1-\alpha)$ 置信水平下的置信区间为：

$$(\bar{x}_1 - \bar{x}_2) \pm t_{\alpha/2}(n_1 + n_2 - 2)\sqrt{\frac{s_1^2}{n_1} + \frac{s_2^2}{n_2}} \tag{5-13}$$

当两个总体的方差 σ_1^2 和 σ_2^2 未知且不相等时，并且两个样本的样本量不相等，则两个样本均值之差不再服从自由度为 $n_1 + n_2 - 2$ 的 t 分布，而是仅服从自由度为 v 的 t 分布，其中，

$$v = \frac{\left(\dfrac{s_1^2}{n_1} + \dfrac{s_2^2}{n_2}\right)^2}{\dfrac{\left(s_1^2/n_1\right)^2}{n_1 - 1} + \dfrac{\left(s_2^2/n_2\right)^2}{n_2 - 1}} \tag{5-14}$$

这时，两个总体均值之差 $(\mu_1 - \mu_2)$ 在 $(1-\alpha)$ 置信水平下的置信区间为：

$$(\bar{x}_1 - \bar{x}_2) \pm t_{\alpha/2}(v)\sqrt{\frac{s_1^2}{n_1} + \frac{s_2^2}{n_2}} \tag{5-15}$$

3. 两样本为匹配且大样本的估计

在大样本条件下，两个总体均值之差 $(\mu_1 - \mu_2)$ 在 $(1-\alpha)$ 置信水平下的置信区间为：

$$\bar{d} \pm z_{\alpha/2} \frac{\sigma_{\mathrm{d}}}{\sqrt{n}} \tag{5-16}$$

式中，d 表示两个匹配样本对应数据的差值，$\bar{d}$ 表示各差值的均值，σ_{d} 表示各差值的标准差。当总体的 σ_{d} 未知时，可用样本差值的标准差 s_{d} 来代替。

4．两样本为匹配且小样本的估计

在小样本情况下，假定两个总体各观测值的配对差值服从正态分布。此时两个总体均值之差服从自由度为 $n-1$ 的 t 分布，则均值之差在 $(1-\alpha)$ 置信水平下的置信区间为：

$$\bar{d} \pm t_{\alpha/2}(n-1) \frac{s_{\mathrm{d}}}{\sqrt{n}} \tag{5-17}$$

下面通过两个实例介绍第一种和第四种情况的 Excel 操作方法，其他两种情况可以根据公式并参照实例中的操作方法类似处理。

5.6.2　实例应用：两所中学学生中考数学分数的均值之差区间估计

1．实例的数据说明

某地区教育委员会希望估计当地 A、B 两所中学学生中考数学平均分数之差，为此从两所中学独立地各抽取了 40 名考生的分数。表 5-6 和表 5-7 分别是从 A、B 两所中学抽取的样本数据。试在 95%的置信水平下估计 A、B 两所中学学生中考数学平均分数之差。

表 5-6　从 A 中学随机抽取的 40 名考生的数学分数

91	92	89	80	85	71	90	80	89	61
94	94	81	86	77	79	96	88	88	90
78	82	82	75	84	97	64	90	88	82
97	86	98	98	91	79	78	80	87	74

表 5-7　从 B 中学随机抽取的 40 名考生的数学分数

80	84	75	76	90	64	85	70	90	60
95	90	80	70	76	61	89	88	75	76
60	97	60	88	60	97	60	79	78	88
99	69	99	95	80	75	69	60	85	86

2．实例的操作步骤

(1) 新建 Excel 工作簿，命名为"两所中学学生中考数学分数的均值之差区间估计"，将相关文字和数据输入到工作表中，如图 5-35 所示。

(2) 计算样本均值。单击单元格 D4，输入公式 "=AVERAGE(A2:A41)"，按回车键即可得到从 A 中学抽取的 40 个样本分数的均值为 85；然后将公式复制至单元格 E4，得到从 B 中学抽取的 40 个样本的平均分数为 79。

(3) 计算样本均值之差($\bar{x}_1 - \bar{x}_2$)。单击单元格 D5，并输入公式 "=D4-E4"，按回车键即可得到两个样本均值之差为 6。

	A	B	C	D	E
1	A中学	B中学	总体均值之差的估计		
2	91	80		A中学	B中学
3	92	84	样本个数	40	40
4	89	75	样本均值		
5	80	76	样本均值之差		
6	85	90	样本标准差		
7	71	64	置信水平	95%	
8	90	85	$z_{\alpha/2}$		
9	80	70	置信上限		
10	89	90	置信下限		
11	61	60			

图 5-35　新建工作簿

(4) 计算样本标准差。单击单元格 D6，并输入公式 "=STDEV.S(A2:A41)"，按回车键即可得到从 A 中学抽取的 40 个样本分数的标准差为 8.6270；然后将公式复制至 E6，得到从 B 中学抽取的 40 个样本分数的标准差为 12.3703。

(5) 计算 $z_{\alpha/2}$。单击单元格 D8，输入公式 "=NORM.S.INV((1-D7)/2)"，按回车键即可得到 $z_{\alpha/2}$ 为 -1.96。

(6) 计算置信上、下限。单击单元格 D9，输入公式 "=D5-D8*SQRT(D6^2/D3+E6^2/E3)"，D5 表示两个样本均值之差，D8 表示 $z_{\alpha/2}$，D6、E6 分别表示取自 A、B 中学的样本标准差，D3、E3 分别表示取自 A、B 中学的样本个数，相当于计算公式 $(\bar{x}_1 - \bar{x}_2) - z_{\alpha/2}\sqrt{\dfrac{s_1^2}{n_1}+\dfrac{s_2^2}{n_2}}$，得到置信上限为 10.4462；同样，在 D9 中输入公式 "=D5+D8*SQRT(D6^2/D3+E6^2/E3)"，得到置信下限为 1.0988。结果如图 5-36 所示。

	D10		f_x	=D5+D8*SQRT(D6^2/D3+E6^2/E3)		
	A	B	C	D	E	F
1	A中学	B中学	总体均值之差的估计			
2	91	80		A中学	B中学	
3	92	84	样本个数	40	40	
4	89	75	样本均值	85	79	
5	80	76	样本均值之差	6		
6	85	90	样本标准差	8.627044	12.37025	
7	71	64	置信水平	95%		
8	90	85	$z_{\alpha/2}$	-1.959963985		
9	80	70	置信上限	10.44619191		
10	89	90	置信下限	1.098808086		
11	61	60				
12	94	95				

图 5-36　计算结果

3. 实例的结果分析

从计算结果可以看出，当地教育委员会有 95% 的把握可以认为，A、B 两所中学学生中考数学分数均值之差为 1.0988 分～10.4462 分，而且 A 中学学生在中考中数学成绩更好。

在实际工作中，两个总体平均水平的比较应用范围非常广泛，比如，判断两只股票的平均收益率孰高孰低，判断两种肥料中哪种使粮食产量更多等，都会用到总体均值之差的估计。分析者可以根据不同情况选择合适的方法进行处理。

5.6.3 总体方差比的区间估计

上节内容介绍的总体均值之差的估计主要是用于比较两个总体平均水平的高低，而本节将要讨论的总体方差比的估计是用于比较两个总体的稳定性等，比如，比较两台机器生产的产品性能稳定性，比较不同测量工具的精度等。

由于两个样本方差比的抽样分布服从 F 分布，因此可用 F 分布来构造两个总体方差比的置信区间。由于 $\dfrac{s_1^2}{s_2^2}\cdot\dfrac{\sigma_2^2}{\sigma_1^2} \sim F(n_1-1,n_2-1)$，于是有 $F_{1-\alpha/2} \leqslant \dfrac{s_1^2}{s_2^2}\cdot\dfrac{\sigma_2^2}{\sigma_1^2} \leqslant F_{\alpha/2}$，从而两个总体方差比在 $(1-\alpha)$ 置信水平下的置信区间为：

$$\frac{s_1^2/s_2^2}{F_{\alpha/2}} \leqslant \frac{\sigma_1^2}{\sigma_2^2} \leqslant \frac{s_1^2/s_2^2}{F_{1-\alpha/2}} \tag{5-18}$$

其中，$F_{\alpha/2}$ 和 $F_{1-\alpha/2}$ 是分子自由度为 (n_1-1) 和分母自由度为 (n_2-1) 的 F 分布上侧面积为 $\alpha/2$ 和 $(1-\alpha/2)$ 的分位数。

对于总体方差比的估计，Excel 2010 分别提供了 F.INV 函数和 F.INV.RT 函数用于计算给定概率的 F 分布的左尾和右尾区间点，见表 5-8。

表 5-8 计算 F 分布区间点的函数一览表

函　　数	功　　能	语 法 格 式
F.INV 函数	返回给定概率的 F 分布的左尾区间点	F.INV(probability,deg_freedom1,deg_freedom2)
F.INV.RT 函数	返回给定概率的 F 分布的右尾区间点	F.INV.RT(probability,deg_freedom1,deg_freedom2)

其中，probability 表示对应于 F 分布的左、右尾概率，deg_freedom1 表示分子的自由度，deg_freedom2 表示分母的自由度。需要说明的是，如果其中任何一个参数为非数值型，则函数将返回错误值#VALUE!；如果 probability<0 或 probability>1，则函数将返回错误值#NUM!；如果 deg_freedom1<1 或 deg_freedom2<1，则函数将返回错误值#NUM!。

另外，在 Excel 2010 中，用于返回两组数据的左、右尾 F 概率分布的函数是 F.DIST 函数和 F.DIST.RT 函数，即与 F.INV 函数和 F.INV.RT 函数互为反函数。

5.6.4　实例应用：两台机器生产的冲剂重量的方差比区间估计

1. 实例的数据说明

某企业是一家药品生产企业，为专门生产一种冲剂购进了两台不同型号的机器，为比较型号 1 和型号 2 机器的性能，各从两台机器生产的冲剂中随机抽取 20 袋，测得重量如表 5-9 所示。试在 95%的置信水平下对两台机器所生产的冲剂重量方差比进行估计。

表 5-9　两台机器生产的冲剂重量　　(单位：克)

型号 1	3.25	3.34	3.30	3.28	3.16	3.28	3.27	3.35	3.34	3.33
	3.29	3.30	3.05	3.20	2.30	2.19	3.38	3.35	3.28	3.22
型号 2	3.25	3.28	3.20	3.12	3.48	3.16	3.20	3.45	2.95	3.35
	3.38	3.50	3.28	3.75	3.22	3.70	3.20	2.98	3.90	3.22

2. 实例的操作步骤

(1) 新建 Excel 工作簿，命名为“两台机器生产的冲剂重量的方差比区间估计”，将相关文字和数据输入到工作表中，如图 5-37 所示。

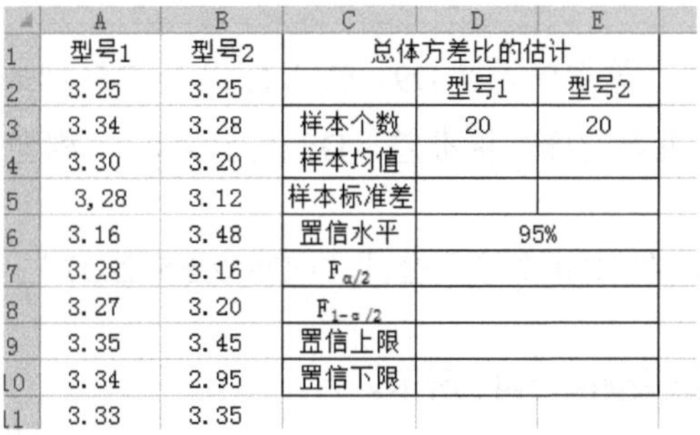

	A	B	C	D	E
1	型号1	型号2	总体方差比的估计		
2	3.25	3.25		型号1	型号2
3	3.34	3.28	样本个数	20	20
4	3.30	3.20	样本均值		
5	3,28	3.12	样本标准差		
6	3.16	3.48	置信水平	95%	
7	3.28	3.16	$F_{\alpha/2}$		
8	3.27	3.20	$F_{1-\alpha/2}$		
9	3.35	3.45	置信上限		
10	3.34	2.95	置信下限		
11	3.33	3.35			

图 5-37　新建工作簿

(2) 计算样本均值。单击单元格 D4，并输入公式“=AVERAGE(A2:A21)”，按回车键即可得到从型号 1 机器生产的冲剂中抽取的 20 袋冲剂重量的均值为 3.17g；然后将公式复制至单元格 E4，得到从型号 2 机器生产的冲剂中抽取的 20 袋冲剂重量的均值为 3.33g。

(3) 计算样本标准差。单击单元格 D5，并输入公式“=STDEV.S(A2:A21)”，按回车键即可得到从型号 1 机器生产的冲剂中抽取的 20 袋冲剂重量的标准差为 0.3347；然后将公式复制至 E5，得到从型号 2 机器生产的冲剂中抽取的 20 袋冲剂重量的标准差为 0.2442。

(4) 计算 $F_{\alpha/2}$。因为该公式较复杂，故采用“插入函数”法。单击单元格 C7，选择工具栏中的“公式”→“函数库”→“插入函数”命令，弹出“插入函数”对话框，在“或选择类别”下拉菜单中选择“统计”，在“选择函数”下拉菜单中选择“F.INV.RT”函数，如图 5-38 所示。单击“确定”按钮，弹出“函数参数”对话框，在“Probability”中输入 F 分布概率"(1-D6)/2",在"Deg_freedom1"中输入分子自由度"D3-1",在"Deg_freedom2"中输入分母自由度"E3-1",如图 5-39 所示,单击"确定"按钮,即得到 $F_{\alpha/2}$ 计算结果为 2.5265。

(5) 计算 $F_{1-\alpha/2}$。与计算 $F_{\alpha/2}$ 步骤类似,不同之处为:在"选择函数"对话框中选择"F.INV"函数,然后单击"确定"按钮,弹出"函数参数"对话框,在"Probability"中输入 F 分布概率"(1-D6)/2",在"Deg_freedom1"中输入分子自由度"D3-1",在"Deg_freedom2"中输入分母自由度"E3 – 1",如图 5-40 所示,单击"确定"按钮,即得到 $F_{1-\alpha/2}$ 计算结果为 0.3958。

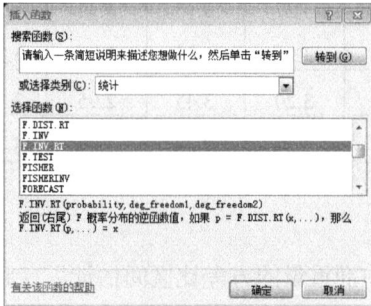

图 5-38　"插入函数"对话框

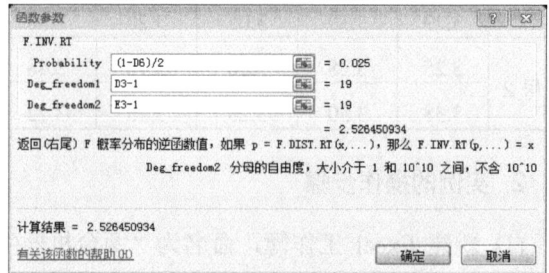

图 5-39　"函数参数"对话框 1

(6) 计算置信上、下限。单击单元格 D9,输入公式"=D5^2/E5^2/D8",D5 和 E5 分别表示取自型号 1 和型号 2 机器的样本标准差,D8 表示 $F_{1-\alpha/2}$,相当于计算公式 $\dfrac{s_1^2/s_2^2}{F_{1-\alpha/2}}$,得到置信上限为 4.7453;同样,在 D10 中输入公式"=D5^2/E5^2/D7",相当于计算公式 $\dfrac{s_1^2/s_2^2}{F_{\alpha/2}}$,得到置信下限为 0.7434。结果如图 5-41 所示。

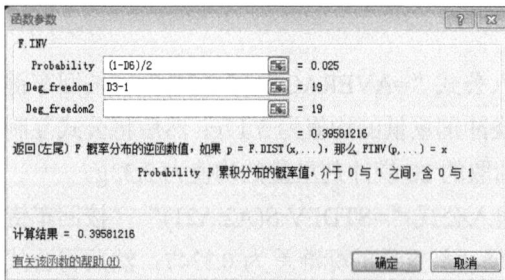

图 5-40　"函数参数"对话框 2

图 5-41　计算结果

3. 实例的结果分析

从计算结果可以看出,该药品生产企业有 95%的把握可以认为,两台机器所生产的冲剂重量总体方差比为 0.7434~4.7453,因为上限离 1 更远,显然型号 1 机器所生产的冲剂重量总体方差更大，也就是说型号 2 机器所生产的冲剂重量更稳定，性能更好。

本例是通过 F 分布来构造总体方差比统计量的。F 分布在比较两个数据集的变化程度或稳定性中很常用。例如，可以用其判断美国和加拿大是否有相似的收入变化程度，男女生成绩是否稳定性相同等。

5.7　本章小结

本章主要讨论了两方面的内容，一是在实际工作中应用非常广泛的统计抽样；二是在统计推断中占据重要地位的参数估计，其中点估计由于只涉及根据公式直接计算的问题，而不涉及具体的软件操作，所以本章重点介绍了参数估计中的区间估计。

在第一部分统计抽样中，介绍了最常见的两种抽样方法——随机抽样和周期抽样，并通过实例详细介绍了如何利用 Excel 2010 所提供的函数功能、随机数发生器和抽样分析工具来实现统计抽样。在第二部分参数估计中，分别阐述了一个总体的均值区间估计、方差区间估计，以及两个总体参数的区间估计，包括均值之差和方差比的区间估计。对于本章所涉及的一个重要概念——置信区间，需要说明的是，不要认为由一个样本数据得到总体参数的一个95%置信区间，就以为该区间以 95%的概率覆盖总体参数。置信水平 95%仅仅描述用来构造该区间上下界的统计量(随机的)覆盖总体参数的概率，而根据每一个特定样本计算得到的置信区间要么覆盖总体参数，要么不覆盖总体参数，是一个确定的概念。

5.8　上机题

1. 某县为了解本县养猪专业户的养猪情况，准备从该县 50 个村中随机抽取 5 个村，然后对所抽取的 5 个村的所有养猪专业户进行全面调查。

要求：(1) 采用随机数函数从该县 50 个村中抽出 5 个村；

(2) 采用随机数发生器从该县 50 个村中抽出 5 个村；

(3) 采用抽样分析工具从该县 50 个村中抽出 5 个村。

2. 表 5-10 给出了我国自 2007 年 1 月份至 2011 年 12 月份的 36 个大中城市的居民消费价格指数。

表 5-10　我国 36 个大中城市居民的消费价格指数

统计年月份	36 个大中城市居民消费价格指数
2007-01	100.5
2007-02	100.8

(续表)

统计年月份	36 个大中城市居民消费价格指数
2007-03	101.4
2007-04	100.8
2007-05	100.7
2007-06	101
2007-07	102.1
2007-08	103.5
2007-09	103.7
2007-10	104.4
2007-11	105.3
2007-12	105
2008-01	105.3
2008-02	106.6
2008-03	106
2008-04	106.5
2008-05	106.3
2008-06	106.1
2008-07	106.3
2008-08	105.5
2008-09	105.2
2008-10	104.2
2008-11	102.1
2008-12	101
2009-01	100.7
2009-02	98.9
2009-03	99
2009-04	98.6
2009-05	98.3
2009-06	98.2
2009-07	97.6
2009-08	97.2
2009-09	97.5
2009-10	97.7

(续表)

统计年月份	36 个大中城市居民消费价格指数
2009-11	98.7
2009-12	99.4
2010-01	100
2010-02	101
2010-03	100.9
2010-04	101.8
2010-05	102.5
2010-06	102.3
2010-07	102.5
2010-08	102.8
2010-09	102.6
2010-10	103.4
2010-11	104.3
2010-12	104.7
2011-01	104.8
2011-02	105.3
2011-03	105.5
2011-04	105.8
2011-05	105.5
2011-06	106.2
2011-07	106.4
2011-08	106.6
2011-09	106.5
2011-10	105.9
2011-11	104.6
2011-12	104.4

要求：(1) 采用简单随机抽样法抽取 10 个样本数据；

(2) 采用抽样分析工具对以上数据进行周期抽样。

3. 某糖果厂用自动包装机装糖，每包重量服从正态分布。某日开工后随机抽查 10 包的重量如表 5-11 所示。

表 5-11　某糖果厂随机抽查 10 包的糖果重量

糖果重量/克				
494	495	503	506	492
493	498	507	502	490

要求：试在 95%的置信水平下估计：

(1) 平均每包糖果重量的置信区间，若总体标准差为 5 克；

(2) 平均每包糖果重量的置信区间，若总体标准差未知。

4. 某保险公司从投保人中随机抽取 36 人，每位投保人的年龄如表 5-12 所示。已知投保人员年龄近似服从正态分布。

表 5-12　某保险公司对投保人年龄的随机抽样

投保人年龄/岁					
23	35	39	27	36	44
43	31	33	42	53	45
34	28	39	36	44	40
34	48	50	34	39	45
36	42	46	54	47	24
39	49	38	48	45	32

要求：试在 95%的置信水平估计：

(1) 全体投保人的平均年龄的置信区间，若总体标准差为 7.8 岁；

(2) 全体投保人的平均年龄的置信区间，若总体标准差未知。

5. 为估计两种方法组装产品所需时间的差异，分别对两种不同的组装方法各随机安排 12 个工人，每个工人组装一件产品所需的时间如表 5-13 所示。假定两种方法组装产品的时间服从正态分布。

表 5-13　两种方法组装产品所需时间抽样

	所需时间/分钟					
方法 1	30.0	28.0	34.4	38.5	37.2	36.0
	28.8	32.1	37.6	29.0	30.1	28.8
方法 2	26.5	33.4	31.2	32.0	26.0	31.7
	30.2	20.0	33.8	31.0	22.2	27.6

要求：试在 95%的置信水平估计：

(1) 两种不同的方法组装产品所需平均时间差值的置信区间，假定 $\sigma_1^2 = \sigma_2^2$；

(2) 两种不同的方法组装产品所需平均时间差值的置信区间，假定 $\sigma_1^2 \neq \sigma_2^2$。

6. 顾客到银行办理业务时往往需要等待一些时间，而等待时间的长短与很多因素有关，比如，银行的工作人员办理业务的速度、顾客等待排队的方式等。为缩短顾客等待时间，提高服务质量，某银行大堂经理分别对两种排队方式进行了试验。第一种排队方式是：所有顾客都进入一个等待队列；第二种排队方式是：顾客在三个业务窗口处列队三排等待。为比较哪种排队方式使顾客等待的时间更短，银行随机抽取了 10 名顾客，并记录了他们在办理业务时的等待时间，如表 5-14 所示。

表 5-14　银行对顾客的抽查

等待时间/分钟				
排队方式 1	7.7	7.7	7.3	6.8	6.6
	7.7	7.4	7.1	6.7	6.5
排队方式 2	9.8	8.5	7.7	6.2	4.2
	9.3	7.7	6.7	5.8	5.4

要求：试在 95%的置信水平估计：

(1) 第一种排队方式等待时间方差的置信区间；

(2) 第二种排队方式等待时间方差的置信区间；

(3) 根据(1)和(2)的计算结果，如果你是该银行的大堂经理，你将会采用哪种排队方式？

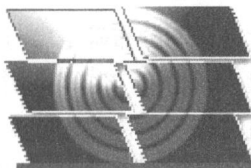

第 6 章

假设检验

在统计中，"假设"是对总体的某些未知的或完全不知道的性质所提出的待考察的命题。"假设检验"是对假设成立与否做出的推断。假设检验是统计推断的另一种方式，它与区间估计的差别主要在于：区间估计是用给定的大概率推断出总体参数的范围，而假设检验是以小概率为标准，对总体的某种假设正确与否进行判断。假设检验与区间估计结合起来，构成完整的统计推断的基本内容。在对总体的未知参数或总体服从的分布等进行假设检验时，一般包括两个步骤：①提出某种假设，譬如假设某未知参数总体服从某已知分布等；②根据样本提供的信息，对第①步假设的"真实性"进行判定。

假设检验问题分为两大类：①参数假设检验，即是对总体中某个数字特征提出假设检验；②非参数假设检验，即对总体的分布、总体间的独立性以及是否同分布等方面的检验。

本章只介绍参数假设检验的基本理论和假设检验在 Excel 2010 中的操作方法，关于非参数假设检验的基本理论与操作将在第 7 章中予以详解。

6.1　假设检验简介

根据经验，我们在很多时候知道总体的分布形式，但不知道某参数的具体数值是不是我们猜想的那个值，更多时候，我们不一定要知道总体参数的具体值是多少，只要知道参数是否超过或者是不超过某个值就可以了。例如，某食品中的农药残留物是否超过标准？药品中的主要成分是否达到说明书中提到的比例？等等。在这些情况下，使用参数估计的方法显然不能满足要求，它需要用到参数假设检验的方法。

假设检验根据样本信息对总体参数进行检验，采用的是逻辑上的反证法，该方法基于小概率事件原理。具体来说，假设检验的基本步骤可归纳为：

(1) 提出原假设 H_0 和备择假设 H_1，原假设必须包含等号在内，而备择假设则视情况为不等于、大于或小于；

(2) 设定检验的显著性水平 α，显著性水平的值将直接影响最终能否接受原假设；

(3) 根据样本统计量的概率分布确定出与 α 相对应的临界值，即确定接受域和拒绝域；

(4) 构造检验统计量(z、t、F、X^2等)，并根据样本观测数据计算出检验统计值；

(5) 比较检验统计值与临界值，做出接受或拒绝原假设的判断。

假设检验按照假设检验的样本个数可分为单样本检验和双样本检验；按照需要检验参数的类型可分为总体均值的检验、总体方差的检验；如果考虑假设检验的方向性，则可分为单侧检验和双侧检验，前者又包括单侧左尾检验和单侧右尾检验。

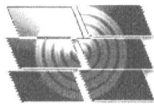

6.2　单个样本的假设检验

根据假设检验的不同内容和进行检验的不同条件，需要选择不同的检验统计量。在单个样本总体参数的检验中，用到的检验统计量主要有 3 个：Z 统计量、t 统计量和 X^2 统计量。其中 Z 统计量和 t 统计量通常用于均值的检验，X^2 统计量则常用于方差的检验。选择采用什么统计量进行假设检验，首先要考虑总体的方差或均值是否为已知等因素。

6.2.1　总体方差已知下的均值检验

总体均值的假设检验是应用最为广泛的假设检验之一，对总体均值进行假设检验时，根据总体方差是否已知可分为总体方差已知下的总体均值的检验和总体方差未知下的总体均值的检验。本节首先讨论如何利用 Excel 实现对总体方差已知下的总体均值进行检验。

设样本 $x_1, x_2, \cdots, x_n$ 来自正态分布总体 $N(\mu, \sigma^2)$，且总体方差 σ^2 已知，则关于总体均值 μ 的检验过程为：

给出原假设 $H_0: \mu = \mu_0$，备择假设 $H_1: \mu \neq \mu_0$，构造 z 检验统计量：

$$z = \frac{\bar{x} - \mu_0}{\sigma / \sqrt{n}} \tag{6-1}$$

当 $\mu = \mu_0$ 时，z 检验统计量服从正态分布。给定显著性水平 α，检验规则为：当 $|z| \geq z_{\alpha/2}$ 时，拒绝 H_0；当 $|z| < z_{\alpha/2}$ 时，不能拒绝 H_0。

除此之外，我们也可以利用 z 值计算出 P 值，当 $P < \alpha$ 时，拒绝 H_0；当 $P > \alpha$ 时，不能拒绝 H_0。P 值就是当原假设为真时所得到的样本观察结果出现的概率，如果 P 值很小，说明这种情况发生的概率很小，而如果出现了，我们就有理由拒绝原假设，P 值越小，拒绝原假设的理由就越充分。

Excel 2010 针对服从正态分布的总体假设检验提供了多个统计函数以供选择，包括 NORM.DIST 函数、NORM.INV 函数、NORM.S. DIST 函数以及 NORM.S.INV 函数。表 6-1 给出了各个函数的功能和语法格式。

表 6-1　正态分布统计函数一览表

正态分布统计函数	功　能	语 法 格 式
NORM.DIST 函数	返回正态分布函数值	NORM.DIST(x, mean, standard_dev, cumulative)
NORM.INV 函数	返回具有给定概率正态分布的区间点	NORM.INV(probability, mean, standard_dev)
NORM.S. DIST 函数	返回标准正态分布函数值	NORM.S. DIST (x, cumulative)
NORM.S.INV 函数	返回标准正态分布的区间点	NORM.S.INV(probability)

其中，x 表示用来计算正态分布(或标准正态分布)函数值的区间点；mean 表示正态分布的算术平均，即均值；standard_dev 表示正态分布的标准差；probability 表示正态分布概率；cumulative 为逻辑值，决定函数的形式，如果 cumulative 为 TRUE，则返回累积分布函数，如果 cumulative 为 FALSE，则返回概率密度函数。

6.2.2　实例应用：某小区居民月通讯费的均值检验

1. 实例的数据说明

已知某一小区居民每月的通讯费服从正态分布，标准差为 8。现从中随机抽取 40 户居民的月通讯费，如表 6-2 所示，试通过样本数据检验该小区居民的月通讯费均值是否等于 80 元(显著性水平 α =5%)。

表 6-2　40 名居民的月通讯费　　　　　　　　　(单位：元)

85	81	73	65	89	95	85	82	84	81
103	102	83	81	87	86	95	66	87	94
89	89	87	78	75	84	81	80	96	105
88	78	79	84	82	80	75	96	90	79

2. 实例的操作步骤

(1) 新建 Excel 工作簿，命名为"40 名居民的月通讯费的均值检验"，并将样本数据和相关文字输入到工作表中，如图 6-1 所示。

40名居民的月通讯费的均值检验

	A	B
1	月通讯费（元）	H_0
2	85	样本个数
3	103	样本均值
4	89	z值
5	88	NORM.S.DIST(z)
6	81	P值
7	102	
8	89	
9	78	
10	73	

图 6-1　新建“40 名居民的月通讯费的均值检验”工作簿

(2) 提出原假设 $H_0: \mu = 80$，备择假设 $H_1: \mu \neq 80$，并在单元格 C1 中输入原假设。

(3) 计算样本个数。单击单元格 C2，在单元格中输入函数“=COUNT(A2:A41)”，按回车键即可得到样本个数。

(4) 计算样本均值。单击 C3 单元格，在单元格中输入函数“=AVERAGE(A2:A41)”，按回车键即可得到样本均值。

(5) 构造 z 检验统计量，计算 z 值。单击 C4 单元格，在单元格中输入公式“=(C3−80)/SQRT(64)/SQRT(C2)”，相当于 z 值的计算公式，按回车键即可计算出 z 值。

(6) 计算 *P* 值。单击 C5 单元格，在单元格中输入公式“=NORM.S.DIST(ABS(C4), TRUE)”，其中 ABS(C4)表示引用了 C4 单元格中的 *z* 值的绝对值，按回车键即可得到函数值；单击 C6 单元格，在单元格中输入公式“=2*(1−C5)”，按回车键即可得到 *P* 值，计算结果如图 6-2 所示。

40名居民的月通讯费的均值检验

	A	B	C	D
1	月通讯费（元）	H_0	μ=80	
2	85	样本个数	40	
3	103	样本均值	84.975	
4	89	z值	0.098327	
5	88	NORM.S.DIST(z)	0.5391637	
6	81	P值	0.9216726	
7	102			
8	89			
9	78			
10	73			
11	83			
12	87			
13	79			
14	65			
15	81			
16	78			

图 6-2　计算结果

3. 实例的结果分析

P 值的计算结果为 0.92，因此不能拒绝原假设，即该小区居民月通讯费的均值为 80 元。

6.2.3　总体方差未知下的均值检验

上一节讲解的总体均值假设检验只有在总体方差已知的情况下才能实现，但是往往总体的方差是无法获知的，此时可以用能计算出来的样本的标准差 s 来代替未知的总体的标准差 σ，但此时新的统计量不再服从标准正态分布，而是服从自由度为 $n-1$ 的 t 分布。

设样本 $x_1, x_2, \cdots, x_n$ 来自正态分布总体 $N(\mu, \sigma^2)$，且总体方差未知。在这种情况下，英国统计学家 W. S. Gosset 推出 t 统计量：用样本方差 s^2 代替 σ^2，也即用样本的标准差 s 来代替未知的总体的标准差 σ，则此时关于总体均值 μ 的检验过程为：

给出原假设 $H_0 : \mu = \mu_0$，备择假设 $H_1 : \mu \neq \mu_0$，构造 t 检验统计量：

$$t = \frac{\overline{x} - \mu_0}{s / \sqrt{n}} \tag{6-2}$$

当 $\mu = \mu_0$ 时，根据抽样分布理论，统计量 t 服从 $t \sim (n-1)$。给定显著性水平 α，检验规则为：当 $|t| \geq t_{\frac{\alpha}{2}}(n-1)$ 时，拒绝 H_0；当 $|t| < t_{\frac{\alpha}{2}}(n-1)$ 时，不能拒绝 H_0。

除此之外，我们也可以利用 t 值计算出 P 值，当 $P < \alpha$ 时，拒绝 H_0；当 $P > \alpha$ 时，不能拒绝 H_0。P 值就是当原假设为真时所得到的样本观察结果出现的概率，如果 P 值很小，说明这种情况发生的概率很小，而如果出现了，我们就有理由拒绝原假设，P 值越小，拒绝原假设的理由就越充分。

需要说明的是，t 检验一般用于小样本检验，往往是已知服从正态总体但方差未知。随着样本容量 n 的增大，t 分布趋近于标准正态分布，所以在大样本情形下，总体方差未知时对总体均值的假设检验可近似采用 z 检验。对于非正态总体为大样本的情况下，在对总体均值假设检验时，也可采用 z 检验，如果 σ 未知，可以用 s 替代。

Excel 2010 针对不同类型的假设检验提供了多个 T 统计函数以供构建检验统计量，包括 T.DIST 函数、T.DIST.2T 函数以及 T.DIST.RT 函数。表 6-3 给出了各个函数的功能和语法格式。

表 6-3　T 统计函数一览表

T 统计函数	功　　能	语 法 格 式
T.DIST 函数	返回左尾学生 t-分布	T.DIST(x,deg_freedom,cumulative)
T.DIST.2T 函数	返回双尾学生 t-分布	T.DIST.2T(x,deg_freedom)
T.DIST.RT 函数	返回右尾学生 t-分布	T.DIST.RT(x,deg_freedom)
T.INV 函数	返回学生 t-分布的左尾区间点	T.INV(probability,deg_freedom)
T.INV.2T 函数	返回学生 t-分布的双尾区间点	T.INV.2T(probability,deg_freedom)

其中，x 表示用来计算 t 分布的数值；deg_freedom 表示自由度；probability 表示双尾学生 t-分布的概率值；cumulative 为逻辑值，决定函数的形式，如果 cumulative 为 TRUE，则返回累积分布函数，如果 cumulative 为 FALSE，则返回概率密度函数。

6.2.4 实例应用：某地区家庭年消费支出的均值检验

1. 实例的数据说明

已知某地区家庭年消费支出服从正态分布，方差未知。现从中随机抽取 20 户家庭的年消费支出，如表 6-4 所示，试通过样本数据检验该地区家庭的年支出是否等于 10 万元(显著性水平 α =5%)。

表 6-4 20 户家庭的年消费支出 (单位：万元)

7.42	4.66	8.57	5.42	6.78	7.39	11.54	9.43	5.69	6.73
9.38	11.23	13.74	8.27	5.28	20.87	12.94	9.25	10.32	15.33

2. 实例的操作步骤

(1) 新建 Excel 工作簿，命名为“20 户家庭年消费支出的均值检验”，并将样本数据和相关文字输入到工作表中，如图 6-3 所示。

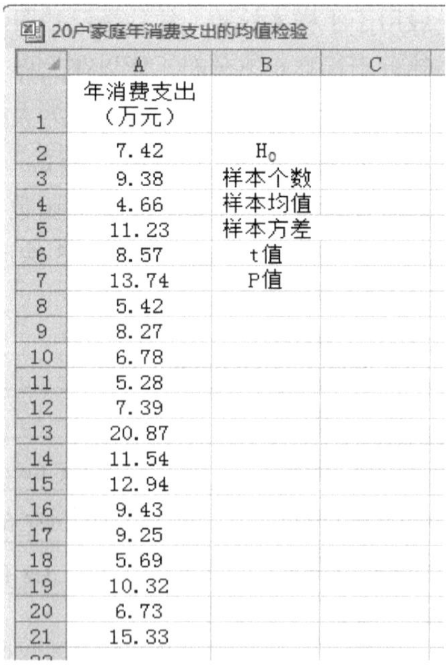
20户家庭年消费支出的均值检验

	A	B	C
1	年消费支出（万元）		
2	7.42	H_0	
3	9.38	样本个数	
4	4.66	样本均值	
5	11.23	样本方差	
6	8.57	t值	
7	13.74	P值	
8	5.42		
9	8.27		
10	6.78		
11	5.28		
12	7.39		
13	20.87		
14	11.54		
15	12.94		
16	9.43		
17	9.25		
18	5.69		
19	10.32		
20	6.73		
21	15.33		

图 6-3 新建“20 户家庭年消费支出的均值检验”工作簿

(2) 提出原假设 $H_0: \mu = 10$，备择假设 $H_1: \mu \neq 10$，并在单元格 C2 中输入原假设。

(3) 计算样本个数。单击单元格 C3，在单元格中输入函数"=COUNT(A2:A21)"，按回车键即可得到样本个数。

(4) 计算样本均值。单击 C4 单元格，在单元格中输入函数"=AVERAGE(A2:A21)"，按回车键即可得到样本均值。

(5) 计算样本方差。单击 C5 单元格，在单元格中输入函数"=VAR(A2:A21)"，按回车键即可得到样本方差。

(6) 构造 t 检验统计量，计算 t 值。单击 C6 单元格，在单元格中输入公式"=(C4-10)/SQRT(C5)/SQRT(C3)"，相当于 t 值的计算公式，按回车键即计算出 t 值。

(7) 计算 P 值。单击 C7 单元格，在单元格中输入公式"=T.DIST.2T(ABS(C6),C3-1)"，其中 ABS(C6)表示引用了 C6 单元格中的 t 值的绝对值，按回车键即可得到 P 值为 0.98，如图 6-4 所示。或者单击 C7 单元格，选择工具栏中的"公式"→"函数库"→"插入函数"命令，弹出"插入函数"对话框，在"或选择类别"下拉菜单中选择"统计"，在"选择函数"下拉菜单中选择"T.DIST.2T"函数，如图 6-5 所示。单击"确定"按钮，弹出"函数参数"对话框，在"X"文本框中输入"ABS(C6)"，在"Deg_freedom"文本框中输入"C3-1"，如图 6-6 所示。单击"确定"按钮，会得到同样的结果。

图 6-4　利用公式计算结果

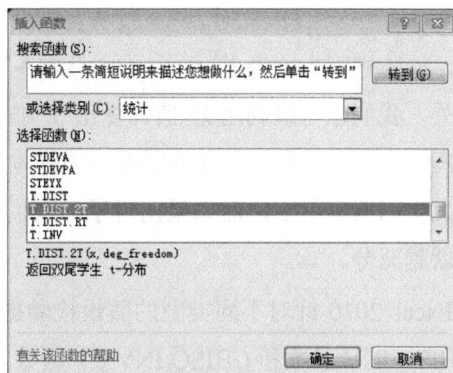

图 6-5　"插入函数"对话框

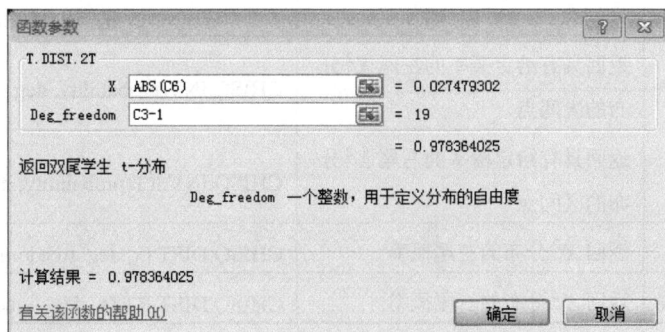

图 6-6　"函数参数"对话框

3. 实例的结果分析

P 值的计算结果为 0.98，因此不能拒绝原假设，即该地区家庭年消费支出的均值等于 10 万。

6.2.5　总体均值已知下的方差检验

前面两节分别讨论了总体方差已知和未知条件下的均值检验，接下来两节内容着重讨论总体均值已知和未知条件下的方差检验方法。

设样本 $x_1, x_2, \cdots, x_n$ 来自正态分布总体 $N(\mu, \sigma^2)$，且总体均值 μ 已知。在这种情况下，关于总体方差的检验过程为：

给出原假设 $H_0 : \sigma^2 = \sigma_0^2$，备择假设 $H_1 : \sigma^2 \neq \sigma_0^2$。根据抽样分布理论，构造 X^2 检验统计量：

$$X^2 = \frac{\sum (x_i - u)^2}{\sigma_0^2} \tag{6-3}$$

当 $H_0 : \sigma^2 = \sigma_0^2$ 成立时，X^2 服从自由度为$(n-1)$的分布，即 $X^2 \sim X^2(n-1)$。给定显著性水平 α，检验规则为：当 $X^2 \geq X_{\alpha/2}^2 (n-1)$ 或 $X^2 \leq X_{1-\alpha/2}^2 (n-1)$ 时拒绝 H_0，否则不能拒绝 H_0。除此之外，我们也可以利用 X^2 值计算出 P 值，当 $P < \alpha$ 时，拒绝 H_0；当 $P > \alpha$ 时，不能拒绝 H_0。P 值就是当原假设为真时所得到的样本观察结果出现的概率，如果 P 值很小，说明这种情况发生的概率很小，而如果出现了，我们就有理由拒绝原假设，P 值越小，拒绝原假设的理由就越充分。

Excel 2010 针对不同类型的假设检验提供了多个 X^2 统计函数以供构建检验统计量，包括 CHISQ.INV 函数和 CHISQ.INV.RT 函数。表 6-5 给出了各个函数的功能和语法格式。

表 6-5　X^2 统计函数一览表

X^2 统计函数	功　　能	语　法　格　式
CHISQ.INV 函数	返回具有给定概率的左尾 X^2 分布的区间点	CHISQ.INV(probability, deg_freedom)
CHISQ.INV.RT 函数	返回具有给定概率的右尾 X^2 分布的区间点	CHISQ.INV.RT(probability, deg_freedom)
CHISQ.DIST 函数	返回 X^2 分布的左尾概率	CHISQ.DIST (x, deg_freedom, cumulative)
CHISQ.DIST.RT 函数	返回 X^2 分布的右尾概率	CHISQ.DIST.RT (x, deg_freedom)

其中，probability 表示用来计算 X^2 分布的概率，介于 0 和 1 之间，含 0 和 1；deg_freedom 表示自由度，介于 1 与 10^10 之间，不含 10^10；x 用来计算 X^2 分布概率的数值，为非负数

值；cumulative 为逻辑值，决定函数的形式，如果 cumulative 为 TRUE，则返回累积分布函数。如果 cumulative 为 FALSE，则返回概率密度函数。

6.2.6　实例应用：某学校学生体重的方差检验

1. 实例的数据说明

已知某学校的学生体重服从正态分布，均值已知为 50。现从学校随机抽取 36 名学生，测量其体重，数据如表 6-6 所示，试通过样本数据检验该学校学生体重的方差是否等于 16(显著性水平 α=5%)。

表 6-6　36 名学生的体重　　(单位：千克)

52	57	56	48	58	49	55	48	57
53	51	50	59	51	53	58	49	48
48	52	56	52	52	60	55	50	57
48	47	50	49	50	54	51	53	54

2. 实例的操作步骤

(1) 新建 Excel 工作簿，命名为“36 名学生体重的方差检验”，并将样本数据和相关文字输入到工作表中，如图 6-7 所示。

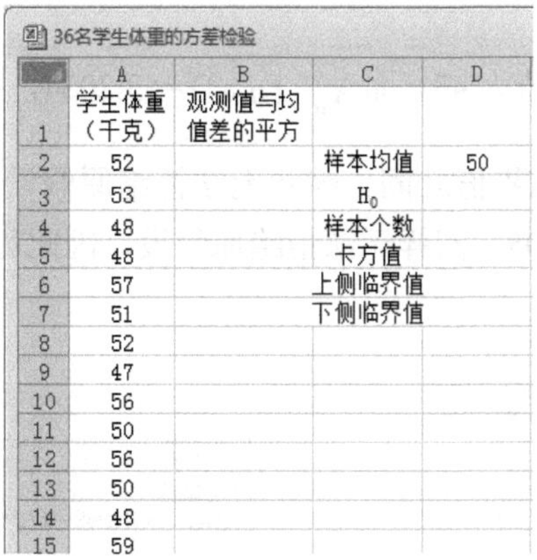
36名学生体重的方差检验

	A	B	C	D
1	学生体重（千克）	观测值与均值差的平方		
2	52		样本均值	50
3	53		H_0	
4	48		样本个数	
5	48		卡方值	
6	57		上侧临界值	
7	51		下侧临界值	
8	52			
9	47			
10	56			
11	50			
12	56			
13	50			
14	48			
15	59			

图 6-7　新建“36 名学生体重的方差检验”工作簿

(2) 提出原假设 $H_0:\sigma^2=16$，备择假设 $H_1:\sigma^2\neq16$。并在单元格 D3 中输入原假设。

(3) 计算样本个数。单击单元格 D4，在单元格中输入函数“=COUNT(A2:A37)”，按回车键即可得到样本个数。

(4) 计算观测值与均值之差的平方。单击 B2 单元格，在单元格中输入公式“=(A2−50)^2”，按回车键计算出观测值与均值之差的平方，再通过复制公式方式自动计算出其他观测值与均值之差的平方，结果如图 6-8 所示。

(5) 构造 X^2 检验统计量，计算 X^2 值。单击 D5 单元格，在单元格中输入公式"=SUM(B2: B37)/16"，相当于 X^2 值的计算公式 $\dfrac{\sum(x_i - u)^2}{\sigma_0^2}$，按回车键即可计算出 X^2 的值为 43。

(6) 计算 X^2 分布两侧临界值。单击 D6 单元格，选择工具栏中的"公式"→"函数库"→"插入函数"命令，弹出"插入函数"对话框，在"或选择类别"下拉菜单中选择"统计"，在"选择函数"下拉菜单中选择"CHISQ.INV.RT"函数，如图 6-9 所示。单击"确定"按钮，弹出"函数参数"对话框，在"Probability"文本框中输入"0.025"，在"Deg_freedom"文本框中输入"D4-1"，如图 6-10 所示，其中 0.025 表示 $\alpha/2$，D4-1 表示自由度。单击"确定"按钮，就会得到上侧临界值 $X_{\alpha/2}^2(n-1)$ 为 53.2034。同理，单击 D7 单元格，选择工具栏中的"公式"→"函数库"→"插入函数"命令，弹出"插入函数"对话框，在"或选择类别"下拉菜单中选择"统计"，在"选择函数"下拉菜单中选择"CHISQ.INV.RT"函数，然后单击"确定"按钮，弹出"函数参数"对话框，在"Probability"文本框中输入"0.975"，在"Deg_freedom"文本框中输入"D4-1"，如图 6-11 所示，其中 0.975 表示 $1-\alpha/2$，D4-1 表示自由度。单击"确定"按钮，就会得到下侧临界值 $X_{1-\frac{\alpha}{2}}^2(n-1)$ 为 20.5694，如图 6-12 所示。

(7) 计算 P 值。在单元格 C9 中输入"P 值"，在单元格 D9 中输入公式"=CHISQ.DIST.RT (D5, D4-1)"，按回车键即可得到 P 值为 0.165997，如图 6-13 所示。

3. 实例的结果分析

采用临界值法计算的 X^2 值为 43，而 $X_{\alpha/2}^2(n-1)$=53.2034，$X_{1-\frac{\alpha}{2}}^2(n-1)$=20.5694，说明卡方值介于上侧临界值与下侧临界值之间，因此无法拒绝原假设；采用 P 值法计算的 P 值为 0.165997，大于显著性水平 0.05，同样无法拒绝原假设，因此可以断定该学校学生体重的方差等于 16。

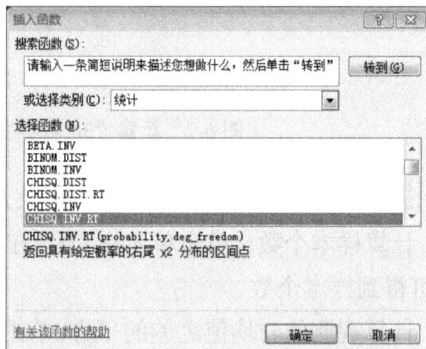

图 6-8　观测值与均值之差计算结果

图 6-9　"插入函数"对话框

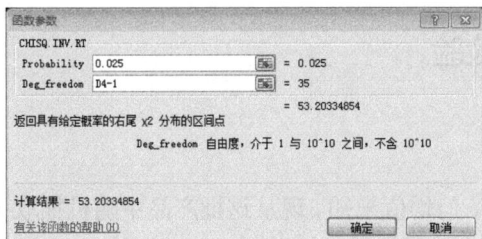

图 6-10 "函数参数"对话框 1

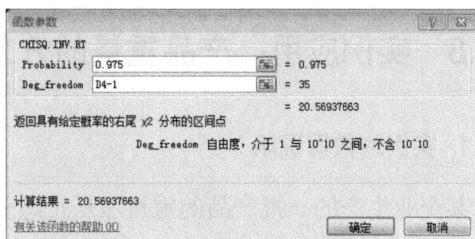

图 6-11 "函数参数"对话框 2

图 6-12 上、下侧临界值计算结果

图 6-13 P 值计算结果

6.2.7 总体均值未知下的方差检验

设样本 $x_1, x_2, \cdots, x_n$ 来自正态分布总体 $N(\mu, \sigma^2)$，且总体均值未知。在这种情况下，用样本均值代替总体均值，则关于总体方差的检验过程为：

给出原假设 $H_0 : \sigma^2 = \sigma_0^2$，备择假设 $H_1 : \sigma^2 \neq \sigma_0^2$。根据抽样分布理论，构造 X^2 检验统计量：

$$X^2 = \frac{\sum (x_i - \overline{x})^2}{\sigma_0^2} = \frac{(n-1)s^2}{\sigma_0^2} \tag{6-4}$$

当 $H_0 : \sigma^2 = \sigma_0^2$ 成立时，X^2 服从自由度为 $(n-1)$ 的分布，即 $X^2 \sim X^2(n-1)$。给定显著性水平 α，检验规则为：当 $X^2 \geqslant X_{\alpha/2}^2(n-1)$ 或 $X^2 \leqslant X_{1-\alpha/2}^2(n-1)$ 时拒绝 H_0，否则不能拒绝 H_0。除此之外，我们也可以利用 X^2 值计算出 P 值，当 $P < \alpha$ 时，拒绝 H_0；当 $P > \alpha$ 时，不能拒绝 H_0。P 值就是当原假设为真时所得到的样本观察结果出现的概率，如果 P 值很小，说明这种情况发生的概率很小，而如果出现了，我们就有理由拒绝原假设，P 值越小，拒绝原假设的理由就越充分。

6.2.8 实例应用：产品重量的方差检验

1．实例的数据说明

某企业生产的一批产品的重量服从正态分布，但均值未知。现从这批产品中随机抽取 16 件，测量其重量，数据如表 6-7 所示。已知该批产品重量的方差不超过 36 视为合格，试通过样本数据来判断在给定的显著性水平 α =5%下该批产品是否合格。

表 6-7　产品的重量 （单位：克）

114	102	111	113	109	114	110	116
117	110	107	111	122	125	122	98

2．实例的操作步骤

(1) 新建 Excel 工作簿，命名为"产品重量的方差检验"，并将样本数据和相关文字输入到工作表中，如图 6-14 所示。

(2) 提出原假设 $H_0: \sigma^2 = 36$，备择假设 $H_1: \sigma^2 \neq 36$，并在单元格 D2 中输入原假设。

(3) 计算样本个数。单击单元格 D3，在单元格中输入函数"=COUNT(A2:A17)"，按回车键即可得到样本个数。

(4) 计算样本均值。单击 D4 单元格，在单元格中输入函数"=AVERAGE(A2:A17)"，按回车键即可得到样本均值为 112.5625。

(5) 计算观测值与均值之差的平方。单击 B2 单元格，并在单元格中输入公式"=(A2-112.5625)^2"，按回车键即可计算出观测值与均值之差的平方，再通过复制公式方式自动计算出其他观测值与均值之差的平方，结果如图 6-15 所示。

(6) 构造 X^2 检验统计量，计算 X^2 值。单击 D5 单元格，在单元格中输入公式"=SUM(B2:B17)/36"，相当于 X^2 值的计算公式 $\dfrac{\sum(x_i-u)^2}{\sigma_0^2}$，按回车键即可计算出 X^2 值为 20.9427。

(7) 计算 X^2 分布两侧临界值。单击 D6 单元格，选择工具栏中的"公式"→"函数库"→"插入函数"命令，弹出"插入函数"对话框，在"或选择类别"下拉菜单中选择"统计"，在"选择函数"下拉菜单中选择"CHISQ.INV.RT"函数，单击"确定"按钮，弹出"函数参数"对话框，在"Probability"文本框中输入"0.025"，在"Deg_freedom"文本框中输入"D3-1"，如图 6-16 所示，其中 0.025 表示 $\alpha/2$，D3-1 表示自由度。单击"确定"按钮，就会得到上侧临界值 $X_{\alpha/2}^2(n-1)$ 为 27.4884。同理，单击 D7 单元格，选择工具栏中的"公式"→"函数库"→"插入函数"命令，弹出"插入函数"对话框，在"或选择类别"下拉菜单中选择"统计"，在"选择函数"下拉菜单中选择"CHISQ.INV.RT"函数，然后单击"确定”按钮，弹出“函数参数”对话框，在“Probability”文本框中输入“0.975”，在“Deg_freedom”文本框中输入“D3-1”，如图 6-17 所示，其中 0.975 表示 $1-\alpha/2$，D3-1 表示自由度。单击“确定”按钮，就会得到下侧临界值 $X^2_{1-\frac{\alpha}{2}}(n-1)$ 为 6.2621，如图 6-18 所示。

(8) 计算 P 值。在单元格 C9 中输入“P 值”，在单元格 D9 中输入公式“=CHISQ.DIST.RT (D5,D3-1)”，按回车键即可得到 P 值为 0.1387，如图 6-19 所示。

图 6-14 新建“产品重量的方差检验”工作簿

图 6-15 观测值与均值之差计算结果

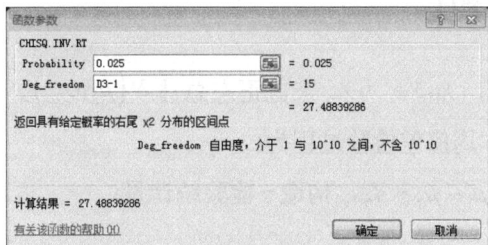

图 6-16 “函数参数”对话框 1

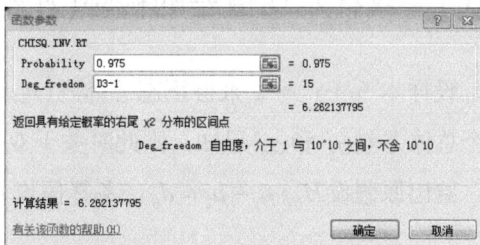

图 6-17 “函数参数”对话框 2

图 6-18 上、下侧临界值计算结果

图 6-19 P 值计算结果

3. 实例的结果分析

采用临界值法计算的 X^2 值为 20.94，而 $X_{\alpha/2}^2(n-1)=27.4884$，$X_{1-\frac{\alpha}{2}}^2(n-1)=6.2621$，说明卡方值介于上侧临界值与下侧临界值之间，因此无法拒绝原假设；采用 P 值法计算的 P 值为 0.1387，大于显著性水平 0.05，因此通过以上假设检验分析，根据所得样本，无法拒绝原假设，即方差未超过 36，可以认为根据所抽取的样本数据，厂家生产的这批产品是合格品。统计上的假设检验在生产的质量控制领域有着广泛的应用。

6.3 双样本的假设检验

单个样本的假设检验只涉及一个样本方差或均值的检验，而在现实生活中，会遇到涉及两个样本的假设检验问题，如需要检验经过培训后员工的工作效率是否显著提高、两个营业部日均销售额是否显著不相等，诸如这些问题的解决就需要考虑采用双样本假设检验方法。根据检验内容的不同，双样本的假设检验包括均值差的假设检验、方差比的假设检验等。

6.3.1 双样本均值差的检验(方差已知)

设样本 $x_1, x_2, \cdots, x_{n_1}$ 来自正态总体 $N(\mu_1, \sigma_1^2)$，$y_1, y_2, \cdots, y_{n_2}$ 来自正态总体 $N(\mu_2, \sigma_2^2)$，且两个总体方差 σ_1^2 和 σ_2^2 已知，则此时关于双样本均值差检验过程为：

给出原假设 $H_0: \mu_1 - \mu_2 = d_0$，备择假设 $H_1: \mu_1 - \mu_2 \neq d_0$，构造 z 检验统计量：

$$z = \frac{(\bar{x} - \bar{y}) - d_0}{\sqrt{\dfrac{\sigma_1^2}{n_1} + \dfrac{\sigma_2^2}{n_2}}} \tag{6-5}$$

当 $\mu_1 - \mu_2 = d_0$ 时，z 服从 $N(0,1)$。给定显著性水平 α，检验规则为：当 $|z| \geq z_{\alpha/2}$ 时，拒绝 H_0；当 $|z| < z_{\alpha/2}$ 时，不能拒绝 H_0。也可以利用 z 值计算出 P 值，当 $P < \alpha$ 时，拒绝 H_0；当 $P > \alpha$ 时，不能拒绝 H_0。除此之外，Excel 2010 在分析工具中给出了"z-检验：双样本平均差检验"命令来直接进行检验，采用此命令将大大简化检验的步骤。

6.3.2 实例应用：新旧工艺生产率的均值之差检验(方差已知)

1. 实例的数据说明

某厂为了提高化学产品生产率，采用了某新工艺生产产品。为研究新工艺是否对生产率产生了明显的影响而进行了对比试验，在对比试验中分别用两种工艺方法独立进行了 10 次试验，试验数据如表 6-8 所示。假定新旧工艺的生产率均服从正态分布，且已知方差分别为 9 和 8，比较在显著性水平 α =5%下新工艺对生产率是否产生了明显影响。

表 6-8 采用新旧工艺的产量 (单位：件)

新工艺	118	143	137	145	128	153	130	133	122	130
旧工艺	102	108	119	116	104	118	124	119	103	97

2. 实例的操作步骤

(1) 新建 Excel 工作簿，命名为"新旧工艺生产率的均值检验"，并将样本数据和相关文字输入到工作表中，如图 6-20 所示。

图 6-20 新建"新旧工艺生产率的均值检验"工作簿

(2) 提出原假设 $H_0: \mu_1 - \mu_2 = 0$，备择假设 $H_1: \mu_1 - \mu_2 \neq 0$，并输入到单元格中。

(3) 在"数据"选项卡中单击"数据分析"按钮，并在如图 6-21 所示的"数据分析"对话框中选择"z-检验：双样本平均差检验"分析工具，单击"确定"按钮。

(4) 随即弹出"z-检验：双样本平均差检验"对话框，单击"变量 1 的区域"后的折叠按钮，选中单元格区域"B2:B11"，表示采用旧工艺下的产量；单击"变量 2 的区域"后的折叠按钮，选中单元格区域"C2:C11"，表示采用新工艺下的产量；在"假设平均差"中输入 0，表示原假设为 $\mu_1 - \mu_2 = 0$；在"变量 1 的方差(已知)"中输入 8，表示旧工艺下产品产量方差；在"变量 2 的方差(已知)"中输入 9，表示新工艺下产品产量方差；对于"标志"复选框，如果输入区域的第一行或者第一列中包含标志项，则选中此复选框，否则不选；在" σ "文本框中输入 0.05，表示把显著性水平设为 0.05；在"输出选项"中选中"输出区域"，并单击其后的折叠按钮，选中要输出的单元格 F1，如图 6-22 所示。

Excel 在统计分析中的应用

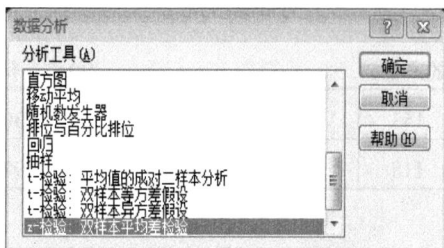

图 6-21　"数据分析"对话框

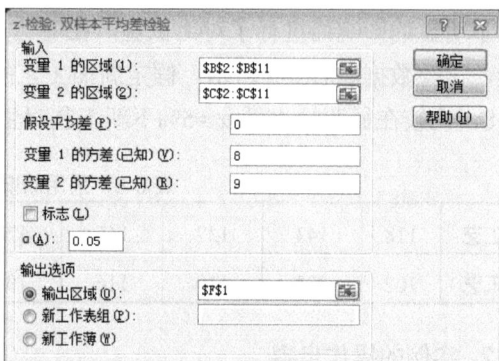

图 6-22　"z-检验：双样本平均差检验"对话框

(5) 单击"确定"按钮，便会输出假设检验结果，如图 6-23 所示。

图 6-23　新旧工艺生产率均值检验的输出结果

3. 实例的结果分析

根据图 6-23 所示的输出结果，如果从临界值判断，不管是单尾临界还是双尾临界，都有 $|z| \geqslant z_{a/2}$，说明拒绝原假设；如果从 P 值判断，单尾和双尾的 P 值均远远小于 0.05，同样说明应该拒绝原假设，因此可以得出结论：新工艺条件下生产的产品平均产量与旧工艺条件下生产的产品平均产量不相等，即新工艺明显提高了生产率。

6.3.3　双样本均值差的检验(方差未知且相等)

设样本 $x_1, x_2, \cdots, x_{n_1}$ 来自正态总体 $N(\mu_1, \sigma_1^2)$，$y_1, y_2, \cdots, y_{n_2}$ 来自正态总体 $N(\mu_2, \sigma_2^2)$，且两个总体方差 σ_1^2 和 σ_2^2 未知但相等，即 $\sigma_1^2 = \sigma_2^2$，则此时关于双样本均值差的检验过程为：

给出原假设 $H_0: \mu_1 - \mu_2 = d_0$，备择假设 $H_1: \mu_1 - \mu_2 \neq d_0$，构造 t 检验统计量：

$$t = \frac{(\bar{x} - \bar{y}) - d_0}{s_p \sqrt{\dfrac{1}{n_1} + \dfrac{1}{n_2}}} \tag{6-6}$$

其中：$s_p = \sqrt{\dfrac{(n_1-1)s_1^2 + (n_2-1)s_2^2}{n_1+n_2-2}}$。

当 $\mu_1 - \mu_2 = d_0$ 时，t 服从自由度为(n_1+n_2-2)的分布，即 $t \sim t(n_1+n_2-2)$。给定显著性水平 α，检验规则为：当 $|t| \geqslant t_{\alpha/2}(n_1+n_2-2)$ 时，拒绝 H_0；当 $|t| < t_{\alpha/2}(n_1+n_2-2)$ 时，不能拒绝 H_0。也可以利用 z 值计算出 P 值，当 $P < \alpha$ 时，拒绝 H_0；当 $P > \alpha$ 时，不能拒绝 H_0。除此之外，Excel 2010 在数据分析工具中给出了"t-检验：双样本等方差假设"命令来直接进行检验，采用此命令将大大简化检验的步骤。

6.3.4 实例应用：新旧工艺生产率的均值之差检验(方差未知且相等)

1. 实例的数据说明

使用实例应用 6.3.2 中的数据，且已知两个总体方差未知但相等，比较在显著性水平 $\alpha = 5\%$下新工艺对生产率是否产生了明显影响。

2. 实例的操作步骤

(1) 打开"新旧工艺生产率的均值检验"工作簿，根据已知条件对样本数据和相关文字加以改动。

(2) 提出原假设 $H_0: \mu_1 - \mu_2 = 0$，备择假设 $H_1: \mu_1 - \mu_2 \neq 0$，并输入到单元格中。

(3) 在"数据"选项卡中单击"数据分析"按钮，并在如图 6-24 所示的"数据分析"对话框中选择"t-检验：双样本等方差假设"分析工具，单击"确定"按钮。

(4) 随即弹出"t-检验：双样本等方差假设"对话框，单击"变量 1 的区域"后的折叠按钮，选中单元格区域"B2:B11"，表示采用旧工艺生产的产品重量；单击"变量 2 的区域"后的折叠按钮，选中单元格区域"C2:C11"，表示采用新工艺生产的产品重量；在"假设平均差"中输入 0，表示原假设为 $\mu_1 - \mu_2 = 0$；在"σ"文本框中输入 0.05，表示显著性水平设为 0.05；在"输出选项"中选中"输出区域"，并单击其后的折叠按钮，选中要输出的单元格 F1，如图 6-25 所示。

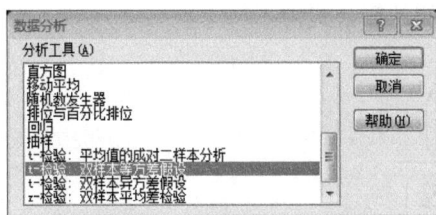

图 6-24 "数据分析"对话框

图 6-25 "t-检验：双样本等方差假设"对话框

(5) 单击“确定”按钮，便会输出假设检验结果，如图 6-26 所示。

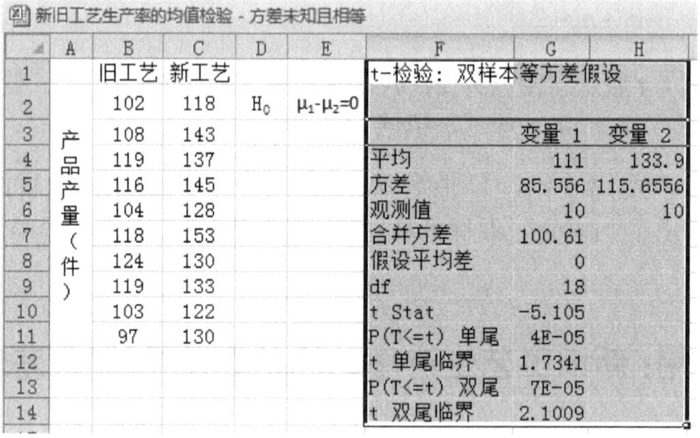
新旧工艺生产率的均值检验 - 方差未知且相等

	A	B	C	D	E	F	G	H
1		旧工艺	新工艺			t-检验：双样本等方差假设		
2		102	118	H_0	$\mu_1-\mu_2=0$			
3	产	108	143				变量 1	变量 2
4	品	119	137			平均	111	133.9
5	产	116	145			方差	85.556	115.6556
6	量	104	128			观测值	10	10
7	（	118	153			合并方差	100.61	
8	件	124	130			假设平均差	0	
9	）	119	133			df	18	
10		103	122			t Stat	-5.105	
11		97	130			P(T<=t) 单尾	4E-05	
12						t 单尾临界	1.7341	
13						P(T<=t) 双尾	7E-05	
14						t 双尾临界	2.1009	

图 6-26　新旧工艺生产率均值检验的输出结果

3. 实例的结果分析

根据图 6-26 所示的输出结果，如果从临界值判断，不管是单尾临界还是双尾临界，都有$|t| \geqslant t_{\alpha/2}$，说明拒绝原假设；如果从 P 值判断，单尾和双尾的 P 值均远远小于 0.05，同样说明应该拒绝原假设，因此可以得出结论：新工艺条件下生产的产品平均产量与旧工艺条件下生产的产品平均产量不相等，即新工艺明显提高了生产率。

6.3.5　双样本均值差的检验(方差未知且相异)

设样本$x_1,x_2,\cdots,x_{n_1}$来自正态总体$N\left(\mu_1,\sigma_1^2\right)$，$y_1,y_2,\cdots,y_{n_2}$来自正态总体$N\left(\mu_2,\sigma_2^2\right)$，且两个总体方差$\sigma_1^2$和$\sigma_2^2$未知但不相等，即$\sigma_1^2 \neq \sigma_2^2$，则此时关于双样本均值差的检验过程为：

给出原假设$H_0:\mu_1-\mu_2=d_0$，备择假设$H_1:\mu_1-\mu_2 \neq d_0$，构造 t 检验统计量：

$$t=\frac{(\overline{x}-\overline{y})-d_0}{\sqrt{\dfrac{s_1^2}{n_1}+\dfrac{s_2^2}{n_2}}} \tag{6-7}$$

当$\mu_1-\mu_2=d_0$时，t 服从自由度为 f 的分布，f 的计算公式为：

$$f=\frac{\left(\dfrac{s_1^2}{n_1}+\dfrac{s_2^2}{n_2}\right)^2}{\dfrac{\left(\dfrac{s_1^2}{n_1}\right)^2}{n_1-1}+\dfrac{\left(\dfrac{s_2^2}{n_2}\right)^2}{n_2-1}}$$

给定显著性水平 α ，检验规则为：当 $|t| \geqslant t_{\alpha/2}(n_1+n_2-2)$ 时，拒绝 H_0；当 $|t| < t_{\alpha/2}(n_1+n_2-2)$ 时，不能拒绝 H_0。也可以利用 z 值计算出 P 值，当 $P<\alpha$ 时，拒绝 H_0；当 $P>\alpha$ 时，不能拒绝 H_0。除此之外，Excel 2010 在数据分析工具中给出了"t-检验：双样本异方差假设"命令来直接进行检验，采用此命令将大大简化检验的步骤。

6.3.6　实例应用：新旧工艺生产率的均值之差检验(方差未知且相异)

1. 实例的数据说明

使用实例应用 6.3.2 中的数据，且已知两个总体方差未知但不相等。比较在显著性水平 α =5%下新工艺对生产率是否产生了明显影响。

2. 实例的操作步骤

(1) 打开"新旧工艺生产率的均值检验"工作簿，并根据已知条件对样本数据和相关文字加以改动。

(2) 提出原假设 $H_0: \mu_1-\mu_2=0$ ，备择假设 $H_1: \mu_1-\mu_2 \neq 0$ ，并输入到单元格中。

(3) 在"数据"选项卡中单击"数据分析"按钮，并在如图 6-27 所示的"数据分析"对话框中选择"t-检验：双样本异方差假设"分析工具，单击"确定"按钮。

(4) 随即弹出"t-检验：双样本异方差假设"对话框，单击"变量 1 的区域"后的折叠按钮，选中单元格区域"B2:B11"，表示采用旧工艺下的产量；单击"变量 2 的区域"后的折叠按钮，选中单元格区域"C2:C11"，表示采用新工艺下的产量；在"假设平均差"中输入 0，表示原假设为 $\mu_1-\mu_2=0$ ；在" σ "文本框中输入 0.05，表示显著性水平设为 0.05；在"输出选项"中选中"输出区域"，并单击其后的折叠按钮，选中要输出的单元格 F1，如图 6-28 所示。

(5) 单击"确定"按钮，便会输出假设检验结果，如图 6-29 所示。

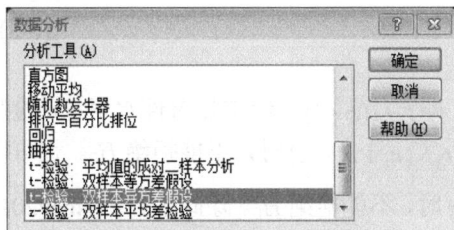

图 6-27　"数据分析"对话框

图 6-28　"t-检验：双样本异方差假设"对话框

新旧工艺生产率的均值检验 - 方差未知且相异

	A	B	C	D	E	F	G	H
1		旧工艺	新工艺			t-检验：双样本异方差假设		
2		102	118	H_0	$\mu_1-\mu_2=0$			
3	产品产量（件）	108	143				变量 1	变量 2
4		119	137			平均	111	133.9
5		116	145			方差	85.55556	115.6556
6		104	128			观测值	10	10
7		118	153			假设平均差	0	
8		124	130			df	18	
9		119	133			t Stat	-5.10516	
10		103	122			P(T<=t) 单尾	3.7E-05	
11		97	130			t 单尾临界	1.734064	
12						P(T<=t) 双尾	7.4E-05	
13						t 双尾临界	2.100922	

图 6-29　新旧工艺生产率均值检验的输出结果

3. 实例的结果分析

根据图 6-29 所示的输出结果，如果从临界值判断，不管是单尾临界还是双尾临界，都有$|t|\geqslant t_{\alpha/2}$，说明拒绝原假设；如果从 P 值判断，单尾和双尾的 P 值均远远小于 0.05，同样说明应该拒绝原假设，因此可以得出结论：新工艺条件下生产的产品平均产量与旧工艺条件下生产的产品平均产量不相等，即新工艺明显提高了生产率。

6.3.7　成对样本均值检验

当总体变量成对时，比如同属于一个人、一个对象或者一组实验时，常常采用成对检验，因此通常对于实验前后、培训前后、用药前后的假设检验都属于成对检验。本节成对样本均值检验常用于两组数据均值是否相等的均值检验。

成对观测的样本以 $d_1,d_2,d_3,\cdots,d_n$ 表示 n 对观测值之差，则此时关于双样本均值差的检验过程为：

给出原假设 $H_0:\mu_1-\mu_2=d_0$，备择假设 $H_1:\mu_1-\mu_2\neq d_0$。构造 t 检验统计量：

$$t=\frac{\overline{d}-d_0}{s_d/\sqrt{n}} \tag{6-8}$$

当 $\mu_1-\mu_2=d_0$ 时，t 服从自由度为$(n\text{-}1)$的分布，即 $t\sim t(n-1)$。给定显著性水平 α，检验规则为：当$|t|\geqslant t_{\alpha/2}(n_1+n_2-2)$时，拒绝 H_0；当$|t|<t_{\alpha/2}(n_1+n_2-2)$时，不能拒绝 H_0。也可以利用 z 值计算出 P 值，当 $P<\alpha$ 时，拒绝 H_0；当 $P>\alpha$ 时，不能拒绝 H_0。除此之外，Excel 2010 在数据分析工具中给出了“t-检验：平均值的成对二样本分析”命令来直接进行检验，采用此命令将大大简化检验的步骤。

6.3.8　实例应用：治疗前后血压值的成对样本均值检验

1. 实例的数据说明

某项研究对 10 名高血压患者进行心理治疗。表 6-9 给出了每人在治疗前后的血压值，试据此判断这种疗效是否显著(α=1%)。

表 6-9　治疗前后的血压值　　(单位：mmHg)

患者序号	1	2	3	4	5	6	7	8	9	10
起始血压	141	169	158	180	147	160	175	163	148	163
疗后血压	142	165	150	176	143	157	170	157	143	162

2. 实例的操作步骤

(1) 新建 Excel 工作簿，命名为“治疗前后血压值的成对样本均值检验”，并将样本数据和相关文字输入到工作表中，如图 6-30 所示。

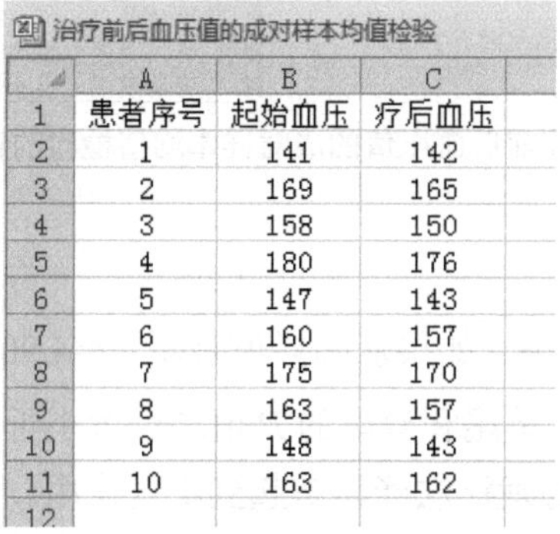

治疗前后血压值的成对样本均值检验

	A	B	C
1	患者序号	起始血压	疗后血压
2	1	141	142
3	2	169	165
4	3	158	150
5	4	180	176
6	5	147	143
7	6	160	157
8	7	175	170
9	8	163	157
10	9	148	143
11	10	163	162
12			

图 6-30　新建“治疗前后血压值的成对样本均值检验”工作簿

(2) 提出原假设$H_0:\mu_1-\mu_2=0$，备择假设$H_1:\mu_1-\mu_2\neq 0$，并输入到单元格中。

(3) 在“数据”选项卡中单击“数据分析”按钮，并在如图 6-31 所示的“数据分析”对话框中选择“t-检验：平均值的成对二样本分析”分析工具，单击“确定”按钮。

(4) 随即弹出“t-检验：平均值的成对二样本分析”对话框，单击“变量 1 的区域”后的折叠按钮，选中单元格区域“B2:B11”，表示治疗前的起始血压值；单击“变量 2 的区域”后的折叠按钮，选中单元格区域“C2:C11”，表示治疗后的血压值；在“假设平均差”中输入 0，表示原假设为$\mu_1-\mu_2$=0；在“σ”文本框中输入 0.01，表示显著性水平设为 0.01；在“输出选项”中选中“输出区域”，并单击其后的折叠按钮，选中要输出的单元格 E1，如图 6-32 所示。

(5) 单击“确定”按钮，便会输出假设检验结果，如图 6-33 所示。

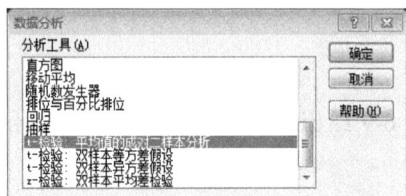

图 6-31　"数据分析"对话框　　　　图 6-32　"t-检验：平均值的成对二样本分析"对话框

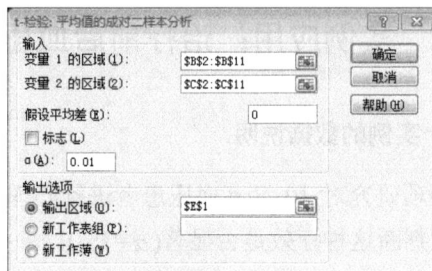

图 6-33　治疗前后血压值的成对样本均值检验的输出结果

3. 实例的结果分析

根据图 6-33 所示的输出结果，如果从临界值判断，$t=4.9049>2.8214$，即 $|t| \geqslant t_{\alpha/2}$，说明拒绝原假设；如果从 P 值判断，单尾和双尾的 P 值均远远小于 0.05，同样说明应该拒绝原假设，因此可以得出结论：这种心理疗法能显著起到降压作用。

6.3.9　双样本方差检验

有时两个总体的均值相等或相差不大，我们需要从中选出方差较小的总体，这种情况下就要用到本节将要介绍的双样本方差的 F 检验。

设样本 $x_1, x_2, ..., x_{n_1}$ 来自正态总体 $N(\mu_1, \sigma_1^2)$，$y_1, y_2, ..., y_{n_2}$ 来自正态总体 $N(\mu_2, \sigma_2^2)$，则此时关于双样本方差的检验过程为：

给出原假设 $H_0 : \sigma_1^2 = \sigma_2^2$，备择假设 $H_1 : \sigma_1^2 \neq \sigma_2^2$，构造 F 检验统计量：

$$F = s_1^2 / s_2^2 \tag{6-9}$$

当 $\sigma_1^2 = \sigma_2^2$ 时，F 服从 $F(n_1-1, n_2-1)$，给定显著性水平 α，检验规则为：当 $F \geqslant F_{\alpha/2}(n_1-1, n_2-1)$ 或 $F \leqslant F_{1-\alpha/2}(n_1-1, n_2-1) = 1/F_{\alpha/2}(n_1-1, n_2-1)$ 时，拒绝 H_0；否则不能拒绝 H_0。

也可以利用 F 值计算出 P 值，当 $P<\alpha$ 时，拒绝 H_0；当 $P>\alpha$ 时，不能拒绝 H_0。除此之外，Excel 2010 在数据分析工具中给出了"F-检验：双样本方差"命令来直接进行检验，采用此命令将大大简化检验的步骤。

6.3.10 实例应用：甲乙设备零件产量的双样本方差检验

1. 实例的数据说明

某企业购进两台同型号的机器设备甲和乙用于生产零件，表 6-10 给出了两台设备连续 9 天的零件产量，试据此判断两台设备零件产量的总体方差是否相同。

表 6-10　甲乙设备零件产量　　　　　　　　（单位：件）

甲设备	140	137	138	144	140	141	142	140	141
乙设备	142	143	139	137	138	140	143	139	140

2. 实例的操作步骤

(1) 新建 Excel 工作簿，命名为"甲乙设备零件产量的双样本方差检验"，并将样本数据和相关文字输入到工作表中，如图 6-34 所示。

(2) 提出原假设 $H_0:\sigma_1^2=\sigma_2^2$，备择假设 $H_1:\sigma_1^2\neq\sigma_2^2$，并输入到单元格中。

(3) 在"数据"选项卡中单击"数据分析"按钮，并在如图 6-35 所示的"数据分析"对话框中选择"F-检验：双样本方差"分析工具，单击"确定"按钮。

(4) 随即弹出"F-检验：双样本方差"对话框，单击"变量 1 的区域"后的折叠按钮，选中单元格区域"B2:B10"，表示甲设备的零件产量；单击"变量 2 的区域"后的折叠按钮，选中单元格区域"C2:C10"，表示乙设备的零件产量；在"σ"文本框中输入 0.05，表示显著性水平设为 0.05；在"输出选项"中选中"输出区域"，并单击其后的折叠按钮，选中要输出的单元格 F1，如图 6-36 所示。

(5) 单击"确定"按钮，便会输出假设检验结果，如图 6-37 所示。

图 6-34　新建"甲乙设备零件产量的双样本方差检验"工作簿

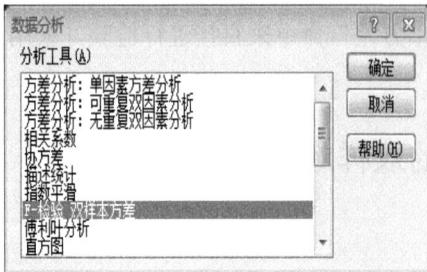

图 6-35 "数据分析"对话框

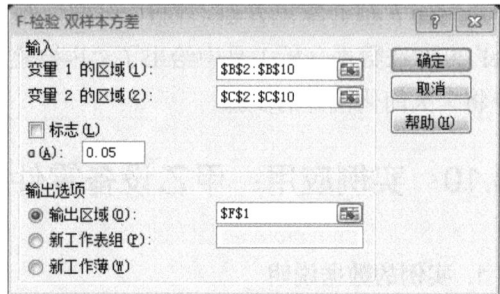

图 6-36 "F-检验:双样本方差"对话框

图 6-37 甲乙设备零件产量的双样本方差检验的输出结果

3. 实例的结果分析

根据图 6-37 所示的输出结果,如果从临界值判断,$F=1.0843<3.4381$,即 $F \geqslant F_{\alpha/2}$ (n_1-1, n_2-1),说明不能拒绝原假设;如果从 P 值判断,单尾的 P 值为 0.4558 大于 0.05,同样说明不应该拒绝原假设,因此可以得出结论:该企业购进的两台设备零件产量的总体方差没有差别。

6.4 本章小结

假设检验是抽样推断中的一项重要内容。本章针对单个样本和双样本分别介绍了假设检验的基本原理,并结合实例应用详解了假设检验在 Excel 2010 中的操作方法。其中,单个样本的假设检验常常通过函数公式加以计算,而双样本的假设检验除了使用函数公式外,更简便的方法是借助数据分析工具中的宏命令。假设检验在统计工作、生产领域以及质量管理中运用非常广泛,如果我们能对其熟练掌握,相信定会受益匪浅。

6.5 上机题

1. 某饮料产业企业欲检测其生产的一种罐装饮料容量是否符合要求。该种罐装饮料采用自动生产线生产，每罐的容量是 255 毫升，标准差为 5 毫升，质检人员在某天生产的饮料中随机抽取 40 罐进行检验，测得每罐平均容量为 255.8 毫升。

要求：在显著性水平 $\alpha = 0.05$ 的条件下检验该天生产的该罐装饮料容量是否符合标准要求。

2. 一种汽车配件的长度要求为 12 厘米，高于或低于该标准均被认为是不合格的。某汽车配件生产企业为检测其生产的一批汽车配件是否符合要求，抽取了 10 个样本进行测量，结果如表 6-11 所示。

表 6-11　某汽车配件的抽样结果

配件	长度/厘米				
	12.2	10.8	12.0	11.8	11.9
	12.4	11.3	12.2	12.3	12.0

假设该企业生产的配件长度服从正态分布。

要求：在 $\alpha = 0.05$ 的显著性水平下检验该批汽车配件是否符合要求。

3. 为比较新旧两种肥料对产量的影响，以便决定是否采用新肥料。研究者选择了面积、土壤等条件相同的 40 块土地，分别施用新旧两种肥料，得到的产量数据如表 6-12 所示。

表 6-12　施用新旧两种肥料后的产量数据

产量/千克	新 肥 料					旧 肥 料				
	109	118	110	109	105	100	98	97	101	109
	112	99	111	111	113	104	99	94	98	98
	119	107	99	117	106	106	102	108	88	103
	119	110	103	111	110	101	104	102	105	97

要求：在 $\alpha = 0.05$ 的显著性水平下判断：

(1) 如果两种产量的方差未知且相等，新肥料获得的平均产量是否显著高于旧肥料获得的产量？

(2) 如果两种产量的方差未知且相异，新肥料获得的平均产量是否显著高于旧肥料获得的产量？

(3) 两种肥料产量的方差是否有显著差异？

4. 某企业为加强质量管理,对工人进行岗位技术再培训。对某生产线原来的工人只进行简单的培训即可上岗操作。现该企业人力资源部用拍摄的一部标准操作程序录像来对上岗工人进行再培训,随即抽选了 8 名工人,对他们在这种培训前后每月作业中的差错数进行统计,得到如表 6-13 所示的数据。

表 6-13　某企业工人培训前后的作业差错数统计

工 人 编 号	培训前的差错数	培训后的差错数
1	79	65
2	65	64
3	60	50
4	52	48
5	80	72
6	76	69
7	48	45
8	90	80

假设工人培训前后的差错数近似服从正态分布,要求:在 $\alpha = 0.05$ 的显著性水平下,可否认为这种培训方法提高了工人的工作质量?

5. 某茶叶生产企业新购进了甲、乙两台机器用于袋茶的生产,为检测这两台机器的性能,从生产的袋茶中各抽取了样本进行测重,数据如表 6-14 所示。

表 6-14　某茶叶生产企业的抽查样本

	重量/克							
机器甲	2.95	3.45	3.50	3.75	3.48	3.26	3.33	3.20
	3.16	3.20	3.22	3.38	3.90	3.36	3.25	3.28
	3.20	3.22	2.98	3.45	3.70	3.34	3.18	3.35
机器乙	3.12	3.22	3.34	3.28	3.29	3.25	3.30	3.30
	3.27	3.38	3.34	3.35	3.19	3.35	3.05	3.36
	3.20	3.16	3.28	3.30	3.28	3.30	3.33	3.16

要求:在 $\alpha = 0.05$ 的显著性水平下,可否认为甲、乙两台机器生产的袋茶重量的方差存在显著差异?

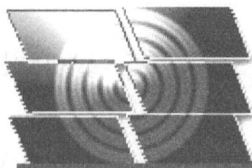

第 7 章

非参数检验

前两章所阐述的参数估计和假设检验都是以总体分布已知或对分布作出某种假定为前提的，是限定分布的估计或检验，亦可称为参数统计。但是，在许多实际问题中，我们往往不知道客观现象的总体分布或无从对总体分布作出某种假定，尤其是对定性变量和不能进行定量测定的一些经济管理问题，参数统计会受到很大的限制，这就需要用非参数统计方法来解决。

所谓非参数统计，就是对总体分布的具体形式不必作任何限制性假定和不以总体参数具体数值估计为目的的推断统计。这种统计主要用于对某种判断或假设进行检验，故亦称为非参数检验。总的来说，非参数检验方法不依赖于总体分布，在分析中只需利用样本观测值的一些非常直观的信息(如次序)进行检验。本章我们将介绍一些常用的非参数相关性检验方法，并结合实例详解 Excel 2010 在该非参数检验中的应用。

7.1 X^2 检验

X^2 检验常用于判断两个变量是否存在交互影响。如果两个变量不存在交互影响，就称为独立，所以这类检验也称为独立性检验。下面介绍 X^2 检验的基本原理以及如何利用 Excel 实现 X^2 检验。

7.1.1 X^2 检验的基本原理

在介绍之前，必须了解 X^2 检验中占有重要地位的一个概念——列联表。列联表是指由两个或者两个以上的变量进行交叉分类的频数分布表。一般在考虑两个分类变量的交叉分类时，将其中一个变量置为列联表的横向变量，另一个变量置为纵向变量，行数为横向变量的水平数，列数为纵向变量的水平数。

非参数检验中的许多检验统计量渐进服从 X^2 分布，它们一般都被称为 X^2 检验。一个重要的 X^2 检验类型为 Person X^2 检验统计量。其统计量可以写为：

$$X^2 = \sum_i \sum_j \frac{(o_{ij} - e_{ij})^2}{e_{ij}} \tag{7-1}$$

PersonX^2检验统计量用于测定两个分类变量之间的相关度，其中o_{ij}代表列联表中第i行和第j列交叉单元的观测频数，e_{ij}代表期望频数，它实际度量了观测频数与期望频数的差距，在两个分类变量相互独立的原假设条件下，X^2检验统计量服从自由度为((行数-1)×(列数-1))的卡方分布。列联表中任意一个单元中的期望频数为

$$e_{ij} = \frac{e_{i\cdot} \times e_{\cdot j}}{n} \tag{7-2}$$

其中：$e_{i\cdot} = \sum_j o_{ij}$，$e_{\cdot j} = \sum_i o_{ij}$，$n = \sum_i \sum_j o_{ij}$。

若计算得出的X^2值$> X^2$((行数-1)×(列数-1))，则拒绝原假设，否则不能拒绝原假设。X^2检验的基本步骤为：

(1) 提出原假设与备择假设：

H_0：这两个变量是独立的(即它们之间不存在联系)；

H_1：这两个变量是不独立的(即它们之间存在着某种联系)。

(2) 从需要研究的总体中随机抽取一批观测值作为样本，并将观测值整理成$r*c$的列联表，其中r为一个变量的分类组数，c为另一个变量的分类组数，然后列出观测频数。

(3) 根据公式计算出期望频数。

(4) 构造X^2检验的统计量：$X^2 = \sum_i \sum_j \frac{(o_{ij} - e_{ij})^2}{e_{ij}}$。

(5) 检验规则为：在给定的显著性水平下，若检验统计量大于临界值，则拒绝原假设，否则不能拒绝原假设。

7.1.2 实例应用：不同类型的员工对自我管理工作小组态度的X^2检验

1. 实例的数据说明

为了了解公司中不同类型的员工对自我管理工作小组的态度，对员工进行了调查，具体数据列于表 7-1。根据表 7-1 中的数据，试在 0.1 的显著性水平下判断员工的工作类型与对自我管理工作小组的态度之间是否存在显著的关系。

表 7-1 不同工作类型的员工对自我管理工作小组的态度

工作类型	对自我管理工作小组的态度		
	支持	无所谓	反对
基层工人	110	48	72

(续表)

工作类型	对自我管理工作小组的态度		
	支持	无所谓	反对
基层管理人员	18	12	30
中层管理人员	33	12	25
高层管理人员	24	7	9

2. 实例的操作步骤

(1) 新建 Excel 工作簿，命名为"不同类型的员工对自我管理工作小组态度的 X^2 检验"，并将样本观测频数和相关文字输入到工作表中，如图 7-1 所示。其中，0.1 表示显著性水平，4 代表列联表的行数，3 代表列联表的列数。

(2) 提出原假设与备择假设：

H_0：员工的工作类型与对自我管理工作小组的态度之间是独立的；H_1：员工的工作类型与对自我管理工作小组的态度之间是不独立的。

(3) 根据公式计算出期望频数。在独立的原假设成立的条件下，位于左上角单元格内、基层工人中对自我管理工作小组表示支持态度的期望人数是两个相应的边缘频数的乘积，然后再除以总频数，即在单元格 B15 内，输入公式"=$E$6*B10/$E$10"，按回车键，即可得到基层工人中对自我管理工作小组表示支持态度的期望频数为106.375。将公式复制至单元格 D15，就可以计算出基层工人中对自我管理工作小组表示无所谓和反对态度的期望频数。用同样的方法计算出其他工作类型对自我管理工作小组持各种态度的期望频数，结果如图 7-2 所示。

图 7-1　已知参数和观测频数

图 7-2　期望频数

(4) 根据观测频数和期望频数计算 $(o_{ij}-e_{ij})^2/e_{ij}$ 的值。单击单元格 B23，输入公式"=(B6-B15)^2/B15"，按回车键得到 0.123531。用同样的方法计算出其余的值，结果如图 7-3 所示。

20	$(o_{ij}-e_{ij})^2/e_{ij}$		
21	对自我管里工作小组的态度		
22	工作类型	支持	无所谓	反对
23	基层工人	0.123531	0.14596863	0.49156
24	基层管理人员	3.425676	0.001898734	4.517647
25	中层管理人员	0.012066	0.240913201	0.060504
26	高层管理人员	1.635135	0.102531646	1.555882
27			

图 7-3 $(o_{ij}-e_{ij})^2/e_{ij}$ 的值

(5) 计算 X^2 统计量。单击单元格 C28，输入公式 "=SUM(B23:D26)"，按回车键得到卡方值为 12.31331351，如图 7-4 所示。

	A	B	C	D	E	F
1	不同类型的员工对自我管理工作小组态度的卡方检验					
2	α	0.1	r	4	c	3
3			观测频数			
4			对自我管里工作小组的态度			
5	工作类型	支持	无所谓	反对	合计	
6	基层工人	110	48	72	230	
7	基层管理人员	18	12	30	60	
8	中层管理人员	33	12	25	70	
9	高层管理人员	24	7	9	40	
10	合计	185	79	136	400	
11						
12			期望频数			
13			对自我管里工作小组的态度			
14	工作类型	支持	无所谓	反对		
15	基层工人	106.375	45.425	78.2		
16	基层管理人员	27.75	11.85	20.4		
17	中层管理人员	32.375	13.825	23.8		
18	高层管理人员	18.5	7.9	13.6		
19						
20			$(o_{ij}-e_{ij})^2/e_{ij}$			
21		对自我管里工作小组的态度				
22	工作类型	支持	无所谓	反对		
23	基层工人	0.1235311	0.14596863	0.49156		
24	基层管理人员	3.4256757	0.001898734	4.517647		
25	中层管理人员	0.0120656	0.240913201	0.060504		
26	高层管理人员	1.6351351	0.102531646	1.555882		
27						
28		卡方值	12.31331351			
29		自由度	6			
30		卡方临界值	10.64464068			
31						

图 7-4   计算结果

(6) 求出自由度和临界值 X_α^2。单击单元格 C29，输入公式 "=(D2-1)*(F2-1)"，得到自由度为 6。单击单元格 C30，输入公式 "=CHISQ.INV.RT(B2，C29)"，利用卡方逆函数计算出临界值 10.64464，结果如图 7-4 所示。或者选择工具栏中的 "公式"→"函数库"→"插入函数"命令，弹出 "插入函数"对话框，在 "或选择类别"下拉菜单中选择 "统计"，在 "选择函数"下拉菜单中选择 "CHISQ.INV.RT"函数，单击 "确定"按钮，弹出 "函数参数"对话框，在 "probability"文本框中输入 "B2"，在 "Deg_freedom"文本框中输入 "C29"，如图 7-5 所示。单击 "确定"按钮，会得到同样的结果。

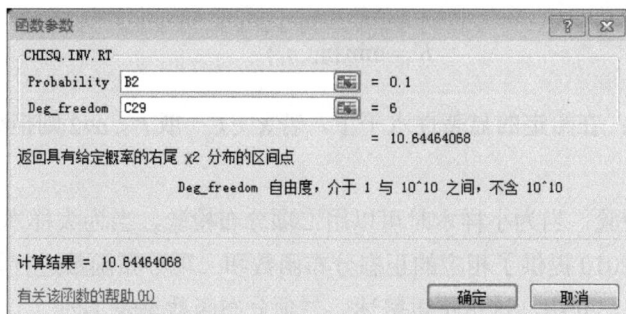

图 7-5 "函数参数"对话框

3. 实例的结果分析

从图 7-4 显示的结果可以看出，显然 X^2 统计值大于临界值，所以拒绝原假设，即认为员工的工作类型与对自我管理工作小组的态度之间存在着显著的关系，两者是不独立的。

7.2 简单符号检验

符号检验也称正负号检验，该非参数检验方法利用样本数据中正、负号的数目对某种假设作出判定，是比较简单的一种非参数统计方法。

7.2.1 简单符号检验的基本原理

符号检验是一种利用正、负号的数目对某种假设作出判定的非参数检验方法。它不要求知道被检验量的分布规律，仅依据某种特定的正负号之数目多少来对某种假定做出检验，非常直观简便，易于理解，常被用于检验总体的均值、中位数等参数是否为某一数值，或判断总体分布有无变化。在实际中，我们常常会碰到无法用数字去描述的问题，这时符号检验法就是一种简单而有效的检验方法。

为了判断一个样本是否来自某已知中位数的总体，即样本所在总体的中位数是否等于某一已知总体的中位数，就需要进行样本中位数与总体中位数的差异显著性检验。其简单符号检验的基本步骤为：

(1) 提出原假设 H_0：总体中位数$=d$；备择假设 H_1：总体中位数$\neq d$。

(2) 将样本各观测值中大于已知总体中位数者记为"$+$"，小于者记为"$-$"，等于者记为"0"。统计"$+$""$-$""0"的个数，分别记为n_+、n_-、n_0，令$n=n_+ + n_-$，构造 K 统计量为n_+、n_-中的较小者：

$$K = \min\{n_+, n_-\}$$
(7-3)

(3) 检验规则为：在给定的显著性水平下，若 $K < k_{\alpha/2}$ 或 $P < \alpha/2$ 则拒绝原假设，否则不能拒绝原假设。

对于简单符号检验，当为小样本时可以用二项分布检验，当为大样本($n>30$)时可采用正态分布检验。Excel 2010 提供了相应的正态分布函数和二项分布函数进行符号检验，其中正态分布函数在第 3 章已介绍，这里不再赘述，二项分布函数见表 7-2。

表 7-2   二项分布函数一览表

二项分布函数	功　　能	语 法 格 式
BINOM.DIST 函数	返回一元二项分布的概率	BINOM.DIST (number_s, trials, probability_s, cumulative)
BINOM.INV 函数	返回使得累积二项分布函数值大于或等于临界值的最小整数	BINOM.INV (trials, probability_s, alpha)

其中，number_s 表示实验成功次数；trials 表示独立试验次数；probability_s 表示一次实验中成功的概率；cumulative 表示逻辑值，它决定函数的形式，如果 cumulative 为 TRUE，则返回累积分布函数，如果 cumulative 为 FALSE，则返回概率密度函数；alpha 为临界值，介于 0 和 1 之间，含 0 和 1。

7.2.2   实例应用：学生身高的简单符号检验

1. 实例的数据说明

某学校随机抽取了 24 名学生测量其身高，数据如表 7-3 所示。小明身高为 171cm，如果该 24 名学生的身高构成样本，全校学生的身高构成总体，试问在给定的显著性水平 0.05 的条件下，是否可以认为小明的身高达到了总体的平均水平？

表 7-3   24 名学生的身高　　　　　　　　　　　　　(单位：cm)

168	175	169	168	169	168	169	171
170	174	174	170	174	168	175	174
174	172	168	174	170	173	170	168

2. 实例的操作步骤

(1) 新建 Excel 工作簿，命名为"学生身高的简单符号检验"，并将样本观测频数和相关文字输入到工作表中，如图 7-6 所示。

(2) 提出原假设与备择假设：

H_0：总体中位数=171cm；H_1：总体中位数≠171cm。

(3) 在单元格 B1 中输入"身高-171"，相应地在单元格 B2 中输入公式"A2-171"，按回车键得到-3，然后将公式复制至 B25，求出该 24 名学生的身高与 171cm 的差。

(4) 判断正负号。找出高于 171cm 的身高，"身高-171"的差为非负则返回 1，否则返回 0。单击单元格 C1，输入"+"，相应地，在 C2 中输入公式"=IF(B2>0,1,0)"，并将公式复制至单元格 C25。同样在 D1 中输入"-"，在 D2 中输入公式"=IF(B2<0,1,0)"，并将公式复制至单元格 D25，则可找出低于 171cm 的身高。

(5) 分别求出差为正和负的总数。在单元格 C26 中输入公式"=SUM(C2:C25)"，并将公式复制至 D26，即可求出差为正的个数和负的个数各为 10 和 13，如图 7-7 所示。

	A
	身高（cm）
1	
2	168
3	170
4	174
5	175
6	169
7	168
8	169
9	168
10	169
11	171
12	174
13	174
14	170
15	174
16	168
17	175
18	174
19	172
20	168
21	174
22	170
23	173
24	170
25	168
26	

	A	B	C	D
1	身高（cm）	身高-171	+	-
2	168	-3	0	1
3	170	-1	0	1
4	174	3	1	0
5	175	4	1	0
6	169	-2	0	1
7	168	-3	0	1
8	169	-2	0	1
9	168	-3	0	1
10	169	-2	0	1
11	171	0	0	0
12	174	3	1	0
13	174	3	1	0
14	170	-1	0	1
15	174	3	1	0
16	168	-3	0	1
17	175	4	1	0
18	174	3	1	0
19	172	1	1	0
20	168	-3	0	1
21	174	3	1	0
22	170	-1	0	1
23	173	2	1	0
24	170	-1	0	1
25	168	-3	0	1
26			10	13

图 7-6　学生身高数据　　　　图 7-7　差值为正和负的计算结果

(6) 计算 K 值。在单元格 B27 中输入"K"，相应地在单元格 C27 中输入公式"=MIN(C26, D26)"，按回车键即可得到 K 值为 10。

(7) 通过 K 值计算 P 值。在单元格 B28 中输入"P"，在单元格 C28 中输入公式"=BINOM.DIST(C27,24,0.5,TRUE)"，按回车键即可得到 P 值为 0.2706。或者单击 C28 单元格，选择工具栏中的"公式"→"函数库"→"插入函数"命令，弹出"插入函数"对话框，在"或选择类别"下拉菜单中选择"统计"，在"选择函数"下拉菜单中选择"BINOM.DIST"函数，单击"确定"按钮，弹出"函数参数"对话框，在"Number_s"文本框中输入 K 值"C27"，在"Trials"文本框中输入总的样本数"24"，在"Probability_s"文本框中输入事件发生的概率"0.5"，在"Cumulative"文本框中输入逻辑值"TRUE"，如图 7-8 所示，单击"确定"按钮即可得同样的值。最终计算结果如图 7-9 所示。

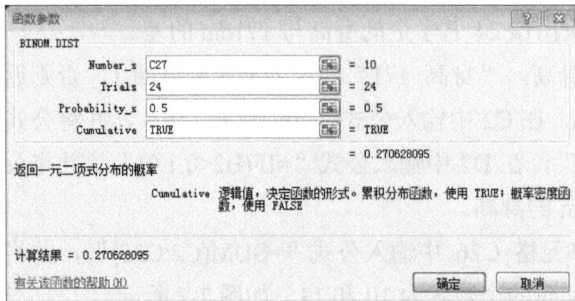

	A	B	C	D
1	身高（cm）	身高-171	+	-
2	168	-3	0	1
3	170	-1	0	1
4	174	3	1	0
5	175	4	1	0
21	174	3	1	0
22	170	-1	0	1
23	173	2	1	0
24	170	-1	0	1
25	168	-3	0	1
26			10	13
27		K	10	
28		P	0.270628	

图 7-8 "函数参数"对话框　　　　　　图 7-9 计算结果

3. 实例的结果分析

从图 7-9 输出的结果可以看出，P 值为 0.2706>0.05。在给定的 0.05 的显著性水平下，根据抽取的 24 个样本信息，我们不能拒绝原假设，而认为小明的身高与全校学生的身高这个总体的中位数相等，也就是说小明的身高达到了总体的平均水平。

7.3　Wilcoxon 带符号的等级检验

上节的简单符号检验方法虽然简单明了，但它没有充分利用样本所提供的全部信息，未免显得粗略。而 Wilcoxon 带符号等级检验是一种经过改进的符号检验，它不仅考虑到了正负号，还采用了其差别大小的信息。因此，Wilcoxon 带符号等级检验是一个更为有效的非参数统计方法。我们知道符号检验不仅可以被用于检验总体的均值、中位数等参数是否为某一数值，还可以用来判断总体分布前后有无变化。在上节的简单符号检验中，主要介绍了符号检验的前一个应用，本节着重讨论其后一个应用。

7.3.1　Wilcoxon 带符号等级检验的基本原理

Wilcoxon 带符号等级检验的应用条件和简单符号检验相同，其方法的思想是若关联样本的两组数据没有显著差异，则不仅其差异的正、负符号应大致相等，而且将其差异取绝对值，按大小顺序排列编成自然序号(即秩)后，它们的正号(+)的秩和(记为 W_+)与负号(-)的秩和(记为 W_-)也应该大致相等。其中较小者(或较大者)也应趋于总秩和的平均数($\overline{W} = \dfrac{n(n+1)}{4}$)。若正秩和($W_+$)与负秩和($W_-$)相差太大，其中较小者(或较大者)偏离总秩和的平均($\overline{W}$)较远，以致超过给定显著性水平 α 所确定的临界点，就可以认为这两组数据存在显著差异，即总体的分布前后有变化。Wilcoxon 带符号等级检验的基本步骤为：

(1) 计算出带有正负号的差值。

(2) 为差值取绝对值，且按大小排列并编上等级，即确定顺序号 1、2、3 等，对于相等的值，则取其位序的平均值为等级。

(3) 给每个等级恢复差数原来的正负号，分别将正负号的等级相加，用 W_+ 与 W_- 表示。当 $n \leqslant 25$ 时，取 W 为 W_+ 与 W_- 中的较小值，即 $W = \min\{W_+, W_-\}$（因为 Wilcoxon 带符号等级检验 W 值的临界值表只给出了较小的临界值）；当 $n > 25$ 时，W 近似服从正态分布，其均值和标准差分别为 $\dfrac{n(n+1)}{4}$ 和 $\sqrt{\dfrac{n(n+1)(2n+1)}{24}}$，所以可取检验统计量为：

$$Z = \frac{W - n(n+1)/4}{\sqrt{n(n+1)(2n+1)/24}} \tag{7-4}$$

(4) 确定带正号或负号差值的总个数 n。

(5) 检验规则为：在给定的显著性水平下，当 $n \leqslant 25$ 时，若 $W \leqslant W_{\alpha/2}$ 则拒绝原假设，否则不能拒绝原假设；当 $n > 25$ 时，按标准正态分布的 Z 检验规则进行检验。

7.3.2　实例应用：员工技能测试得分的 Wilcoxon 带符号等级检验

1. 实例的数据说明

某公司随机抽取了 10 名员工年初和年末的技能测试得分，见表 7-4。试在给定的显著性水平 0.05 的条件下判断该批员工的这两次技能测试得分有没有显著差别？

表 7-4　10 名员工年初和年末的技能测试得分

员工编号	1	2	3	4	5	6	7	8	9	10
年初得分	71	64	73	59	85	93	65	72	87	75
年末得分	82	69	79	58	85	86	67	92	94	72

2. 实例的操作步骤

(1) 新建 Excel 工作簿，命名为"员工技能测试得分的 Wilcoxon 带符号等级检验"，并将样本数据和相关文字输入到工作表中，如图 7-10 所示。

(2) 提出原假设与备择假设：

H_0：两次技能测试得分没有显著差异；H_1：两次技能测试得分存在显著差异。

(3) 计算年末得分与年初得分之差。在单元格 D1 中输入"得分之差 $d = X_2 - X_1$"，相应地在 D2 中输入公式"=C2-B2"，按回车键，并将公式复制至单元格 D11，得到该 10 名员工年末与年初的技能测试得分之差。

(4) 计算差值的绝对值 $|d|$。在单元格 E1 中输入"$|d|$"，相应地在 E2 中输入公式"=ABS(D2)"，按回车键，并将公式复制至 E11，得到该 10 名员工年末与年初的技能测试

得分之差的绝对值，如图 7-11 所示。

图 7-10 新建"员工年初与年末得分"工作簿

图 7-11 得分差值及其绝对值

(5) 按$|d|$进行排序。选中第 2 至第 11 行，单击"开始"→"编辑"→"排序和筛选"命令，在下拉菜单中选择"自定义排序"，如图 7-12 所示。随即弹出"排序"对话框，单击"主要关键字"后的下拉箭头，选择"列 E"，"排序依据"默认为"数值"，"次序"默认为"升序"，如图 7-13 所示。

(6) 单击"确定"按钮即可得到排序结果。在 F1 中输入"$|d|$等级"，差数为 0 的剔除该项不配等级，差数相等的两项按位序的平均数排列。处理后得到各$|d|$等级。

(7) 根据 d 的正负号计算W_+和W_-。在 G1 中输入"W_+"，相应地在 G2 中输入公式"=IF(D2>0,F2,0)"，按回车键并将公式复制至 G11，就可以求出所有差值为正的得分对应的$|d|$等级。同样的方法可以求出所有差值为负的得分对应的$|d|$等级。

(8) 求秩和、均值和 W。在单元格 G12 中输入公式"=SUM(G2:G11)"，按回车键，并将公式复制至 H12，得到正负秩和。在单元格 G13 中输入"均值"，在 H13 中输入"22.5"，即为$\bar{w}$的值($\bar{w}=n(n+1)/4=9(9+1)/4=22.5$)。在单元格 G14 中输入"$W$"，相应地在 H14 中输入公式"=MIN(G12,H12)"，得到 $W=10.5$，结果如图 7-14 所示。

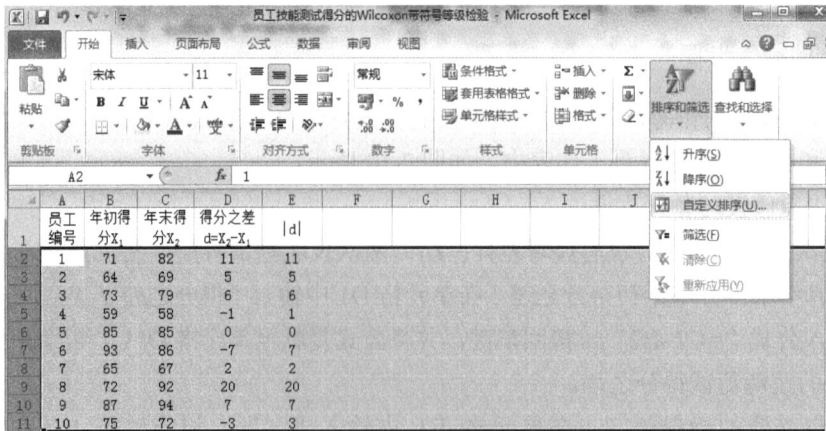

图 7-12 进行"排序"

图 7-13　"排序"对话框

	A	B	C	D	E	F	G	H
1	员工编号	年初得分X_1	年末得分X_2	得分之差 $d=X_2-X_1$	$|d|$	$|d|$等级	W_+	W_-
2	5	85	85	0	0		0	0
3	4	59	58	-1	1	1	0	1
4	7	65	67	2	2	2	2	0
5	10	75	72	-3	3	3	0	3
6	2	64	69	5	5	4	4	0
7	3	73	79	6	6	5	5	0
8	6	93	86	-7	7	6.5	0	6.5
9	9	87	94	7	7	6.5	6.5	0
10	1	71	82	11	11	7	7	0
11	8	72	92	20	20	8	8	0
12							32.5	10.5
13							均值	22.5
14							W	10.5

图 7-14　最终计算结果

3．实例的结果分析

从图 7-14 的输出结果可以看出，W=10.5 偏离均值 22.5 较远，但是通过查 Wilcoxon 统计量分布表可知临界值 $W_{0.025}$ 为 5，即 $W > W_{\alpha/2}$，故不能拒绝原假设。因此我们可以得出结论：在参加年初和年末技能测试的员工这批样本中，两次测试得分没有显著差别。

7.4　Mann-Whitney U 检验

Mann-Whitney U 检验方法的思路和 Wilcoxon 带符号等级检验基本一致，这种方法通常称为等级和(rank-sum test)，不同之处在于，Wilcoxon 带符号等级检验适用于两组关联样本数据的检验，而 Mann-Whitney U 检验适用于来自两个独立样本数据的检验。

7.4.1　Mann-Whitney U 检验的基本原理

Mann-Whitney U 检验主要用于检验两组样本是否来自于同一总体，也等价于判断两组样本是否存在差异(例如均值显著性不同则必然来自于不同的总体)。Mann-Whitney U 检验的原假设是两个独立样本的数据来自于相同的总体，其特点是用顺序数据，而不是用正负号，因此比符号检验对数据的运用更充分。Mann-Whitney U 检验的基本步骤包括：

(1) 将从两个总体 A 和 B 中随机抽取的容量为($n_A + n_B$)的观测值混在一起，按大小顺序排列，指定 1 为最大(或最小)观测值的等级，指定 2 为第二个最大(或最小)观测值的等级，依次类推。如果存在相同的观测值，则用它们位序的平均数。

(2) 计算两个样本的等级和 T_A 与 T_B。

(3) 根据 T_A 和 T_B 即可给出 Mann-Whitney U 检验的公式。计算得到的两个 U 值不相等，但是它们的和总是等于 $n_A n_B$，即有 $U_A + U_B = n_A n_B$。若 $n_A \leqslant 20$ 或 $n_B \leqslant 20$ 时，则其检验统计量为：

$$U_A = n_A n_B + n_A(n_A + 1)/2 - T_A \tag{7-5}$$

$$U_{\mathrm{B}} = n_{\mathrm{A}}n_{\mathrm{B}} + n_{\mathrm{B}}(n_{\mathrm{B}}+1)/2 - T_{\mathrm{B}} \tag{7-6}$$

在检验时，因为 Mann-Whitney U 检验的临界值表只给出了较小的临界值，所以用 U_{A}、U_{B} 中较小的 U 值作为检验统计量，即：

$$U = \min(U_{\mathrm{A}}, U_{\mathrm{B}}) \tag{7-7}$$

若 $n_{\mathrm{A}}>20$ 且 $n_{\mathrm{B}}>20$ 时，其抽样分布近似于正态分布，对应的均值和标准差为：

$$\mu_U = n_{\mathrm{A}}n_{\mathrm{B}}/2 \tag{7-8}$$

$$\sigma_U = \sqrt{n_{\mathrm{A}}n_{\mathrm{B}}(n_{\mathrm{A}}+n_{\mathrm{B}}+1)/12} \tag{7-9}$$

相应的 Z 统计量为：

$$Z = \frac{U - \mu_U}{\sigma_U} \tag{7-10}$$

(4) 检验规则为：小样本时，在给定的显著性水平下，若 $U \le U_{\alpha/2}$ 则拒绝原假设，否则不能拒绝原假设；大样本时，U 的分布趋近正态分布，可用正态分布近似处理。

7.4.2 实例应用：男女职工技能测试得分的 Mann-Whitney U 检验

1. 实例的数据说明

某工厂管理人员为考察装配线上的男职工和女职工的技能有无差别，随机抽取 9 名男职工和 5 名女职工进行技能测试，得分如表 7-5 所示。试据此在给定的显著性水平 0.05 的条件下判断男职工与女职工的技能有没有显著差别。

表 7-5 男女职工技能测试分数

男职工	1500	1600	670	800	1100	800	1320	1150	600
女职工	1400	1200	780	1350	890				

2. 实例的操作步骤

(1) 新建 Excel 工作簿，命名为"男女职工技能测试得分的 Mann-Whitney U 检验"，并将样本数据和相关文字输入到工作表中，如图 7-15 所示。

(2) 提出原假设与备择假设：

H_0：男女职工技能没有显著差异；H_1：男女职工技能存在显著差异。

(3) 选中第 2 至第 15 行，单击"开始"→"编辑"→"排序和筛选"命令，在下拉菜单中选择"自定义排序"，随即弹出"排序"对话框，单击"主要关键字"后的下拉箭头，选择"列 A"，"排序依据"默认为"数值"，"次序"选择"升序"，单击"确定"按钮即可得到排序结果。

(4) 将排序后的值按从大到小的顺序依次赋予其等级号，对于相同的分数取其等级号的平均值作为其等级号。单击单元格 C1，输入"等级"，然后单击 C2，输入"1"，并利用拖拽的方式自动填充其余等级号，结果如图 7-16 所示。

	A	B
1	分数	性别
2	600	男
3	670	男
4	780	女
5	800	男
6	800	男
7	890	女
8	1100	男
9	1150	男
10	1200	女
11	1320	男
12	1350	女
13	1400	女
14	1500	男
15	1600	男
16	n_A	9
17	n_B	5
18		

图 7-15　男女职工技能测试分数

	A	B	C
1	分数	性别	等级
2	600	男	1
3	670	男	2
4	780	女	3
5	800	男	4.5
6	800	男	4.5
7	890	女	6
8	1100	男	7
9	1150	男	8
10	1200	女	9
11	1320	男	10
12	1350	女	11
13	1400	女	12
14	1500	男	13
15	1600	男	14
16	n_A	9	
17	n_B	5	
18			

图 7-16　排序和输入等级号

(5) 计算两个样本的等级和 T_A 与 T_B。求 T_A，单击单元格 D1，输入"男职工等级"，在单元格 D2 中输入公式"=IF(B2="男",C2,0)"，按回车键并将公式复制至单元格 D15，在 C16 输入"T_A"，在 D16 中输入公式"=SUM(D2:D15)"，按回车键即可得到 T_A 的值为 64。求 T_B，单击单元格 E1，输入"女职工等级"，在单元格 E2 中输入公式"=IF(B2="女",C2,0)"，按回车键并将公式复制至单元格 E15，在 C17 输入"T_A"，在 E17 中输入公式"=SUM(E2:E15)"，按回车键即可得到 T_B 的值为 41。结果如图 7-17 所示。

(6) 根据公式计算 U_A 和 U_B，并取其中较小者作为 U 统计量。求 U_A，在单元格 A18 中输入"U_A"，相应地在 B18 中输入公式"=B16*B17+B16*(B16+1)/2-D16"，按回车键即得 U_A 为 26；求 U_B，在单元格 A19 中输入"U_B"，在 B19 中输入公式"=B16*B17+B17*(B17+1)/2-E17"，按回车键可得 U_B 为 19。求 U 值，在单元格 A20 中输入"U"，在 B20 中输入公式"=MIN(B18,B19)"，按回车键即得统计量 U 为 19。结果如图 7-18 所示。

	A	B	C	D	E
1	分数	性别	等级	男职工等级	女职工等级
2	600	男	1	1	0
3	670	男	2	2	0
4	780	女	3	0	3
5	800	男	4.5	4.5	0
6	800	男	4.5	4.5	0
7	890	女	6	0	6
8	1100	男	7	7	0
9	1150	男	8	8	0
10	1200	女	9	0	9
11	1320	男	10	10	0
12	1350	女	11	0	11
13	1400	女	12	0	12
14	1500	男	13	13	0
15	1600	男	14	14	0
16	n_A	9	T_A	64	
17	n_B	5	T_B		41
18					

图 7-17　等级和 T_A 与 T_B 的计算结果

	A	B	C	D	E
1	分数	性别	等级	男职工等级	女职工等级
2	600	男	1	1	0
3	670	男	2	2	0
4	780	女	3	0	3
5	800	男	4.5	4.5	0
6	800	男	4.5	4.5	0
7	890	女	6	0	6
8	1100	男	7	7	0
9	1150	男	8	8	0
10	1200	女	9	0	9
11	1320	男	10	10	0
12	1350	女	11	0	11
13	1400	女	12	0	12
14	1500	男	13	13	0
15	1600	男	14	14	0
16	n_A	9	T_A	64	
17	n_B	5	T_B		41
18	U_A	26			
19	U_B	19			
20	U	19			

图 7-18　最终计算结果

3．实例的结果分析

该检验为小样本双侧检验，从图 7-18 输出的结果可以看出，统计量 U=19，通过查表可知临界值 $U_{0.025}$ 为 7，即 $U > U_{\alpha/2}$，故不能拒绝原假设。因此我们可以得出结论：装配线上的男职工和女职工的技能没有显著差别。

7.5　本章小结

在总体分布形式未知或数据为分类或定序数据等无法采用传统的参数方法的情况下，可以采用非参数统计方法对总体进行推断。本章主要介绍了几种常用的非参数检验方法，包括 X^2 检验(独立性检验)、简单符号检验、Wilcoxon 带符号等级检验以及 Mann-Whitney U 检验，这几种检验方法的适用范围不同，分析者可以根据需要选用合适的检验方法。

在总体分布形式未知时，非参数方法同参数方法相比具有很大的优势，且应用范围广，因此熟练掌握非参数检验并能应用 Excel 软件进行操作将会对分析和研究提供有力的帮助。

7.6　上机题

1．读完四年大学，一次课也没有逃过，这样的学生恐怕不多。某大学 3 名学生就逃课问题做了一次调查，采用的是分层抽样与简单随机抽样相结合，共抽取了 150 个样本，并进行了问卷调查。问卷内容包括是否逃过课、每周逃课次数、所逃课程的类型(选修课还是专业课)和逃课原因等。调查得到的男女学生逃课情况的汇总表如表 7-6 所示。

表 7-6　某大学男女生逃课情况调查表

是否逃课	男生	女生	合计
逃过课	34	38	72
未逃过课	28	50	78
合计	62	88	150

要求：根据表中资料在 $\alpha = 0.05$ 的显著性水平下判断大学生逃课与性别是否存在显著的关系。

2．某保险公司为研究保额的赔付情况，对保险种类进行了一次抽样调查。2011 年某险种保额赔付共计 15 次，赔付数额如表 7-7 所示(单位：元)。已知 2010 年该险种保额赔付额的中位数为 5070 元。

表 7-7　某保险公司 2011 年某险种的赔付统计

67200	52788	22836	21240	18720
5064	14760	9480	7596	6972
7596	5064	5052	4728	4632

要求：利用简单符号检验(显著性水平 $\alpha = 0.05$)判断 2011 年该险种的保险赔付额的中位数是否比 2010 年有所变化。

3. 某化肥厂为测试某种化肥对土壤 PH 值的影响，在 10 块试验田进行了对比试验，并测试了该种化肥使用前后试验田地表土壤的 PH 值，数据如表 7-8 所示。

表 7-8　使用某化肥前后的地表土壤 PH 值

试验田	1	2	3	4	5	6	7	8	9	10
使用前	8.64	8.46	8.76	8.33	8.55	8.81	8.66	8.84	8.85	8.74
使用后	8.86	8.77	8.78	8.88	8.75	8.80	8.86	8.62	8.63	8.82

要求：利用 Wilcoxon 带符号等级检验(显著性水平 $\alpha = 0.05$)判断该种化肥对土壤的 PH 值是否有显著性影响。

4. 某灯泡生产企业为研究购进的甲、乙两台灯泡生产设备的性能状况，从甲、乙设备生产的灯泡中随机抽取样本进行了寿命测试，数据如表 7-9 所示。

表 7-9　甲、乙两台设备的产能抽样　　　　　(单位：月)

甲设备	28	20	20	27	31	29	25	19	16	24	29	16	29
乙设备	40	31	25	29	30	25	16	30	39	25			

要求：利用 Mann-Whitney U 检验(显著性水平 $\alpha = 0.05$)判断甲、乙两台设备的性能状况是否存在显著性差异。

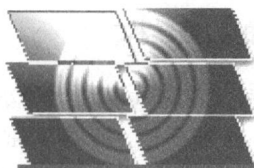

第 8 章

方 差 分 析

在统计学中，当需要对两个以上总体均值进行检验时，即需要检验两个以上的总体是否具有相同的均值时，需要使用方差分析。方差分析又称变异数分析或 F 检验，是研究一个或多个可分组自变量与一个连续因变量之间的统计关系并测定自变量对因变量的影响和作用的一种统计分析方法。简单而言，方差分析就是利用实验数据，分析各个因素对某事物、某指标的影响是否显著的一种统计分析方法。方差分析的目的是通过数据分析找出对该事物有显著影响的因素，各因素之间的交互作用，以及显著影响因素的最佳水平等。

在方差分析中通常要有以下两个假定：①各个观察值是独立的，即各组观察数据是从相互独立的总体中抽取的；②每个总体都应服从正态分布且方差相等，即各组观测数据是从具有相同方差的正态分布总体中抽取的简单随机样本。

按照总体均值仅受一个因素影响还是两个因素影响，方差分析可分为单因素方差分析和双因素方差分析。本章将介绍单因素方差分析和双因素方差分析的基本原理以及如何使用 Excel 2010 方差分析工具对实验数据进行单因素方差分析和双因素方差分析。

8.1　单因素方差分析

单因素方差分析是方差分析中最简单的一种形式，即影响总体均值的因素只有一个。单因素方差分析可用于检验两个或两个以上总体均值相等的原假设。

8.1.1　单因素方差分析的基本原理

单因素方差分析是用来研究某个因素的不同水平是否对观测变量产生了显著影响，这里由于仅研究单个因素对观测变量的影响，因此称为单因素方差分析，与单因素方差分析对应的是单因素试验。具体而言是指：考虑一个因素 A 有 r 个水平，分析这 r 个不同水平对所考察的观察值指标 Y 的影响，我们可以在实验时使其他因素控制不变，而只让因素 A 改变，这样的试验叫做单因素试验，所进行的方差分析被称为单因素方差分析。

1. 单因素方差分析的数据结构

在单因素试验中，假设因素 A 共有 r 个水平，r 表示单因素的分类数目，每个水平的样本容量为 n，则共有 $n*r$ 个观察值，单因素试验的结果以 r 行 n 列表示，构成单因素分析的数据结构如表 8-1 所示。

表 8-1 单因素方差分析的数据结构表

观测值 j 水平 r		1	2	……	n
因 素 A	水平 1	x_{11}	x_{12}	……	x_{1n}
	水平 2	x_{22}	x_{22}	……	x_{2n}
	$\vdots$	$\vdots$	$\vdots$	$\vdots$	$\vdots$
	水平 r	x_{r1}	x_{r2}	……	x_{rn}

2. 单因素方差分析的步骤

(1) 提出假设

设因素 A 有不同水平 A_1、A_2、$\cdots$、A_r，各水平对应的总体服从正态分布 $N(\mu_i, \sigma^2)$，在水平 A_r 进行 n_r 次试验，假定所有试验都是独立的，因为在水平 A_r 下的样本观测值与总体服从相同的分布，如果因素 A 对试验结果影响不显著，则所有样本观测值就可以看作是来自同一总体，即各自变量取值分类组的均值相等。因此需要提出假设：

原假设 H_0：$\mu_1 = \mu_2 = \cdots = \mu_r$，即因素 A 对观测变量无显著影响；

备择假设 H_0：μ_1、μ_2、$\cdots$、μ_r 不全相等，即因素 A 对观测变量有显著影响。

若拒绝原假设，表示自变量对因变量有显著影响；若接受原假设，则表示自变量对因变量没有显著影响。

(2) 构造检验统计量

我们令 $\bar{x}_i$ 为第 i 个水平(A_i)的样本均值，则第 i 个总体的样本均值的计算公式为：

$$\bar{x}_i = \frac{1}{n_i} \sum_{j=1}^{n_i} x_{ij} \ (i = 1, 2, \cdots, k) \tag{8-1}$$

其中：n_i 为第 i 个总体的样本观察值个数，x_{ij} 为第 i 个总体的第 j 个观察值。我们令 $\bar{x}$ 为全部观察值的总均值，则所有数据的总均值的计算公式为：

$$\overline{\overline{x}} = \frac{\sum\limits_{i=1}^{r}\sum\limits_{j=1}^{n_i} x_{ij}}{\sum\limits_{i=1}^{r} n} = \frac{\sum\limits_{i=1}^{r} n_i \overline{x}_{i\bullet}}{\sum\limits_{i=1}^{r} n} \tag{8-2}$$

在单因素方差分析中，离差平方和有三个：

一是总离差平方和，也称总平方和(sum of squares for total，SST)，反映全部实验数据之间的离散状况，是全部观察值与总平均值的离差平方和。其计算公式为：

$$SST = \sum_{i=1}^{r}\sum_{j=1}^{n_i} (x_{ij} - \overline{\overline{x}})^2 \tag{8-3}$$

二是组间离差平方和，也称因素 A 平方和(sum of squares for factor A，SSA)，反映各个总体的样本均值之间的差异程度，即每组数据均值和总平均值之间的离差平方和。其计算公式为：

$$SSA = \sum_{i=1}^{r}\sum_{j=1}^{n_i} (\overline{x}_{i\bullet} - \overline{\overline{x}})^2 = \sum_{i=1}^{r} n_i (\overline{x}_{i\bullet} - \overline{\overline{x}})^2 \tag{8-4}$$

三是组内离差平方和，也称误差项离差平方和(sum of squares for error，SSE)，反映每个样本各观测值之间的离散状况，即组内数据和组内平均值之间的随机误差。其计算公式为：

$$SSE = \sum_{i=1}^{r}\sum_{j=1}^{n_i} (x_{ij} - \overline{x}_{i\bullet})^2 \tag{8-5}$$

由于各样本的独立性，使得变差具有可分解性，即总离差平方和等于误差项离差平方和加上水平项离差平方和，用公式表达为：

$$SST = SSE + SSA$$

构造 F 检验统计量：

$$F = \frac{SSA/(r-1)}{SSE/(n-r)} \tag{8-6}$$

其中组间均方 $MSA = SSA/(r-1)$，组内均方 $MSE = SSE/(n-r)$。计算均方和是为了消除观察值大小对离差平方和大小的影响，计算方法是用离差平方和除以相应的自由度。

在原假设 H_0 成立的情况下，检验统计量 $F = \dfrac{MSA}{MSE} \sim F(r-1, n-r)$，即 F 统计量服从分子自由度为$(r-1)$、分母自由度为$(n-r)$的 F 分布。

(3) 判断与结论

有两种方法可以用来判定是否接受原假设 H_0。一种方法是将统计量 F 与给定的显著性水平 α 的临界值 $F_\alpha(r-1, n-r)$ 比较，可以做出拒绝或接受原假设 H_0 的判断：若 $F \geqslant F_\alpha$，则

拒绝原假设 H_0，表明因素 A 对观察值有显著影响；若 $F < F_\alpha$，则接受原假设 H_0，表明因素 A 对观察值无显著影响。另一种方法是利用 F 值计算出 P 值，当 $P < \alpha$ 时，拒绝 H_0，表明均值之间有差异显著，即因素 A 对观察值有显著影响；当 $P > \alpha$ 时，则接受原假设 H_0，表明均值之间无差异显著，即因素 A 对观察值无显著影响。

8.1.2 利用"单因素方差分析"工具进行分析

1. 方差分析表

在通常情况下，方差分析的计算比较繁琐。若对实验数据进行单因素方差分析，则需要计算总离差平方和(SST)、组间离差平方和(SSA)、组内离差平方和(SSE)以及组间均方(MSA)和组内均方(MSE)，进而计算出检验所需统计量的统计值，然后将此统计值与给定的显著性水平 α 下的临界值 F_α 比较，作出拒绝或接受原假设的判断。不过如果学会用 Excel 2010 中的方差分析工具对数据进行方差分析，就可以轻而易举地得到方差分析表。

方差分析表是一种默认的方差分析的表现形式，以表格形式表示方差分析结果，简单明了。在 Excel 2010 中，单因素方差分析的最终输出结果便是以方差分析表的结果给出的，如表 8-2 所示。

表 8-2　方差分析表

方差来源	离差平方和 SS	df	均方和 MS	F	P 值	F 临界值
组间	SSA	r-1	MSA = SSA /(r-1)	MSA/MSE		
组内	SSE	n-r	MSE = SSE /(n-r)			
总方差	SST	n-1				

2. 加载方差分析工具

在 Excel 2010 中，用户可以通过"数据"选项卡"数据分析"工具中的"方差分析：单因素方差分析"分析工具对单因素试验数据进行单因素方差分析。但是由于方差分析工具并不是 Excel 2010 的自有工具，因此用户在 Excel 2010 中使用方差分析工具进行方差分析之前，需要先加载方差分析工具。本书 4.4.1 节已经介绍了数据分析工具的加载方法，此处不再赘述。

安装完毕后，在工具栏中选择"数据"→"数据分析"命令，随即弹出"数据分析"对话框，在"分析工具"中选择"方差分析：单因素方差分析"选项，如图 8-1 所示，单击"确定"按钮，随即弹出"方差分析：单因素方差分析"对话框，如图 8-2 所示。同样，在"分析工具"中选择"方差分析：可重复双因素分析"或"方差分析：无重复双因素分析"选项并执行同类型的步骤，则可以进行其他两种情况下的方差分析，具体方法后面将会详细介绍。

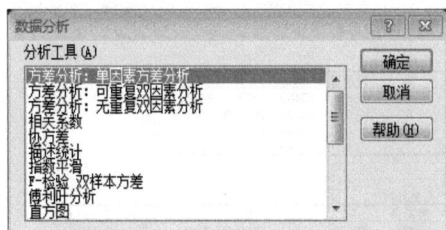

图 8-1 "数据分析"对话框

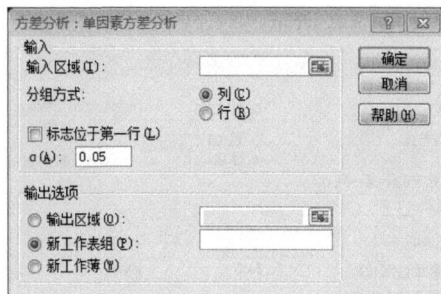

图 8-2 "方差分析：单因素方差分析"对话框

8.1.3 实例应用：不同型号设备与产品产量的单因素方差分析

1. 实例的数据说明

为提高产品的生产效率，某零件厂引进 A、B、C、D 四种不同型号的机器设备同时进行生产，在当月随机抽取了 8 天作为样本数据，并统计了每个型号的机器设备每天所生产的数量，数据如表 8-3 所示。通过样本数据比较 A、B、C、D 四种不同型号的机器设备对该厂生产的产品产量是否有显著影响。

表 8-3 四种不同型号的机器设备每天生产的产品数量　　　　　　　（单位：件）

天　数	1	2	3	4	5	6	7	8
机器 A	1650	1550	1680	1750	1650	1600	1800	1750
机器 B	1600	1610	1700	1640	1720	1580	1760	1650
机器 C	1530	1640	1620	1680	1740	1460	1660	1820
机器 D	1640	1520	1570	1700	1600	1510	1700	1600

2. 实例的操作步骤

(1) 新建 Excel 工作簿，命名为"不同型号设备与产品产量的单因素方差分析"，并将数据和相关文字输入到工作表中。

(2) 在工具栏中的"数据"选项卡中单击"数据分析"按钮，随即弹出"数据分析"对话框，在"分析工具"一栏中选择"方差分析：单因素方差分析"选项，然后单击"确定"按钮，弹出"方差分析：单因素方差分析"对话框。

(3) 在"方差分析：单因素方差分析"对话框中，单击"输入区域"后的折叠按钮，然后选中单元格区域 B2:J5；因为输入区域的数据是按行排列的，所以"分组方式"选择"行"；因为"输入区域"包含标志项，所以选中"标志位于第一列"复选框，显著性水平 α 默认为 0.05；单击"输出区域"单选按钮，单击右侧文本框后的折叠按钮，并选中单元格 A7，如图 8-3 所示。最后单击"确定"按钮，即可得到四种型号设备与产品产量的单因素方差分析结果，如图 8-4 所示。

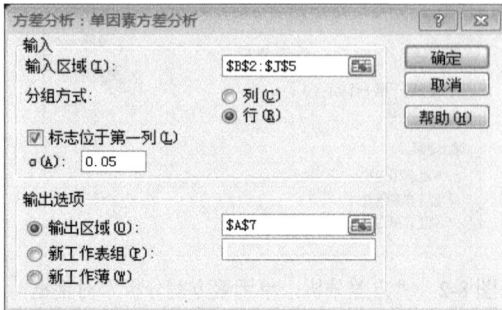

图 8-3 "方差分析：单因素方差分析"对话框

图 8-4 单因素方差分析的输出结果

3. 实例的结果分析

图 8-4 显示的是对该实例进行单因素方差分析的输出结果。第一个表 SUMMARY 是关于各样本的一些描述性统计量，它可以作为方差分析的参考信息。第二个表是方差分析结果，其中 SS 表示平方和，df 为自由度，MS 表示均方，F 为检验的统计量，P-value 为用于检验的 P 值，F crit 为给定显著性水平 α 下的临界值。

从前面的分析我们知道，在进行决策时，可以将统计量 F 的统计值与给定的显著性水平 α 下的临界值 F_α 比较，也可以直接利用方差分析表中的 P 值与显著性水平 α 的值进行比较。从输出结果可看出，计算的 F 值为 1.061，小于临界值 F_α 2.947，同时 P 值为 0.3814，明显大于显著性水平 0.05，说明接受原假设，即可得出结论：A、B、C、D 四种不同型号的机器设备对该厂产品的产量没有显著影响。

在该实例中，产品产量是要检验的因素，四种不同型号的机器设备可看作是该因素的四种水平，因此这是一个单因素四种水平的实验。因为方差分析结果显示，这四种型号的机器设备对产品产量并没有显著影响，因此可以选择其他条件最优越(如价格最低)的型号的机器设备。

8.2 双因素方差分析

前一节所讲的单因素方差分析只是研究一个因素对观测对象结果是否有显著影响，但在许多实际问题中，往往不能只考虑一种因素各个水平对观测变量的影响，而必须同时考虑几种因素的相互影响。当方差分析中涉及两个分类型自变量，即分析两个因素对观测变量的影响时，称为双因素方差分析。

双因素方差分析根据两个因素之间是否存在交互效应而分为两种类型：一种是无重复的双因素方差分析，它假定因素 A 和因素 B 的效应之间是相互独立的，不存在相互关系，也称无交互作用的双因素方差分析；另一种是有重复的方差分析，它假定 A、B 两个因素不是独立的,而是相互起作用的,并且两个因素共同起作用的结果不是其各自作用的简单相加,而是会产生一个新的效应(比如说效果会成倍增加),也称有交互作用的双因素方差分析。

下面将分别讨论如何在 Excel 2010 中利用数据分析工具的方差分析选项实现这两种类型的双因素方差分析。

8.2.1 无重复的双因素方差分析的基本原理

无重复的双因素方差分析是最基本的双因素方差分析,它不考虑两个影响因素之间的相互影响,与无重复的双因素方差分析对应的是无重复的双因素试验。

1. 无重复的双因素方差分析的数据结构

在无重复的双因素试验中,试验的结果同时受两个因素的影响,这两个因素分别称为行因素 A 和列因素 B,设因素 A 共有 n 个水平,因素 B 共有 k 个水平,则无重复的双因素试验的结果以 n 行 k 列表示,其数据结构如表 8-4 所示。

表 8-4 无重复的双因素方差分析的数据结构

i \ j		列因素 B				
		B_1	B_2	$\cdots$	B_k	均值
行因素 A	A_1	x_{11}	x_{12}	$\cdots$	x_{1k}	$\bar{x}_{1\bullet}$
	A_2	x_{21}	x_{22}	$\cdots$	x_{2k}	$\bar{x}_{2\bullet}$
	$\vdots$	$\vdots$	$\vdots$	$\vdots$	$\vdots$	$\vdots$
	A_n	x_{n1}	x_{n2}	$\cdots$	x_{nk}	$\bar{x}_{n\bullet}$
	均值	$\bar{x}_{\bullet 1}$	$\bar{x}_{\bullet 2}$	$\cdots$	$\bar{x}_{\bullet k}$	

2. 无重复的双因素方差分析的步骤

(1) 提出假设

在水平 (A_i, B_j) 下的试验结果 X_{ij} 服从 $N(\mu_{ij}, \sigma^2)$, $i=1,\cdots,n$; $j=1,\cdots,k$,这些试验结果相互独立。在方差分析中,若用 μ 表示均值,则 $\mu_{1\bullet}$、$\mu_{2\bullet}$、$\cdots$、$\mu_{n\bullet}$ 分别表示行因素 A 分类组的均值;$\mu_{\bullet 1}$、$\mu_{\bullet 2}$、$\cdots$、$\mu_{\bullet k}$ 分别表示列因素 B 分类组的均值,那么在无重复的双因素方差分析中要检验的假设有两个,即分别对行因素 A 和列因素 B 提出假设:

① 对行因素 A 的假设:

原假设 H_{01}:$\mu_{1\bullet} = \mu_{2\bullet} = \cdots = \mu_{n\bullet}$,即行因素 A 对观测变量无显著影响;

备择假设 H_{11}:$\mu_{1\bullet}, \mu_{2\bullet}, \cdots, \mu_{n\bullet}$ 不全相等,即行因素 A 对观测变量有显著影响。

② 对列因素 B 的假设:

原假设 H_{02}:$\mu_{\bullet 1} = \mu_{\bullet 2} = \cdots = \mu_{\bullet k}$,即列因素 B 对观测变量无显著影响;

备择假设 H_{12}:$\mu_{\bullet 1}, \mu_{\bullet 2}, \cdots, \mu_{\bullet k}$ 不全相等,即列因素 B 对观测变量有显著影响。

(2) 构造检验统计量

我们令 $\overline{x}_i$ 为行因素 A 的第 i 个水平下各观察值的平均值，则其计算公式为：

$$\overline{x}_{i\bullet} = \frac{1}{k}\sum_{j=1}^{k} x_{ij} \ (i=1,2,\cdots,n) \tag{8-7}$$

令 $\overline{x}_j$ 为列因素 B 的第 j 个水平下各观察值的平均值，则其计算公式为：

$$\overline{x}_{\bullet j} = \frac{1}{n}\sum_{i=1}^{n} x_{ij} \ (j=1,2,\cdots,k) \tag{8-8}$$

$\overline{\overline{x}}$ 为全部 $n*k$ 个样本数据的总平均值，则其计算公式为：

$$\overline{\overline{x}} = \frac{1}{nk}\sum_{i=1}^{n}\sum_{j=1}^{k} x_{ij} \ (i=1,2,\cdots,n; j=1,2,\cdots,k) \tag{8-9}$$

与单因素方差分析类似，在双因素方差分析中，总离差平方和 SST 反映全部观察值的离散状况，是全部观察值与总平均值的离差平方和。其计算公式为：

$$SST = \sum_{i=1}^{n}\sum_{j=1}^{k}\left(x_{ij} - \overline{\overline{x}}\right)^2 \ (i=1,2,\cdots,n; j=1,2,\cdots,k) \tag{8-10}$$

同样，双因素方差分析也要对总离差平方和 SST 进行分解，SST 分解为以下三个部分：第一部分是行因素 A 的离差平方和 SSA，反映因素 A 的组间差异，其计算公式为：

$$SSA = \sum_{i=1}^{n}\sum_{j=1}^{k}\left(\overline{x}_{i\bullet} - \overline{\overline{x}}\right)^2 = \sum_{i=1}^{n} k(\overline{x}_{i\bullet} - \overline{\overline{x}})^2 \tag{8-11}$$

第二部分是列因素 B 的离差平方和 SSB，反映因素 B 的组间差异，其计算公式为：

$$SSB = \sum_{i=1}^{n}\sum_{j=1}^{k}\left(\overline{x}_{\bullet j} - \overline{\overline{x}}\right)^2 = \sum_{j=1}^{k} n(\overline{x}_{\bullet j} - \overline{\overline{x}})^2 \tag{8-12}$$

第三部分是随机误差项平方和 SSE，反映观察值的组内差异，其计算公式为：

$$SSE = \sum_{i=1}^{n}\sum_{j=1}^{k}\left(x_{ij} - \overline{x}_{i\bullet} - \overline{x}_{\bullet j} + \overline{\overline{x}}\right)^2 \tag{8-13}$$

其中，$SSE = SST - SSA - SSB$。

构造检验行因素 A 的统计量计算公式：

$$F_{A} = \frac{SSA/(n-1)}{SSE/(n-1)(k-1)} \tag{8-14}$$

构造检验列因素 B 的统计量计算公式：

$$F_{\mathrm{B}} = \frac{SSB/(k-1)}{SSE/(n-1)(k-1)}\tag{8-15}$$

其中行因素的均方和 $MSA = SSA/(n-1)$，列因素的均方和 $MSB = SSB/(k-1)$，误差项的均方和 $MSE = SSE/(n-1)(k-1)$。在行因素 A 的原假设成立的情况下，检验统计量 $F_{\mathrm{A}} = \dfrac{MSA}{MSE} \sim$ $F(n-1, (n-1)(k-1))$，即 F 统计量服从分子自由度为 $(n-1)$、分母自由度为 $(n-1)(k-1)$ 的 F 分布。同理，在列因素 B 的原假设成立的情况下，检验统计量 $F_{\mathrm{B}} = \dfrac{MSB}{MSE} \sim F(k-1, (n-1)(k-1))$，即 F 统计量从分子自由度为 $(k-1)$、分母自由度为 $(n-1)(k-1)$ 的 F 分布。

(3) 判断与结论

同单因素方差分析一样，在双因素分析中也有两种方法用来判定是否接受原假设。

一种方法是将统计量的值 F 与给定的显著性水平 α 下的临界值 F_{α} 进行比较，做出是否接受原假设的决策：对于行因素 A，若 $F_{\mathrm{A}} \geqslant F_{\alpha}(n-1, (n-1)(k-1))$，则拒绝原假设 H_0，表明均值之间有显著差异，即行因素 A 对观察值有显著影响；若 $F_{\mathrm{A}} < F_{\alpha}(n-1, (n-1)(k-1))$，则接受原假设 H_{01}，表明均值之间的差异不显著，即行因素 A 对观察值无显著影响。对于列因素 B，若 $F_{\mathrm{B}} \geqslant F_{\alpha}(k-1, (n-1)(k-1))$，则拒绝原假设 H_{02}，表明列因素 B 对观察值有显著影响；若 $F_{\mathrm{B}} < F_{\alpha}(k-1, (n-1)(k-1))$，则接受原假设 H_{02}，表明列因素 B 对观察值无显著影响。

另一种方法是利用 F 值计算出 P 值，进而作出对原假设的决策：当 $P < \alpha$ 时，拒绝 H_0；当 $P > \alpha$ 时，接受原假设 H_0。拒绝行因素原假设表明行因素均值之间的差异是显著的，即行因素 A 对观察值有显著影响，反之亦然；拒绝列因素原假设表明列因素均值之间的差异是显著的，即所检验的列因素 B 对观察值有显著影响，反之亦然。

8.2.2 实例应用：不同品种及饲料对幼猪生长影响的无重复双因素方差分析

1. 实例的数据说明

为了解三种不同配比的饲料对幼猪生长影响的差异，某养殖厂对三种不同品种的幼猪各选三头作为样本进行试验，分别测得其三个月间体重增加量，如表 8-5 所示。试通过样本数据分析不同饲料与不同品种对幼猪的生长有无显著差异(假定其体重增加量服从正态分布，且方差相同；$\alpha = 0.05$)。

表 8-5　不同品种及不同饲料喂养的幼猪体重增量　　　　　　　　（单位：斤）

幼 猪 品 种	体 重 增 量		
	饲 料 A	饲 料 B	饲 料 C
品种 1	30	31	32
品种 2	31	36	32
品种 3	27	29	28

2. 实例的操作步骤

(1) 新建 Excel 工作簿，命名为"不同品种及饲料对幼猪生长影响的无重复双因素方差分析"，并将数据和相关文字输入到工作表中。

(2) 提出假设

提出行因素原假设：不同品种的幼猪对其生长无显著影响；备择假设：不同品种的幼猪对其生长有显著影响。

提出列因素原假设：不同配比的猪饲料对幼猪的生长无显著影响；备择假设：不同配比的猪饲料对幼猪的生长有显著影响。

(3) 在工具栏的"数据"选项卡中单击"数据分析"按钮，随即弹出"数据分析"对话框，在"分析工具"一栏中选择"方差分析：无重复双因素分析"分析工具，如图 8-5 所示，单击"确定"按钮，随即弹出"方差分析：无重复双因素分析"对话框。

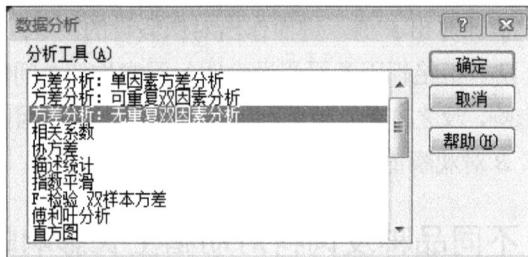

图 8-5　"数据分析"对话框

(4) 在"方差分析：无重复双因素分析"对话框中，单击"输入区域"后的折叠按钮，然后选中单元格区域 A1:D4；因为"输入区域"包含标志项，所以选中"标志"复选框，显著性水平 α 默认为 0.05；单击"输出区域"单选按钮，单击右侧文本框后的折叠按钮，选中单元格 A6，如图 8-6 所示。最后单击"确定"按钮，即可得到不同品种及饲料对幼猪生长影响的无重复双因素方差分析结果，如图 8-7 所示。

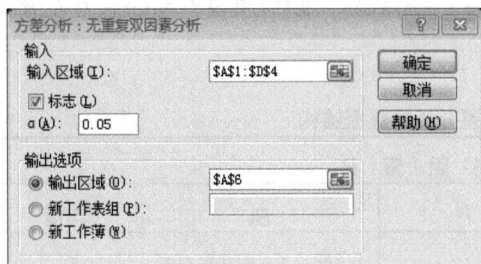

图 8-6 "方差分析: 无重复双因素分析" 对话框

图 8-7 无重复双因素分析的输出结果

3. 实例的结果分析

图 8-7 显示的是对该实例进行无重复双因素方差分析的输出结果。第一个表 SUMMARY 是关于各样本的一些描述性统计量, 它可以作为方差分析的参考信息。第二个表是方差分析结果, 其中 SS 表示平方和, df 为自由度, MS 表示均方, F 为检验的统计量, P-value 为用于检验的 P 值, F crit 为给定显著性水平 α 下的临界值。

从前面的分析可知, 我们在判定自变量对因变量是否有显著影响时, 既可以将统计量 F 的统计值与给定的显著性水平 α 的临界 F_α 比较, 也可以直接利用方差分析表中的 P 值与显著性水平 α 的值进行比较。

从输出结果可以看出, 对于不同品种的幼猪(即行因素)的检验, 其 F 值为 10.36364, 明显大于 F 临界值 6.944272, 同时 P 值为 0.026168, 小于显著性水平 0.05, 说明应该拒绝行因素的原假设, 即可以得出结论: 不同品种的幼猪对其生长有显著影响。对于不同配比猪饲料(即列因素)的检验, 其 F 值为 2.909091, 小于 F 临界值 6.944272, 同时 P 值为 0.165981, 大于显著性水平 0.05, 说明应该接受列因素的原假设, 从而可以得出总结论: 不同配比的猪饲料对幼猪的生长无显著影响。

8.2.3 可重复的双因素分析的基本原理

在双因素方差分析中, 如果两个因素不是独立的, 而是相互起作用的, 并且这两个因素共同作用的结果会对因变量产生一种新的效应, 就需要考虑交互作用对因变量的影响, 此时的方差分析被称为可重复的双因素方差分析, 又称有交互作用的双因素方差分析。简单来说, 可重复的双因素方差分析就是用来分析影响某一特定观察值的两个不同因素之间关系的一种方法。

1. 可重复的双因素方差分析的数据结构

设两个因素分别是 A 和 B, 因素 A 共有 n 个水平, 因素 B 共有 k 个水平, 在水平组合(A_i, B_j)

Excel 在统计分析中的应用

的试验结果 X_{ij} 服从 $N(\mu_{ij}, \sigma^2)$，$i = 1, \cdots, n; j = 1, \cdots, k$，假设这些试验结果相互独立。要对两个因素的交互作用进行分析，则每个水平组合下需要进行至少两次试验，设在每个水平组合 (A_i, B_j) 下重复 t 次试验，每次试验的观测值用 $x_{ijr}(r = 1, \cdots t)$ 表示，则可重复的双因素方差分析的数据结构如表 8-6 所示。

表 8-6 可重复的双因素方差分析的数据结构

J \ i		列　因　素　B			
		B_1	$\cdots$	B_k	均值
行因素 A	A_1	$x_{111}, x_{112}, \ldots, x_{11t}$	$\cdots$	$x_{1sk}, x_{1k2}, \ldots, x_{1kt}$	$\bar{x}_{1\bullet\bullet}$
	A_2	$x_{211}, x_{212}, \ldots, x_{21t}$	$\cdots$	$x_{2sk}, x_{2k2}, \ldots, x_{2kt}$	$\bar{x}_{2\bullet\bullet}$
	$\vdots$	$\vdots$	$\vdots$	$\vdots$	$\vdots$
	A_n	$x_{n11}, x_{n12}, \ldots, x_{n1t}$	$\cdots$	$x_{nk1}, x_{nk2}, \ldots, x_{nkt}$	$\bar{x}_{n\bullet\bullet}$
	均值	$\bar{x}_{\bullet1\bullet}$	$\cdots$	$\bar{x}_{\bullet k\bullet}$	

2. 可重复的双因素方差分析的步骤

(1) 提出假设

与无重复的双因素方差分析的模型基本一样，只是可重复的双因素方差分析需要考虑两个因素之间的交互作用，因此需要提出假设以检验两因素之间的交互效应。在可重复的双因素方差分析中，如果用 μ 来表示均值，则 $\mu_{1\bullet\bullet}$、$\mu_{2\bullet\bullet}$、$\cdots$、$\mu_{n\bullet\bullet}$ 分别表示行因素 A 分类组的均值，$\mu_{\bullet1\bullet}$、$\mu_{\bullet2\bullet}$、$\cdots$、$\mu_{\bullet k\bullet}$ 分别表示列因素 B 分类组的均值；用 ρ_{ij} 表示因素 A 的第 i 水平与因素 B 的第 j 水平的交互效应。在可重复的双因素方差分析中要检验的假设有三个，即分别对因素 A 和因素 B 以及因素 A、B 之间的交互效应提出假设：

① 对行因素 A 的假设：

原假设 $H_{01} : \mu_{1\bullet\bullet} = \mu_{2\bullet\bullet} = \cdots = \mu_{n\bullet\bullet}$，即行因素 A 对观测变量无显著影响；

备择假设 $H_{11} : \mu_{1\bullet\bullet}, \mu_{2\bullet\bullet}, \cdots, \mu_{n\bullet\bullet}$ 不全相等，即行因素 A 对观测变量有显著影响。

② 对列因素 B 的假设：

原假设 $H_{02} : \mu_{\bullet1\bullet} = \mu_{\bullet2\bullet} = \cdots = \mu_{\bullet k\bullet}$，即列因素 B 对观测变量无显著影响；

备择假设 $H_{12} : \mu_{\bullet1\bullet}, \mu_{\bullet2\bullet}, \cdots, \mu_{\bullet k\bullet}$ 不全相等，即列因素 B 对观测变量有显著影响。

③ 对行因素 A 和列因素 B 的交互效应的假设：

原假设 H_{03}：对一切 i 和 j，有 $\rho_{ij} = 0$；即行因素 A 与列因素 B 之间不存在交互效应；

备择假设 H_{13}：对一切 i 和 j 不全为零，即行因素 A 与列因素 B 之间存在交互效应。

(2) 构造检验统计量

令 $\bar{x}_{i\bullet\bullet}$ 和 $\bar{x}_{\bullet j\bullet}$ 分别为 t 次试验中因素 A、第 i 个水平和因素 B、第 j 个水平下各观察值的平均值，则其计算公式为：

$$\overline{x}_{i\bullet\bullet} = \frac{1}{kt}\sum_{j=1}^{k}\sum_{r=1}^{t}x_{ijr} \tag{8-16}$$

$$\overline{x}_{\bullet j\bullet} = \frac{1}{nt}\sum_{i=1}^{n}\sum_{r=1}^{t}x_{ijr} \tag{8-17}$$

令 $\overline{\overline{x}}$ 为 t 次试验下所有样本数据的总均值，其计算公式为：

$$\overline{\overline{x}} = \frac{1}{nkt}\sum_{i=1}^{n}\sum_{j=1}^{k}\sum_{r=1}^{t}x_{ijr} = \frac{1}{n}\sum_{i=1}^{n}\overline{x}_{i\bullet\bullet} = \frac{1}{k}\sum_{j=1}^{ks}\overline{x}_{\bullet j\bullet} \tag{8-18}$$

由于相互作用的存在，可重复的双因素方差分析要比无重复的双因素方差分析多一个交互作用项平方和，此时总离差平方和 SST 将被分解为四个部分：SSA、SSB、SSAB 和 SSE，分别代表因素 A 的组间差异，因素 B 的组间差异，因素 A、B 的交互效应和随机误差的离散状况，其计算公式分别为：

$$SST = \sum_{i=1}^{n}\sum_{j=1}^{k}\sum_{r=1}^{t}(x_{ijr} - \overline{\overline{x}})^2 \tag{8-19}$$

$$SSA = \sum_{i=1}^{n}kt(\overline{x}_{i\bullet\bullet} - \overline{\overline{x}})^2 \tag{8-20}$$

$$SSB = \sum_{j=1}^{k}nt(\overline{x}_{\bullet j\bullet} - \overline{\overline{x}})^2 \tag{8-21}$$

$$SSAB = \sum_{i=1}^{n}\sum_{j=1}^{k}t(\overline{x}_{ij\bullet} - \overline{x}_{i\bullet\bullet} - \overline{x}_{\bullet j\bullet} + \overline{\overline{x}})^2 \tag{8-22}$$

$$SSE = \sum_{i=1}^{n}\sum_{j=1}^{k}\sum_{r=1}^{t}(x_{ijr} - \overline{x}_{ij\bullet})^2 \tag{8-23}$$

其中，$SST = SSA + SSB + SSAB + SSE$。

构造检验因素 A 的统计量计算公式：

$$F_{A} = \frac{SSA/(n-1)}{SSE/nk(t-1)} \sim F(n-1, nk(t-1)) \tag{8-24}$$

构造检验因素 B 的统计量计算公式：

$$F_{B} = \frac{SSB/(k-1)}{SSE/nk(t-1)} \sim F(k-1, nk(t-1)) \tag{8-25}$$

构造检验因素 A 和因素 B 交互效应的统计量计算公式：

$$F_{AB} = \frac{SSAB/(n-1)(k-1)}{SSE/nk(t-1)} \sim F((n-1)(k-1), nk(t-1)) \tag{8-26}$$

各项的离差平方和除以其相应的自由度可得各项的均方和，其中因素 A 的均方和 $MSA=SSA/(n-1)$，因素 B 的均方和 $MSB=SSB/(k-1)$，交互作用项均方和 $MSAB=SSAB/(n-1)(k-1)$，误差项的均方和 $MSE=SSE/(t-1)$，所以检验统计量也可以用均方和来表示。

(3) 判断与结论

同无重复的双因素方差分析一样，在可重复的双因素方差分析中，既可以将统计量的值 F 与临界值 F_α 进行比较，从而作出拒绝或接受原假设 H_0 的决策，也可以利用 F 值计算出 P 值，然后再进行判断。具体判断方法如下：

若利用 F 值进行判断：则如 $F_A \geqslant F_\alpha(n-1, nk(t-1))$，则拒绝原假设 H_{01}，表明因素 A 对观察值有显著影响，否则，接受原假设 H_{01}；如果 $F_B \geqslant F_\alpha(k-1, nk(t-1))$，则拒绝原假设 H_{02}，表明因素 B 对观察值有显著影响，否则，接受原假设 H_{02}；若 $F_{AB} \geqslant F_\alpha((n-1)(k-1), nk(t-1))$，则拒绝原假设 H_{03}，表明因素 A、B 的交互效应对观察值有显著影响，否则，接受原假设 H_{03}。同理，若利用 P 值进行判断：则当 $P < \alpha$ 时，拒绝 H_0；当 $P > \alpha$ 时，接受原假设 H_0。

8.2.4 实例应用：肥料及土壤对树苗生长影响的可重复双因素方差分析

1. 实例的数据说明

为了比较不同肥料与不同土壤质地对树苗生长有无显著影响，某林业部门在三种不同土质(砂土、壤土和粘土)上施用四种不同肥料进行育苗试验，重复了 3 次，且随机调查了每小区的苗高平均值，如表 8-7 所示。试根据样本数据分析不同土壤、不同肥料及它们的交互作用对苗高生长是否有显著影响(假设苗高分布满足正态，且方差相同；$\alpha=0.05$)。

表 8-7　不同土壤质地及不同肥料地区的苗高　　　　　　　　　(单位：cm)

肥料品种	树苗高度		
	砂土(B₁)	壤土(B₂)	粘土(B₃)
肥料 A₁	64，60，62	66，60，64	59，61，60
肥料 A₂	50，54，52	48，46，45	54，55，51
肥料 A₃	56，51，55	50，48，51	46，44，43
肥料 A₄	48，50，52	56，58，60	50，52，51

2. 实例的操作步骤

(1) 新建 Excel 工作簿，命名为"肥料及土壤对树苗生长影响的可重复双因素方差分析"，并将数据和相关文字输入到工作表中，如图 8-8 所示。

(2) 提出假设

提出行因素 A 原假设：不同肥料对树苗生长无显著影响；备择假设：不同肥料对树苗生长有显著影响；

提出列因素 B 原假设：不同土壤质地对树苗生长无显著影响；备择假设：不同土壤质地对树苗生长有显著影响。

提出因素 A、B 交互效应的原假设：不同肥料及不同土壤的交互作用对树苗生长无显著影响；备择假设：不同肥料及不同土壤的交互作用对树苗生长有显著影响。

	A	B	C	D	E
1	树苗高度	砂土（B1）	壤土（B2）	粘土（B3）	
2		64	66	59	
3	肥料A1	60	60	61	
4		62	64	60	
5		50	48	54	
6	肥料A2	54	46	55	
7		52	45	51	
8		56	50	46	
9	肥料A3	51	48	44	
10		55	51	43	
11		48	56	50	
12	肥料A4	50	58	52	
13		52	60	51	

图 8-8　新建工作簿

(3) 在工具栏的"数据"选项卡中单击"数据分析"按钮，随即弹出"数据分析"对话框，在"分析工具"一栏中选择"方差分析：可重复双因素分析"选项，如图 8-9 所示，单击"确定"按钮，随即弹出"方差分析：可重复双因素分析"对话框。

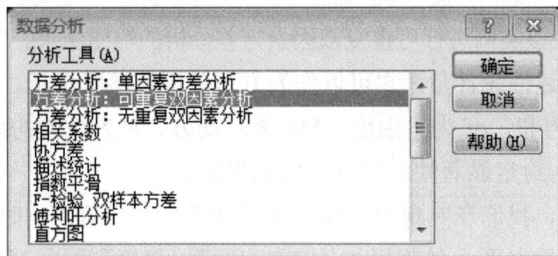

图 8-9　"数据分析"对话框

(4) 在"方差分析：可重复双因素分析"对话框中，单击"输入区域"后的折叠按钮，选中单元格区域 A1:D13；因为每一个水平组合下进行了 3 次试验，所以在"每一样本的行数"文本框中输入"3"，显著性水平 α 默认为 0.05；选中"输出区域"单选按钮，单击右侧文本框后的折叠按钮，选中输出单元格 A15，如图 8-10 所示。最后单击"确定"按钮，即可得到不同肥料和土壤对树苗生长影响的可重复双因素方差分析结果，如图 8-11 所示。

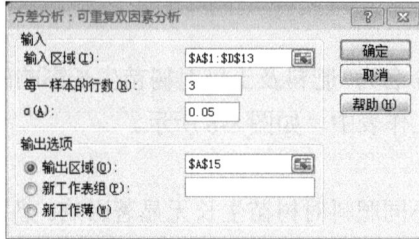

图 8-10 "方差分析：可重复双因素分析"对话框

图 8-11 可重复双因素方差分析的输出结果

3. 实例的结果分析

图 8-11 显示的是对该实例进行可重复双因素方差分析的输出结果。第一个表 SUMMARY 是关于各样本的一些描述性统计量，它可以作为方差分析的参考信息。第二个表是方差分析结果，其中 SS 表示平方和，df 为自由度，MS 表示均方，F 为检验的统计量，P-value 为用于检验的 P 值，F crit 为给定显著性水平 α 下的临界值。

从前面的分析可知，我们在判定自变量对因变量是否有显著影响时，既可以将统计量 F 的统计值与给定的显著性水平 α 的临界 F_α 比较，也可以直接利用方差分析表中的 P 值与显著性水平 α 的值进行比较。

从图中所示的分析结果可看出，对于不同肥料(即行因素)对树苗生长的假设检验，其 F 值为 74.6472，明显大于 F 临界值 3.008787，同时 P 值为 2.6E-12，明显小于显著性水平 0.05，说明应该高度拒绝因素 A 的原假设，即可以得出结论：施用不同肥料对树苗的生长有显著影响。对于土壤质地(即列因素)的假设检验，其 F 值为 5.343066，大于 F 临界值 3.402826，同时 P 值为 0.01204，小于显著性水平 0.05，说明应该拒绝因素 B 的原假设，从而可以得出结论为：不同土壤质地对树苗的生长有显著影响。对于因素 A 和因素 B 交互效应的假设检验，计算的 F 值为 13.74209，明显大于 F 临界值 2.508189，同时 P 值为 9.8E-07，小于显著性水平 0.05，说明应该拒绝原假设，即可以得出结论：不同肥料及不同土壤的交互作用对树苗生长有显著影响。

8.3　本章小结

本章主要介绍了方差分析的基本原理以及如何在 Excel 2010 中利用方差分析工具进行方差分析。具体而言，方差分析是检验两个以上总体均值是否相等，即分析各个因素对某事物或某指标的影响是否显著。

方差分析按照总体的均值仅受一个因素影响还是受两个因素影响可分为单因素方差分析和双因素方差分析，而双因素方差分析又可根据两个因素之间是否存在交互作用分为无重复的双因素方差分析和可重复的双因素方差分析。方差分析的结果一般用方差分析表的形式体现。本章介绍了单因素方差分析和双因素方差分析的数据结构和分析步骤，并通过具体应用实例介绍了如何在 Excel 2010 中利用方差分析工具对数据进行单因素和双因素方差分析。统计分析者可以根据所要研究的现象的具体情况选择合适的分析方法进行方差分析。

8.4　上机题

1. 某医药公司新开发出来 5 种治疗关节炎的新药。为了比较它们的疗效，将 30 个病人随机分成 5 组，每组 6 人。让同组的病人使用同一种药，并记录下病人从用药到治愈所需的天数，如表 8-8 所示。

表 8-8　某医药公司对 5 种新药疗效的抽样结果

药 物 编 号	治愈所需天数/天					
1	6	8	7	7	10	8
2	4	6	6	3	5	6
3	6	4	4	5	2	3
4	7	4	6	6	5	3
5	9	4	5	7	7	6

要求：(1) 根据上述资料分析这 5 种药物的疗效是否存在显著性差异；

(2) 若存在显著性差异，差异体现在哪些药物之间？

2. 为了解 3 种不同的肥料对小麦生长影响的差异，某农业研究所对 4 种不同品种的小麦在试验田进行种植试验，分别记录试验田的小麦产量，如表 8-9 所示。

表 8-9　某农业研究所的种植试验结果

肥 料 品 种	小麦产量/kg			
	品种 1	品种 2	品种 3	品种 4
$(NH_4)_2SO_4$	21.1	24.0	14.2	31.5
NH_4NO_3	18.1	22.3	13.3	31.4
$Ca(NO_3)_2$	19.4	21.7	12.3	27.5

要求：(1) 分析不同的小麦品种对小麦产量有无显著影响；

(2) 分析不同的肥料对小麦产量有无显著影响。

3. 某航天局欲研究燃料和推进器对火箭射程的影响，使用了 4 种燃料、3 种推进器做实验。每种燃料和每种推进器的组合各发射两次，火箭射程数据如表 8-10 所示。

表 8-10　某航天局使用不同燃料和推进器的火箭射程数据

燃 料 品 种	射程/海里		
	推进器 A	推进器 B	推进器 C
燃料 1	58.2，52.6	56.2，41.2	65.3，60.8
燃料 2	49.1，42.8	54.1，50.5	51.6，48.4
燃料 3	60.1，58.3	70.9，73.2	39.2，40.7
燃料 4	75.8，71.5	58.2，51.0	48.7，41.4

要求：(1) 分析不同的燃料对火箭射程有无显著影响；

(2) 分析不同的推进器对火箭射程有无显著影响；

(3) 分析不同的燃料和推进器之间的交互作用对火箭射程有无显著影响。

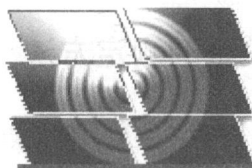

第 9 章
相 关 分 析

自然界和人类社会中的许多事物或现象，彼此之间都是相互联系、相互依赖和相互制约的。例如，国内生产总值与财政收入之间、家庭消费支出与收入之间、人的身高与体重之间、农作物产量与施肥量之间、商品销售量与广告投入费用之间等，无不存在着一定的联系。现象之间的这种联系最终都要通过相互之间的数量对应关系反映出来，因此现象之间的联系必然表现为变量之间的依存关系。变量之间的依存关系有两种不同的类型：一种是函数关系，一种是相关关系。前者是指变量之间存在的严格确定的依存关系，后者是指变量之间存在的不确定的依存关系，本章将介绍变量之间的后一种依存关系，即相关关系。

具体来说，相关分析(correlation analysis)是研究现象之间是否存在某种依存关系，并对具体有依存关系的现象探讨其相关方向以及相关程度，是研究随机变量之间的相关关系的一种统计方法。从不同的角度，相关关系可以分为多种类型。根据研究变量的多少可分为简单相关和多元相关，简单相关是指两个变量之间的相关关系，多元相关是指 3 个或 3 个以上变量之间的相关关系；根据变量关系的形态可分为线性相关和非线性相关，可以通过散点图呈直线或曲线加以判断；根据变量值变动方向的趋势可分为正相关和负相关，如果变量同增同减，则称它们为正相关，反之称为负相关；根据相关程度的不同又可分为完全相关、不完全相关和非相关。

本章主要介绍两种类型的相关关系：简单相关和多元相关，并结合实例重点讲解如何利用 Excel 2010 对变量进行相关分析。

9.1 简单相关分析

对两个变量间的相关关系进行的分析就是简单相关分析，简单相关只考虑两个变量之间的直线关系，故又称为线性相关。简单相关描述了两个随机变量之间线性联系的程度，变量之间无主次之分，地位是平等的。

9.1.1　简单相关关系的测定方法

测定简单相关关系的方法有三种，即散点图、相关系数和协方差。其中散点图是描述相关关系的直观工具，在进行精确的定量分析之前，可以先利用散点图对变量之间客观存在的相关关系的方向、形式和密切程度做出大致的判断，然后在此基础上再用数量工具即相关系数和协方差进一步分析变量的相关密切程度。

1. 散点图

散点图是统计分析中常用的一种变量关系分析方法，该方法将变量序列显示为一组点，变量值由点在图表中的位置表示，X 轴 Y 轴分别表示不同的变量，通过散点图的形状可以直观地判断两个变量之间存在何种相关关系，图 9-1 给出了常见的四种相关形式。

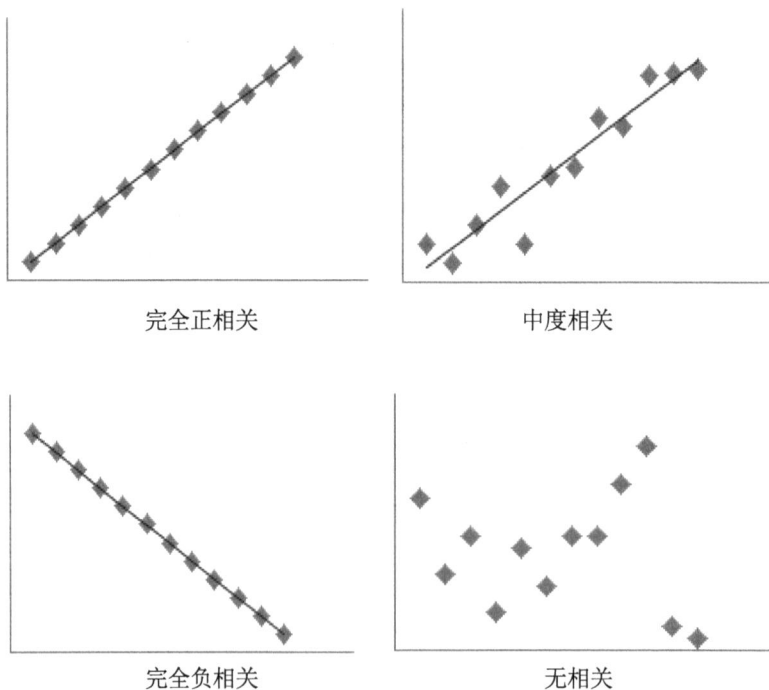

完全正相关　　　　　　　　　　中度相关

完全负相关　　　　　　　　　　无相关

图 9-1　散点图的四种相关形式

2. 相关系数

相关系数是在描述两个变量间线性相关关系的方向和密切程度时使用最多的一种方法，它是由英国统计学家 Karl Pearson 提出来的，该方法根据两个变量与各自平均数的离差乘积的平均数来求得相关系数，故又称 Pearson 相关系数。统计学中一般用 ρ 和 r 分别表示总体 Pearson 相关系数和样本 Pearson 相关系数。

若随机变量 X、Y 的联合分布是二维正态分布，x_i 和 y_i 分别为 n 次独立观测值，则用公式(9-1)和公式(9-2)分别计算 ρ 和 r 值。

$$\rho = \frac{E[X - E(X)][Y - E(Y)]}{\sqrt{D(X)}\sqrt{D(Y)}} \tag{9-1}$$

$$r = \frac{\sum_{i=1}^{n}(x_i - \overline{x})(y_i - \overline{y})}{\sqrt{\sum_{i=1}^{n}(x_i - \overline{x})^2}\sqrt{\sum_{i=1}^{n}(y_i - \overline{y})^2}} \tag{9-2}$$

其中 $\overline{x} = \frac{1}{n}\sum_{i=1}^{n}x_i$，$\overline{y} = \frac{1}{n}\sum_{i=1}^{n}y_i$。可以证明，样本相关系数 r 为总体相关系数 ρ 的最大似然估计量。简单相关系数 r 具有如下性质：

(1) 若 $-1 \leqslant r \leqslant 1$，$r$ 绝对值越大，表明两个变量之间的相关程度越强；

(2) 若 $0 \leqslant r \leqslant 1$，表明两个变量之间存在正相关。当 $r = 1$ 时，变量间存在完全正相关的关系；

(3) 若 $-1 \leqslant r \leqslant 0$，表明两个变量之间存在负相关。当 $r = -1$ 时，变量间存在完全负相关的关系；

(4) 若 $r = 0$，则表明两个变量之间无线性相关关系。

为了在判断时有个标准，下面介绍一种相关关系密切程度的划分方法，见表9-1。

表 9-1 相关关系密切程度判断表

$|r|$的取值范围	$|r| < 0.3$	$0.3 \leqslant r < 0.5$	$0.5 \leqslant r < 0.8$	$|r| \geqslant 0.8$
$|r|$的意义	弱线性相关	低度线性相关	显著线性相关	高度线性相关

需要注意的是，简单相关系数所反映的并不是任何一种关系，而仅仅是线性关系。另外，相关系数所反映的线性关系并不一定是因果关系。

3. 协方差

协方差是两个数据集中每对数据点的偏差乘积的平均值，同样可以用来描述两个变量之间的相关关系。对于随机变量 X、Y，x_i 和 y_i 分别为 n 次独立观测值，计算协方差 $\text{cov}(X,Y)$ 的公式如下：

$$\text{cov}(X,Y) = \sum_{i=1}^{n}(x_i - \overline{x})(y_i - \overline{y}) / n \tag{9-3}$$

其中 $\overline{x} = \frac{1}{n}\sum_{i=1}^{n}x_i$，$\overline{y} = \frac{1}{n}\sum_{i=1}^{n}y_i$。协方差具有如下性质：

(1) $\text{cov}(X,Y)$ 绝对值越大，表明两个变量之间的相关程度越强；

(2) 若 $\mathrm{cov}(X,Y) > 0$，表明两个变量之间存在正相关；若 $\mathrm{cov}(X,Y) < 0$，表明两个变量之间存在负相关；

(3) 若 $\mathrm{cov}(X,Y) = 0$，表明两个变量之间无线性相关。

从相关系数与协方差的公式可以看出两者具有一定的关系，具体来说，当协方差为零时，相关系数也为零；当协方差为负时，相关系数也为负；当协方差为正时，相关系数也为正。两者的不同之处在于，相关系数的取值在 -1 和 +1 之间(包括 -1 和 +1)，而协方差没有限定的取值范围，因为协方差的大小可能因为尺度的大小不同而改变，因此协方差只能判断变量间的相关方向，而难以判断相关程度。

9.1.2 利用散点图和趋势线判断相关关系

散点图是对所选变量之间相关关系的一种直观描述，在进行两个变量的相关分析之前应绘制散点图，然后从图中考察两个变量之间是否具有线性关系。如果散点呈线性趋势，则按线性相关进行分析。

Excel 2010 共提供了 5 种散点图类型，分别是"仅带数据标记的散点图""带平滑线和数据标记的散点图""带平滑线的散点图""带直线和数据标记的散点图"和"带直线的散点图"，分别对应着按钮 、 、 、 和 ，用户只需要单击相应的按钮，便可以根据需要绘制出不同类型的散点图。

绘制散点图之后，为了更清楚地看出变量之间为何种相关关系，通常在散点图上添加趋势线。如果两个变量存在一定的相关关系，添加趋势线后，通过趋势线与散点图中点的分布情况，很容易判断两个变量是呈完全正相关、中度相关还是完全负相关关系，这样就可以一目了然地观察出变量间的相关关系。

9.1.3 利用函数确定相关关系

使用散点图和趋势线仅能从直观上给出两个变量大致的相关关系，却不能准确度量其相关程度的大小。利用 Excel 2010 自带的统计函数则可以直接计算变量间的相关系数和协方差，如表 9-2 所示，利用函数计算出的变量间的相关系数或协方差可以同时确定两变量相关程度的方向和大小。

表 9-2 测定相关关系的函数一览表

函　　数	功　　能	语 法 格 式
CORREL 函数	返回相关系数	CORREL(array1, array2)
PEARSON 函数	返回 Pearson 乘积矩相关系数	PEARSON(array1, array2)
COVARIANCE.P 函数	返回总体协方差	COVARIANCE.P(array1,array2)
COVARIANCE.S 函数	返回样本协方差	COVARIANCE.S(array1,array2)

其中，array1 表示第一组数值单元格区域，array2 表示第二组数值单元格区域。参数必须是数字，或者是包含数字的名称、数组或引用。如果数组或者引用参数中包含文本、逻辑值、空白单元格，则这些值将被忽略，但包含零值的单元格将被计算在内。如果 array1 和 array2 所包含数据的个数不等，则函数返回错误值#N/A；如果 array1 和 array2 当中有一个为空，则函数返回错误值#DIV/0!。

9.1.4　利用数据分析工具确定相关关系

除了用函数功能来计算两个变量的相关系数和协方差外，Excel 2010 数据分析工具中还提供了专门进行相关分析的工具，用于计算两个变量的相关系数和协方差。相关分析工具属于加载项"数据分析"中的基本功能之一，如果用户还没有安装"数据分析"加载项，请先安装，安装方法见 4.4.1 节。

安装完毕后，在工具栏中选择"数据"→"数据分析"命令，随即弹出"数据分析"对话框，在"分析工具"中选择"相关系数"选项，如图 9-2 所示，单击"确定"按钮，随即弹出"相关系数"对话框，如图 9-3 所示。同样，在"分析工具"中选择"协方差"选项并执行相应的步骤即可计算协方差，如图 9-4 和图 9-5 所示。

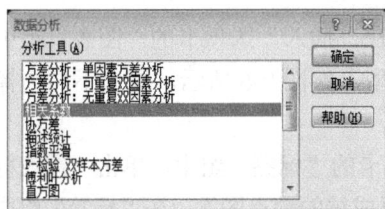

图 9-2　"数据分析"对话框 1

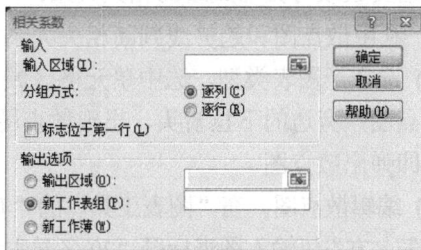

图 9-3　"相关系数"对话框

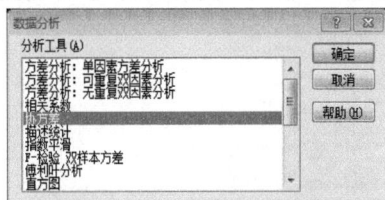

图 9-4　"数据分析"对话框 2

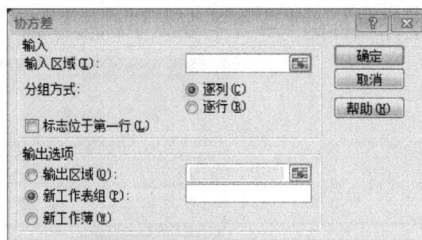

图 9-5　"协方差"对话框

数据分析工具中的"相关"和"协方差"工具都会提供一张输出表(矩阵)，在输出表中的第 i 行、第 j 列相交处上的输入值是第 i 个测量值变量与第 j 个测量值变量的相关系数或协方差，对角线上的输入值则是自身的相关系数与协方差，显然对角线上的相关系数为 1。

需要说明的是，利用"协方差"工具计算出来的变量之间的协方差为总体协方差，所以当只有两个测量值变量，即 $N=2$ 时，应直接使用能区分总体与样本的 COVAR 函数，而尽量不要使用"协方差"工具。

9.1.5 实例应用：学生语文成绩与英语成绩的简单相关分析

1. 实例的数据说明

某学校对初中三年级的学生成绩进行调查，抽取了其中 20 名学生的期末语文和英语成绩，如表 9-3 所示，试据此分析语文成绩高的学生是否英语成绩也同样较高。

表 9-3   20 名学生的语文成绩与英语成绩

语文成绩	73	78	60	70	75	88	61	85	80	81
英语成绩	80	86	65	77	82	92	66	88	79	85
语文成绩	62	89	65	76	90	83	79	92	87	68
英语成绩	63	92	69	83	96	81	79	94	90	73

2. 实例的操作步骤

首先新建 Excel 工作簿，命名为"学生语文成绩与英语成绩的简单相关分析"，将数据和相关文字输入到工作表中。接下来分别采用散点图、函数和分析工具三种方法来判定 20 名学生语文成绩与英语成绩的相关关系。

● 利用散点图和趋势线判断相关关系

(1) 选择子图表类型。选中单元格区域 A2:B21，在"插入"选项卡的"图表"组中，单击"散点图"旁边的下拉箭头，出现散点图的几种类型，如图 9-6 所示，这里不妨选择第一种，随即弹出散点图。

(2) 编辑散点图。在"图表工具"的"布局"选项卡的"标签"组中，单击"图表标题"→"图表上方"以输入图表标题"20 名学生语文与英语成绩的散点图"。在"标签"组中，单击"坐标轴标题"→"主要横坐标轴标题"→"坐标轴下方标题"，输入"语文成绩"。接着单击"坐标轴标题"→"主要纵坐标轴标题"→"竖排标题"，输入"英语成绩"，即得图 9-7。

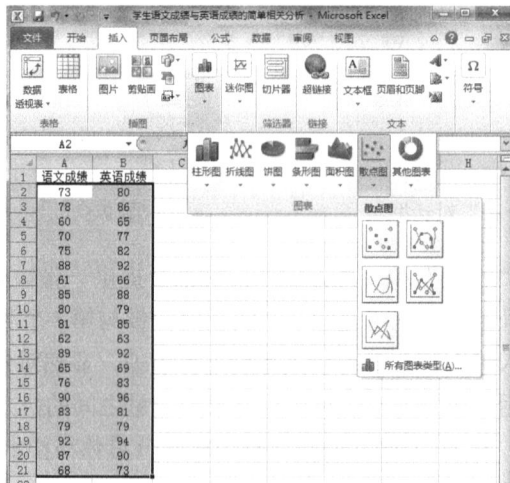

图 9-6   选择子图表类型

	A	B	C	D	E	F	G
1	语文成绩	英语成绩					
2	73	80					
3	78	86					
18	79	79					
19	92	94					
20	87	90					
21	68	73					

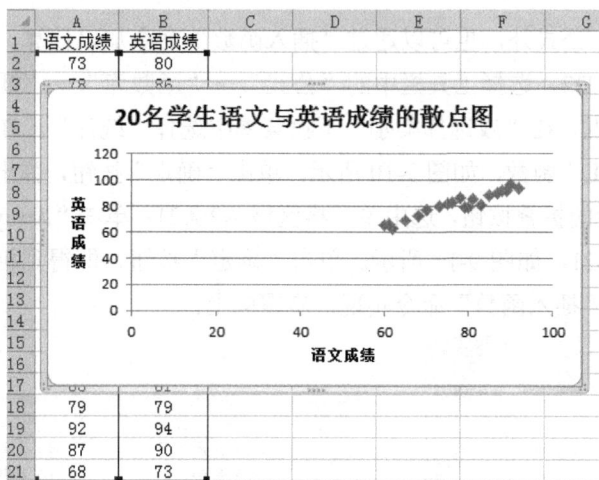

图 9-7　学生语文与英语成绩的散点图

(3) 为散点图添加趋势线。在"图表工具"的"布局"选项卡的"分析"组中，单击"趋势线"下方的下拉箭头，出现趋势线的几种类型，如图 9-8 所示，这里选择"线性趋势线"，即为散点图添加上了线性趋势线，如图 9-9 所示。

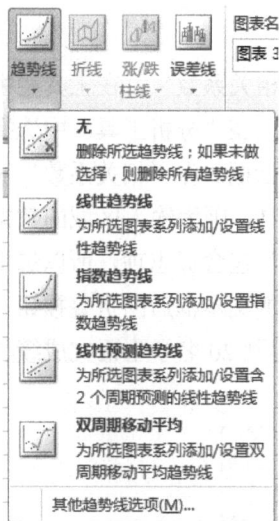

图 9-8　选择趋势线类型　　　　　图 9-9　添加趋势线的散点图

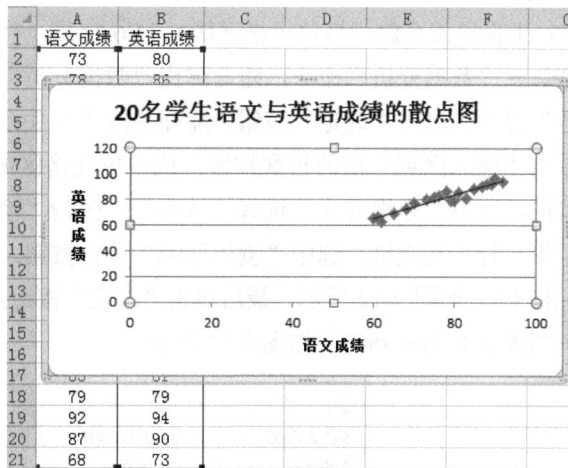

● 利用函数确定相关关系

(1) 计算相关系数。在单元格 C2 中输入"相关系数"，在 D2 中输入公式"=CORREL(A2:A21,B2:B21)"，按回车键即可得到 20 名学生语文成绩与英语成绩的相关系数为 0.9605；在 E2 中输入公式"=PEARSON(A2:A21,B2:B21)"，按回车键可以得到相同的结果。

(2) 计算协方差。在单元格 C4 中输入"协方差"，在 D4 中输入公式=COVARIANCE.S(A2:A21,B2:B21)"，按回车键即可得到 20 名学生语文成绩与英语成绩的样本协方差为 96.1053。

(3) 除了直接输入公式外，也可以通过"插入函数"命令加以计算，比如"相关系数"的计算。单击单元格 D2，选择工具栏中的"公式"→"函数库"→"插入函数"命令，弹出"插入函数"对话框，在"或选择类别"下拉菜单中选择"统计"，在"选择函数"下拉菜单中选择"CORREL"函数，如图 9-10 所示。单击"确定"按钮，弹出"函数参数"对话框，单击"Array1"后的折叠按钮，选中单元格区域 A2:A21；单击"Array2"后的折叠按钮，选中单元格区域 B2:B21，如图 9-11 所示。单击"确定"按钮，即得到相同的结果。协方差的计算同样可以通过"插入函数"命令实现，步骤同上。

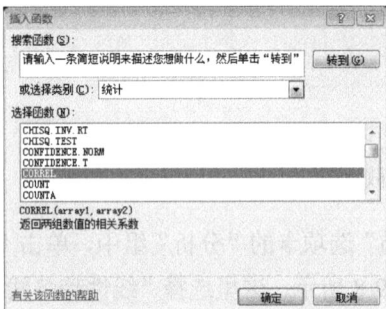

图 9-10　"插入函数"对话框

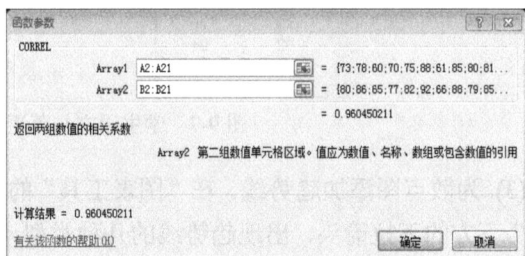

图 9-11　"函数参数"对话框

● 利用数据分析工具确定相关关系

(1) 计算相关系数。将单元格区域 C6:E6 合并，并输入"相关系数"。在工具栏中选择"数据"→"数据分析"命令，随即弹出"数据分析"对话框，在"分析工具"中选择"相关系数"选项，单击"确定"按钮，随即弹出"相关系数"对话框。在"相关系数"对话框中，单击"输入区域"后的折叠按钮，选中单元格区域 A1:B21；因为输入区域的数据是按列排列的，所以"分组方式"选择"逐列"；因为"输入区域"包含标志项，所以选中"标志位于第一行"复选框；选中"输出区域"单选按钮，单击右侧文本框后的折叠按钮，并选中单元格 C7，如图 9-12 所示。最后单击"确定"按钮，即可得到 20 名学生语文成绩与英语成绩的相关系数为 0.9605，如图 9-13 所示。

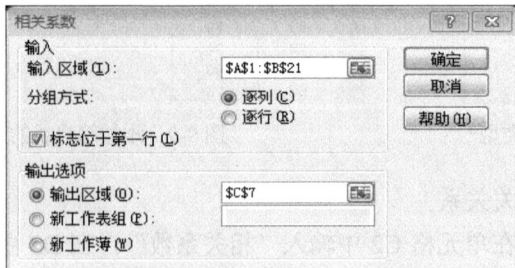

图 9-12　"相关系数"对话框

(2) 计算协方差。将单元格区域 C11:E11 合并，并输入"协方差"。与计算相关系数步骤类似，在"分析工具"中选择"协方差"选项，并单击"确定"按钮，弹出"协方差"对话框。在"协方差"对话框中，单击"输入区域"后的折叠按钮，选中单元格区域 A1:B21；

因为输入区域的数据是按列排列的，所以"分组方式"选择"逐列"；因为"输入区域"包含标志项，所以选中"标志位于第一行"复选框；选中"输出区域"单选按钮，单击右侧文本框后的折叠按钮，选中单元格 C11，如图 9-14 所示。最后单击"确定"按钮，即可得到 20 名学生语文成绩与英语成绩的相关系数为 91.3，如图 9-15 所示。

C	D	E
函数法		
相关系数	0.9604502	0.9604502
协方差	96.105263	
分析工具法		
相关系数		
	语文成绩	英语成绩
语文成绩	1	
英语成绩	0.9604502	1

图 9-13　相关系数计算结果

图 9-14　"协方差"对话框

C	D	E
分析工具法		
相关系数		
	语文成绩	英语成绩
语文成绩	1	
英语成绩	0.9604502	1
协方差		
	语文成绩	英语成绩
语文成绩	97.69	
英语成绩	91.3	92.5

图 9-15　协方差计算结果

3. 实例的结果分析

从散点图分布和趋势线走势可以看出，该 20 名学生的语文成绩与英语成绩呈现出明显的正相关关系，这一点可以通过相关系数(为 0.9605)和协方差(为 96.1053)均大于零来加以验证。并且，因为相关系数为 0.9605，进一步可以判断该 20 名学生的语文成绩与英语成绩是高度相关的。

究其原因，语文和英语都属于语言学科之类，学习方法具有相通之处，所以将其中一门熟练掌握的同学也倾向于熟练掌握另一门。因此，从对该 20 名学生样本的调查可以发现，对学生总体来说也有这个特点，即语文(或英语)成绩较高的同学英语(或语文)成绩也较高。

9.2　多元相关分析

在现实生活中，一种现象往往与多种现象之间存在相关关系，如人的收入不仅和受教育程度相关，还和性别、工龄等相关，多元相关分析所研究的正是一个变量与两个或两个以上变量的相关关系，这里我们只关注多元线性相关。

9.2.1　多元相关关系的测定方法

因为涉及到两个以上的变量，故散点图在多元相关分析中不再适用，下面主要介绍多元相关关系常用的三个测定方法——多元相关系数、偏相关系数和多元协方差。

1. 多元相关系数

多元相关系数是用来测定因变量与一组自变量之间相关程度的指标。以三个变量 X_1、X_2 和 X_3 为例，对应的观测值分别为 X_{11}、X_{12}、$\cdots$，X_{21}、X_{22}、$\cdots$和 X_{31}、X_{32}、$\cdots$。变量 X_1 与 X_2 之间的简单相关关系记为 r_{12}，同样 X_1 与 X_3 之间的简单相关关系记为 r_{13}，X_2 与 X_3 之间的简单相关关系记为 r_{23}。多元相关系数测定因变量 X_1 与自变量 X_2 和 X_3 之间总的相关性，记为 $R_{1,23}$，其计算公式为：

$$R_{1,23} = \sqrt{\frac{r_{12}^2 + r_{13}^2 - 2r_{12}r_{13}r_{23}}{1 - r_{23}^2}} \tag{9-4}$$

多元相关系数和简单相关系数具有类似的性质：$R_{1,23}$ 介于 $0\sim1$ 之间，它越接近于 0，表明 X_1 与 X_2 和 X_3 的线性相关程度越小；反之，越接近于 1，表明 X_1 与 X_2 和 X_3 的线性相关程度越大，当多元相关系数为 1 时，则称 X_1 与 X_2 和 X_3 完全线性相关。

2. 偏相关系数

多元相关系数描述了一个因变量同其他两个或者多个自变量之间的相关关系。但是，有时我们可能还需知道，在其他自变量保持不变的时候，因变量与其中的某一个自变量之间的相关关系，这种相关关系消除了其他自变量的影响，称之为偏相关系数。

同样以三个变量 X_1、X_2 和 X_3 为例，在保持自变量 X_3 不变的情况下，对应的因变量 X_1 与自变量 X_2 的偏相关系数 $r_{12,3}$ 可根据三个变量间的简单相关系数求出：

$$r_{12,3} = \frac{r_{12} - r_{13}r_{23}}{\sqrt{(1 - r_{13}^2)(1 - r_{23}^2)}} \tag{9-5}$$

其实，偏相关系数反映的是变量间的相关性，因而并不需要有处于特殊地位的变量(如因变量)，我们可以定义任意 m 个变量 X_1、X_2、$\cdots$、X_m 之间的偏相关系数。例如，一阶偏相关系数为：

$$r_{12,3} = \frac{r_{12} - r_{13}r_{23}}{\sqrt{(1 - r_{13}^2)(1 - r_{23}^2)}} \tag{9-6}$$

有了一阶偏相关系数，就可以计算二阶偏相关系数了。比如对于四个变量，则：

$$r_{12,34} = \frac{r_{12,3} - r_{14,3}r_{24,3}}{\sqrt{(1 - r_{14,3}^2)(1 - r_{24,3}^2)}} \tag{9-7}$$

依次类推即可得到更高阶的偏相关系数。

3. 多元协方差

多元协方差矩阵同样可以描述多个变量之间的相关关系。仍以三个变量 X_1、X_2 和 X_3 为例，任意两个变量之间的协方差如公式(9-8)所示。

$$\text{cov}(X_i, X_j) = \sum_{k=1}^{n}(x_{ik} - \bar{x}_i)(x_{jk} - \bar{x}_j) / n \tag{9-8}$$

其中，$\bar{x}_i = \dfrac{1}{n}\sum_{k=1}^{n} x_{ik}$，$\bar{x}_j = \dfrac{1}{n}\sum_{k=1}^{n} x_{jk}$。

而三个变量之间的协方差矩阵如公式(9-9)所示：

$$\text{cov} = \begin{pmatrix} \sigma^2(X_1) & \text{cov}(X_1, X_2) & \text{cov}(X_1, X_3) \\ \text{cov}(X_2, X_1) & \sigma^2(X_2) & \text{cov}(X_2, X_3) \\ \text{cov}(X_3, X_1) & \text{cov}(X_3, X_2) & \sigma^2(X_3) \end{pmatrix} \tag{9-9}$$

多元协方差矩阵具有对称性，对角线上的数据代表的是各个变量的方差，非对角线上的数据代表的则是变量之间的协方差，可以用来描述变量之间的相关关系。非对角线上的数据均为正表明变量之间存在正向的相关关系，非对角线上的数据均为负表明变量之间存在反向的相关关系。

9.2.2　利用数据分析工具和函数确定相关关系

Excel 2010 数据分析工具中的"协方差"分析工具能直接输出多个变量的协方差矩阵，通过该矩阵能直观地判断出两两变量之间的相关方向，但是难以确定相关关系密切程度。变量间的相关关系密切程度需要通过多元相关系数加以判断。

但是，Excel 2010 并没有提供直接计算多元相关系数、偏相关系数的函数或者工具，因此计算多个变量之间的多元相关系数和偏相关系数需要分两步进行：

(1) 利用函数或"相关系数"分析工具求出两两变量之间的简单相关系数；

(2) 将简单相关系数代入公式分别求得多元相关系数和偏相关系数。

下面结合实例来说明如何利用数据分析工具和函数来确定多元相关关系。

9.2.3　实例应用：10 家企业年销售额与广告支出、研发支出的多元相关分析

1. 实例的数据说明

某部门为研究本地企业的年销售额与广告支出和研发支出之间的关系，调查了 10 家企业的数据，如表 9-4 所示。试据此分析本地企业年销售额与两类支出的相关关系。

表 9-4　10 家企业年销售额与两类支出　　　　　　　　　　　　　（单位：万元）

企业编号	1	2	3	4	5
年销售额	4152.75	10915.80	9492.00	12458.25	8542.80
广告支出	58.38	141.79	95.90	189.99	82.42
研发支出	31.70	84.64	104.40	157.87	97.43
企业编号	6	7	8	9	10
年销售额	5339.25	4983.30	7949.55	3440.85	3796.80
广告支出	50.70	66.72	69.58	44.77	41.76
研发支出	55.67	48.23	95.10	25.36	31.70

2. 实例的操作步骤

(1) 新建 Excel 工作簿，命名为"10 家企业年销售额与广告支出、研发支出的多元相关分析"，并将数据和相关文字输入到工作表中。

(2) 计算简单相关系数。将单元格区域 E1:H1 合并并输入"简单相关系数"。在工具栏中选择"数据"→"数据分析"命令，随即弹出"数据分析"对话框，在"分析工具"中选择"相关系数"选项，并单击"确定"按钮，随即弹出"相关系数"对话框。在"相关系数"对话框中，单击"输入区域"后的折叠按钮，然后选中单元格区域 B1:D11；因为输入区域的数据是按列排列的，所以"分组方式"选择"逐列"；因为"输入区域"包含标志项，所以选中"标志位于第一行"复选框；选中"输出区域"单选按钮，单击右侧文本框后的折叠按钮，并选中单元格 E2，如图 9-16 所示。最后单击"确定"按钮，即可得到 10 家企业年销售额与广告支出和研发支出的简单相关系数矩阵，如图 9-17 所示。

图 9-16　"相关系数"对话框

图 9-17　简单相关系数计算结果

(3) 计算协方差。将单元格区域 E6:H6 合并并输入"协方差"。与计算简单相关系数步骤类似，在"分析工具"中选择"协方差"选项，并单击"确定"按钮，弹出"协方差"对话框。在"协方差"对话框中，单击"输入区域"后的折叠按钮，然后选中单元格区域 B1:D11；因为输入区域的数据是按列排列的，所以"分组方式"选择"逐列"；因为"输入区域"包含标志项，所以选中"标志位于第一行"复选框；选中"输出区域"单选按钮，然后单击右侧文本框后的折叠按钮，并选中单元格 E7，如图 9-18 所示。最后单击"确定"按钮，即可得到 10 家企业年销售额与广告支出和研发支出的协方差矩阵，如图 9-19 所示。

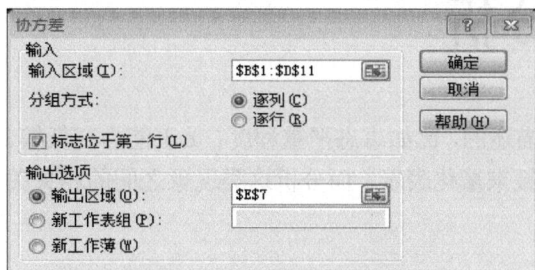

图 9-18 "协方差"对话框

E	F	G	H
	简单相关系数		
	年销售额	广告支出	研发支出
年销售额	1		
广告支出	0.9170915	1	
研发支出	0.9406918	0.851953947	1
	协方差		
	年销售额	广告支出	研发支出
年销售额	9236318.6		
广告支出	125615	2031.228629	
研发支出	114369.7	1536.06532	1600.39918

图 9-19 协方差计算结果

(4) 计算多元相关系数。在单元格 E11 中输入"多元相关系数"，相应地在 F11 中输入多元相关系数的计算公式"=SQRT((F4^2+F5^2-2*F4*F5*G5)/(1-G5^2))"，按回车键即可得到多元相关系数的计算结果为 0.9663，如图 9-20 所示。

F11		f_x	=SQRT((F4^2+F5^2-2*F4*F5*G5)/(1-G5^2))
	E	F	G	H	I	J
11	多元相关系数	0.9662798				
12						

图 9-20 多元相关系数的计算结果

(5) 计算偏相关系数。将单元格区域 E12:G12 合并，输入"年销售额与广告支出的偏相关系数"，相应地在单元格 H12 中输入公式"=(F4-F5*G5)/SQRT((1-F5^2)*(1-G5^2))"，按回车键即可得到年销售额与广告支出的偏相关系数为 0.6511；同样，将单元格区域 E13:G13 合并，并输入"年销售额与研发支出的偏相关系数"，相应地在单元格 H13 中输入公式"=(F5-F4*G5)/SQRT((1-F4^2)*(1-G5^2))"，按回车键即可得到年销售额与研发支出的偏相关系数为 0.7634，结果如图 9-21 所示。

H13		f_x	=(F5-F4*G5)/SQRT((1-F4^2)*(1-G5^2))
	E	F	G	H	I	J
12	年销售额与广告支出的偏相关系数			0.651109875		
13	年销售额与研发支出的偏相关系数			0.763445199		
14						

图 9-21 偏相关系数的计算结果

3. 实例的结果分析

从数据分析工具得到的简单相关系数和协方差矩阵可以看出，调查的这 10 家企业年销售额与广告支出和研发支出均呈现出明显的正向相关关系，且为高度正向相关。

然后利用公式分别得出了 10 家企业年销售额与广告支出和研发支出的多元相关系数和偏相关系数，其中，多元相关系数为 0.9663，说明企业年销售额与广告支出和研发支出这两项支出高度相关，这两项支出能有力地促进年销售额的提高；而相比之下，年销售额与研发支出的偏相关系数(为 0.7634)比年销售额与广告支出的偏相关系数(为 0.6511)更大，说明企业在研发上的资金投入对增大年销售额效果更佳。

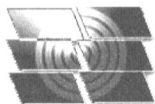

9.3 等级相关分析

在实际工作中,有些现象是难以用数据来描述的,比如事态严重程度、员工能力高低等。当这些现象的原始数据难以获得时,只能用等级来量化表示,而分析这类现象之间的相关关系,最常用的是等级相关分析。

9.3.1 等级相关关系的测定方法

等级相关分析是一种研究 X、Y 两个变量的等级间是否相关的方法,适用于变量不服从正态分布或分布类型未知的资料或等级资料。先按 X、Y 两个变量的大小次序,分别由小到大编上等级(秩次),再看两个变量的等级间是否相关。等级相关程度的大小和相关性质用等级相关系数(coefficient of rank correlation,也称秩相关系数)表示。常用的等级相关分析方法有 Spearman 等级相关和 Kendall 等级相关等,这里只介绍 Spearman 等级相关,其等级相关系数计算公式如下:

$$r_s = 1 - \frac{6\sum_{i=1}^{n}D_i^2}{n(n^2-1)} \qquad (9\text{-}10)$$

其中,$D_i = R_i - S_i$,$i = 1, 2, \cdots, n$,R_i、S_i 分别是两个变量(或现象) X、Y 按大小(或优劣)排序后的等级,n 为样本容量。

等级相关系数 r_s 具有与相关系数 r 相同的特性:介于 -1 与 1 之间,r_s 为正,表示两变量正相关;r_s 为负,表示两变量负相关;r_s 等于零,表示两变量不相关。

9.3.2 实例应用:学校名气与其毕业生表现的等级相关分析

1. 实例的数据说明

某家工业品销售公司在过去的几年一直在附近地区的 10 所商科学校毕业生中招募销售人员,现在想确定这 10 所学校的相对名气与它的毕业生表现业绩之间是否存在关联,为此该公司对这 10 所学校的声誉以及各自毕业生在公司的表现进行了分级(见表 9-5)。试据此分析各学校的名气与来自各学校学生的销售业绩之间的相关关系。

表 9-5 学校名气与各学校毕业生表现排名

商科学校(i)	1	2	3	4	5	6	7	8	9	10
学校名气排名(R_i)	10	7	9	1	6	2	3	8	5	4
各学校毕业生表现排名(S_i)	8	3	7	2	9	4	5	10	6	1

2. 实例的操作步骤

(1) 新建 Excel 工作簿，命名为"学校名气与其毕业生表现的等级相关分析"，并将数据和相关文字输入到工作表中。

(2) 计算等级差。在单元格 D1 中输入"等级差(D_i)"，相应地，在单元格 D2 中输入公式"=B2-C2"，按回车键并将公式复制至单元格 D11，如图 9-22 所示。

(3) 计算等级差的平方。在单元格 E1 中输入"等级差的平方(D_i^2)"，相应地，在单元格 E2 中输入公式"=D2^2"，按回车键并将公式复制至单元格 E11，如图 9-23 所示。

	A	B	C	D
1	商科学校(i)	学校名气排名（R_i）	各学校毕业生表现排名（S_i）	等级差（D_i）
2	1	10	8	2
3	2	7	3	4
4	3	9	7	2
5	4	1	2	-1
6	5	6	9	-3
7	6	2	4	-2
8	7	3	5	-2
9	8	8	10	-2
10	9	5	6	-1
11	10	4	1	3
12				

图 9-22　等级差的计算结果

	A	B	C	D	E
1	商科学校(i)	学校名气排名（R_i）	各学校毕业生表现排名（S_i）	等级差（D_i）	等级差的平方（D_i^2）
2	1	10	8	2	4
3	2	7	3	4	16
4	3	9	7	2	4
5	4	1	2	-1	1
6	5	6	9	-3	9
7	6	2	4	-2	4
8	7	3	5	-2	4
9	8	8	10	-2	4
10	9	5	6	-1	1
11	10	4	1	3	9
12					

图 9-23　等级差的平方的计算结果

(4) 计算等级差的平方和。在单元格 D12 中输入"等级差的平方和"，相应地在单元格 E12 中输入公式"=SUM(E2:E11)"，按回车键得到结果为 56。

(5) 计算等级相关系数。在单元格 F1 中输入"等级相关系数 r_s"，相应地在单元格 F2 中输入等级相关系数计算公式"=1-6*E12/(10^3-10)"，按回车键即可得到该 10 所学校名气与其毕业生表现的等级相关系数为 0.661，如图 9-24 所示。

3. 实例的结果分析

该实例的等级相关系数计算结果为 0.661，因此这 10 所学校的相对名气与它的毕业生表现业绩之间存在显著的相关关系，这个分析结果为该家工业品销售公司在未来的新员工招聘中更倾向于名校毕业生提供了理论依据。

F2		f_x	=1-6*E12/(10^3-10)			
		学校名气与其毕业生表现的等级相关分析				
	A	B	C	D	E	F
1	商科学校(i)	学校名气排名（R_i）	各学校毕业生表现排名（S_i）	等级差（D_i）	等级差的平方（D_i^2）	等级相关系数（r_s）
2	1	10	8	2	4	0.660606061
3	2	7	3	4	16	
4	3	9	7	2	4	

图 9-24　等级相关系数的计算结果

9.4　本章小结

本章主要学习了相关分析的有关内容，包括简单相关分析、多元相关分析和等级相关分析。具体来说，简单相关分析和多元相关分析主要是根据所研究变量的多少来划分的，而等级相关分析则针对于需要以等级描述的质量指标或数据。不同的相关分析对应的测定方法也不尽相同，但具有共同的测定指标——相关系数，该指标不仅能给出变量间的相关方向，还能给出变量间的相关密切程度，因此在相关分析中最为常用。

在统计中，相关分析是常见的分析方法之一，通过相关分析可以对所要研究的变量关系有个初步的认识，是进行其他分析(如回归分析)的基础。Excel 2010 强大的分析工具和函数功能使相关分析方法简单易操作，因此用户要熟练掌握该方法，以更好地进行统计分析工作。

9.5　上机题

1. 某中学为分析高三学生在模拟考试中使用的数学模拟题的仿真度，抽取了 15 名学生模拟考试的平均成绩和高考成绩，如表 9-6 所示。

表 9-6　某中学高三学生的模拟考试成绩和高考成绩

学 生 编 号	模拟考试成绩	高 考 成 绩
1	138	142
2	111	116
3	135	138
4	130	135
5	131	135
6	112	113
7	139	142
8	115	119
9	126	133
10	140	146
11	133	131
12	129	129
13	142	150
14	137	140
15	118	123

要求：(1) 绘制高考成绩与模拟考试成绩的散点图和趋势线，并据此判断相关关系；

(2) 计算高考成绩与模拟考试成绩的相关系数，并据此判断相关关系；

(3) 利用数据分析工具进行相关分析；

(4) 比较三种相关分析方法并对结果进行分析。

2. 某商场为研究商品销售价格的影响因素，选取了 15 种商品并统计了其销售价格、购进价格及销售费用资料，如表 9-7 所示。

表 9-7　商品销售价格、购进价格、购销费用表

商 品 编 号	销售价格(元)	购进价格(元)	购销费用(元)
1	643	386	132
2	597	332	135
3	578	426	98
4	652	433	122
5	657	403	133
6	572	453	88
7	553	399	150
8	542	258	143
9	560	253	150
10	633	448	109
11	600	220	174
12	632	245	175
13	623	348	138
14	619	478	92
15	650	438	130

要求：(1) 计算销售价格与购进价格、购销费用的多元相关系数、偏相关系数和协方差；

(2) 根据(1)的计算结果判断销售价格与购进价格、购销费用的相关关系并分析结果。

3. 某公司想知道是否职工期望成为好的销售员而实际上就能有好的销售记录。为了调查这个问题，公司的副总裁仔细地查看和评价了公司 10 个职工的初始面试摘要、学科成绩、推荐信等材料，最后根据他们成功的潜能给出了各自的等级评分。另外，根据入职两年来获得的销售业绩，得到了第二份等级评分，如表 9-8 所示。

表 9-8　某公司职工的销售潜能与销售成绩

职 工 编 号	潜 能 等 级	销 售 成 绩	成 绩 等 级
1	2	400	1
2	4	360	3

职 工 编 号	潜 能 等 级	销 售 成 绩	成 绩 等 级
3	7	300	5
4	1	295	6
5	6	280	7
6	3	350	4
7	10	200	10
8	9	260	8
9	8	220	9
10	5	385	2

要求：根据所给资料判断职工的销售潜能与入职两年来的实际销售成绩是否一致。

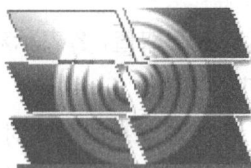

第 10 章

回 归 分 析

在现实生活中，常常需要定量分析和确定两个或两个以上变量间的依存关系，这种分析方法被称为回归分析(regression analysis)，该分析方法在统计学中运用十分广泛。回归分析按照涉及的自变量的多少，可分为一元回归分析和多元回归分析；按照自变量和因变量之间的关系类型，可分为线性回归分析和非线性回归分析。如果在回归分析中，只包括一个自变量和一个因变量，且两者的关系可用一条直线近似表示，这种回归分析就称为一元线性回归分析。如果回归分析中包括两个或两个以上的自变量，且因变量和自变量之间是线性关系，则称为多元线性回归分析。

在回归分析中，不仅需要确定变量间的相互依存关系，即确定回归函数，还需要检验估计的参数以及对方程拟合效果进行评价等。因此，回归分析是一个系统的分析过程。本章将按照由浅入深的学习思路，依次介绍如何借助 Excel 2010 提供的函数和工具进行一元线性回归分析、多元线性回归分析和非线性回归分析。

10.1 一元线性回归分析

一元线性回归分析是最简单的回归分析，后面将要介绍的多元回归分析以及非线性回归分析都是一元线性回归分析的扩展，所以我们首先来认识如何进行一元线性回归分析。本节内容主要介绍一元线性回归分析的基本原理和分析函数、工具的应用。

10.1.1 一元线性回归分析简介

1. 一元线性回归模型

在一元线性回归分析中，自变量和因变量都只有一个，该模型认为影响因变量最重要的因素只有一个自变量，其他因素都可视为是噪音因素，对因变量的影响是随机的，不是决定性因素。据此，一元线性回归方程可以表示为：

$$Y_i = \alpha + \beta X_i + \varepsilon \tag{10-1}$$

其中，X_i 表示自变量的各个取值，Y_i 表示对应的因变量取值，α 是回归方程中的常数项，β 是回归系数，ε 是随机误差项。

现实问题的研究中，往往难以掌握研究对象的全部资料，因此，总体回归模型是未知的，从而在回归分析中，需要通过样本资料来估计总体模型的参数。根据样本数据建立的回归模型称为样本回归模型，一般表述如下：

$$\widehat{y}_i = \hat{\alpha} + \hat{\beta}x_i \tag{10-2}$$

$\hat{\alpha}$ 和 $\hat{\beta}$ 分别是参数 α、β 的估计值，代表样本回归直线的截距和斜率。线性回归模型参数的估计方法通常有两种，即普通最小二乘法和最大似然估计法，其中前一种方法更常用。根据普通最小二乘估计原理，估计值 $\hat{\alpha}$ 和 $\hat{\beta}$ 计算公式如下：

$$\hat{\beta} = \frac{\sum (x_i - \bar{x})(y_i - \bar{y})}{\sum (x_i - \bar{x})^2} \tag{10-3}$$

$$\hat{\alpha} = \bar{y} - \hat{\beta}\bar{x} \tag{10-4}$$

其中，$\bar{x}$、$\bar{y}$ 分别是 X 和 Y 的样本均值。

2. 一元线性回归模型的检验

根据样本资料建立的回归模型能否真实地反映总体变量之间的变动关系，是决定回归分析准确性的关键所在。因此，估计出来回归模型之后，还需对其进行一系列的检验，只有通过了检验的模型才能用于对总体变量的估计或预测。

(1) 拟合优度的检验

在对回归方程进行拟合优度检验时，需要引入一个新的概念——可决系数(R^2)，其计算公式为：

$$R^2 = \frac{\text{回归离差}}{\text{总离差}} = 1 - \frac{\text{剩余离差}}{\text{总离差}} = 1 - \frac{\sum (y_i - \widehat{y}_i)^2}{\sum (y_i - \bar{y})^2} \tag{10-5}$$

可决系数是衡量自变量对因变量变动解释程度的指标，它取决于回归方程所解释的部分(即回归离差)占总离差的百分比。可决系数 R^2 介于 0 和 1 之间，越接近于 1 说明方程拟合效果越好。

(2) 回归系数的显著性检验

回归系数的显著性检验，是指根据样本计算结果对总体回归参数的有关假设所进行的检验，主要目的在于了解总体自变量与因变量之间是否真正存在样本回归模型所表述的回归关系。

在回归系数的显著性检验中，大样本下检验统计量选用 z 统计量，小样本下则选用 t 统计量，检验的原假设为 $\beta = 0$。通过比较统计量与相应的临界值，或者比较统计量对应的 P 值与显著性水平的大小，做出是否接受原假设的结论，以判断回归系数的显著性情况。

(3) 回归模型的显著性检验

回归模型的显著性检验旨在检验回归方程的整体显著性，采用的是 F 统计量，判断方法和回归系数的显著性检验的判断方法相同。

10.1.2 一元线性回归的分析方法

Excel 2010 为用户进行回归分析提供了三种方法，即绘制散点图—添加趋势线法、回归分析函数法和回归分析工具法。

1. 绘制散点图—添加趋势线

该方法通过绘制散点图可以直观地显示自变量和因变量的关系，若两变量不存在明显的线性或曲线关系，此时就可以直接放弃建立回归模型；若散点图显示变量之间的确存在一定的关系，添加趋势线时则能进一步输出具体方程和拟合优度。该方法的优点在于简单直观且易操作，缺点是不能对参数和方程进行检验。

散点图是对所选变量之间相关关系的一种直观描述，在工具栏的"插入"选项卡下依次选择"图表"→"散点图"命令，便会出现如图 10-1 所示的"散点图"下拉菜单。

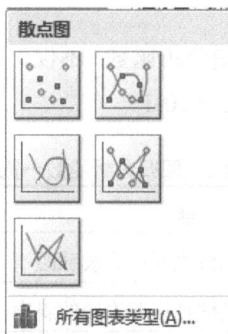

图 10-1 "散点图"下拉菜单

绘制完散点图之后，用户如需要进行一元线性回归分析，就需要对原散点图添加趋势线。选中散点图，单击"布局"选项卡下"分析"组中的"趋势线"按钮，便可弹出如图 10-2 所示的"趋势线"下拉菜单。用户可在该下拉菜单中选择需要添加的趋势线类型，若要添加线性趋势线，则选择"线性趋势线"选项即可。如果下拉菜单中的命令不能满足用户的需要，则单击"其他趋势线选项"命令，弹出如图 10-3 所示的"设置趋势线格式"对话框。在该对话框中，用户可根据需要选择指数、线性、对数、多项式、幂、移动平均等多种趋势线类型；并且在"自定义"文本框中自己定义已经选择的趋势线；还可通过"趋势预测"文本框进行相关的预测；对于截距已知的趋势线，用户可在"设置截距"文本框中设置已知的截距；通过"显示公式"和"显示 R 平方值"两个选项，用户可以得到趋势线的公式和拟合程度。

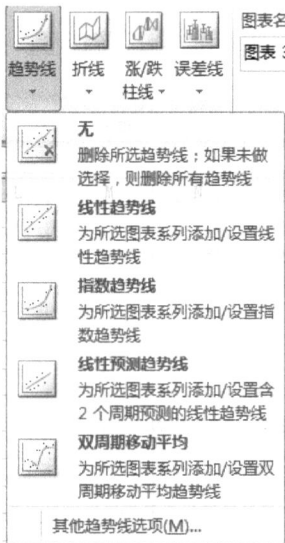

图 10-2　"趋势线"下拉菜单

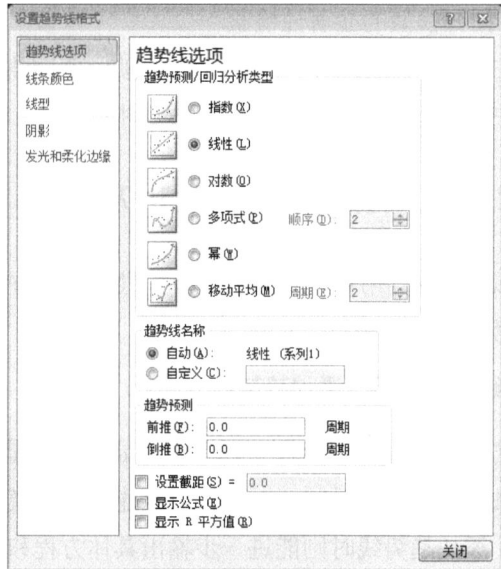

图 10-3　"设置趋势线格式"对话框

2. 回归分析函数和数组

(1) 回归分析函数

Excel 2010 提供了详细完整的回归分析函数，不仅可以用来计算回归方程的系数(包括截距和斜率)，还可以计算可决系数，见表 10-1。

表 10-1　回归分析函数一览表

函　　数	功　　能	语 法 格 式
INTERCEPT 函数	返回根据数据点拟合的线性回归直线截距	INTERCEPT(known_ y's, known_x's)
SLOPE 函数	返回根据数据点拟合的线性回归直线的斜率	SLOPE(known_y's, known_x's)
RSQ 函数	返回给定数据点的 Pearson 积矩法相关系数的平方	RSQ(known_ y's,known_x's)

其中，known_ y's 表示自变量的观察值或数据集合；known_x's 表示因变量的观察值或数据集合。参数可以是数字，也可以是包含数字的名称、数组或引用。如果数组或引用参数包含文本、逻辑值或空白单元格，则这些值将被忽略，但包含零值的单元格将计算在内。如果 known_y's 和 known_x's 所包含的数据点个数不相等或不包含任何数据点，则函数将返回错误值#N/A。

(2) 回归分析函数的数组形式

除此之外，Excel 还提供了回归分析函数的数组形式，以用于计算回归函数，该方法主要通过 LINEST 函数来实现。

LINEST 函数通过利用最小二乘法计算与现有数据最佳拟合的直线，来计算直线的统计值，并返回描述此直线的截距和斜率数组。由于此函数返回的是数值数组，所以必须以数组公式的形式输入。其语法格式为：

LINEST(known_ y's,[known_x's],[const], stats))

其中，known_ y's 和 known_x's 分别表示自变量和因变量的观察值或数据集合；参数 const 表示一个逻辑值，取值为 TRUE 或 FALSE，用于指定是否将截距设置为 0；参数 stats 也表示一个逻辑值，取值为 TRUE 或 FALSE，用于指定是否返回附加回归统计值，当 stats 为 TRUE 时，则返回附加回归统计值，除了斜率和截距之外，用户还可以得到标准误差、判定系数、F 值等回归统计值；若 stats 为 FALSE 或被省略，则不返回附加回归统计值，系统只进行斜率和截距的计算；[ ]内为可选项。

利用 LINEST 函数附加回归统计值的输出结果来进行回归时，Excel 2010 仅输出回归结果，并不标明各个回归统计值的意义，表 10-2 给出了 LINEST 函数各附加回归统计量及其意义。同时，在 Excel 中返回上面数值的数组结构如表 10-3 所示。

表 10-2　LINEST 函数附加回归统计量及其意义说明

回归统计量	意 义
se_n、se_{n-1}、$\cdots$、se_1	系数 β_n、β_{n-1}、$\cdots$、β_1 的标准误差值
se_α	常量 α 的标准误差值
r^2	可决系数
se_y	Y 统计值的标准误差
F	F 统计值
d_f	自由度
ss_{reg}	回归平方和
ss_{resid}	残差平方和

表 10-3　LINEST 函数的数组返回结构

β_n	β_{n-1}	$\cdots$	β_1	α
se_n	se_{n-1}	$\cdots$	se_1	se_α
r^2	se_y			
F	d_f			
ss_{reg}	ss_{resid}			

3. 回归分析工具

在进行回归分析时，除了上文所介绍的两种方法外，Excel 2010 还提供了回归分析工具可用于回归分析。相对于前两种方法，分析工具不仅能给出回归方程和显著性检验结果，还能输出更多的信息。

使用回归分析工具的分析结果分为数据描述和图形描述两部分。其中，数据描述包括 summary output(回归汇总输出)、residual output(残差输出)和 probability output(正态概率输出)，图形描述包括残差图、线性拟合图和正态概率图。具体来说，summary output 是回归结果中最重要的部分，包括回归统计和方差分析，从中可以得到可决系数、P 值、截距、斜率等一系列信息；residual output 则给出因变量的预测值及其对应的残差和标准差等结果；probability output 则能够给出正态分布概率，即各个因变量的百分比排位；线性拟合图、残差图和正态概率图三个图形依次和数据输出结果相对应，以便于用户更好地观察和分析。

由于回归分析工具并不是 Excel 2010 的自有工具，因此用户在使用回归分析工具进行回归分析之前，需要先加载回归分析工具。一般而言，回归分析工具属于"数据分析"工具中的一种，因此用户只需加载"数据分析"工具即可。由于"数据分析"工具的加载方法在第 4 章中已经讲解，这里就不再赘述。加载完该工具之后，在工具栏的"数据"选项卡的"分析"组中，单击"数据分析"，便会弹出"数据分析"对话框，如图 10-4 所示。

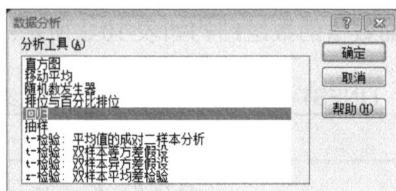

图 10-4 "数据分析"对话框

10.1.3 实例应用：我国农村居民家庭人均纯收入和支出的一元线性回归分析

1. 实例的数据说明

近二十年来，我国经济得到快速发展，农村居民家庭收入大幅增加，与此同时，农村居民的消费水平随之提高。表 10-4 给出了 1990 年至 2009 年我国农村居民家庭人均纯收入和人均消费支出数据，以前者为自变量，后者为因变量，试对这两组数据进行一元线性回归分析，以探讨我国农村居民的消费水平随收入增长的变化情况。

表 10-4 1990 年至 2009 年我国农村居民家庭人均纯收入与消费支出 （单位：元）

年份	1990	1991	1992	1993	1994	1995	1996	1997	1998	1999
收入	686	709	784	922	1221	1578	1926	2090	2162	2210
支出	560	602	688	805	1038	1313	1626	1722	1730	1766

(续表)

年份	2000	2001	2002	2003	2004	2005	2006	2007	2008	2009
收入	2253	2366	2476	2622	2936	3255	3587	4140	4761	5153
支出	1860	1969	2062	2103	2319	2579	2868	3293	3795	4021

2. 实例的操作步骤

首先新建一个 Excel 工作簿，命名为"我国农村居民家庭人均纯收入和支出的一元线性回归分析"，并将数据和相关文字输入到工作表中。接下来分别采用绘制散点图—添加趋势线法、回归分析函数和分析工具三种方法来对自 1990 至 2009 年间我国农村居民家庭人均纯收入和支出情况进行回归分析。

● 通过绘制散点图—添加趋势线法进行回归分析

(1) 选择子图表类型。选中单元格区域 B2:C21，在"插入"选项卡的"图表"组中，单击"散点图"旁边的下拉箭头，出现散点图的几种类型，如图 10-5 所示，这里不妨选择第一种，即"仅带数据标记的散点图"，随即弹出散点图。

图 10-5 选择子图表类型

(2) 编辑散点图。在"图表工具"的"布局"选项卡的"标签"组中，单击"图表标题"→"图表上方"以输入图表标题"农村居民人均纯收入与消费的散点图"。在"标签"组中，单击"坐标轴标题"→"主要横坐标轴标题"→"坐标轴下方标题"，输入"农民居民人均纯收入(单位：元)"。接着单击"坐标轴标题"→"主要纵坐标轴标题"→"竖排标题"，输入"农村居民人均消费(单位：元)"，即得图 10-6。

年份	农村居民家庭人均纯收入（单位：元）	农村居民人均消费
1990	686	
1991	709	
1992	784	
1993	922	
1994	1221	
1995	1578	
1996	1926	
1997	2090	
1998	2162	
1999	2210	
2000	2253	
2001	2366	
2002	2476	
2003	2622	
2004	2936	2319
2005	3255	2579

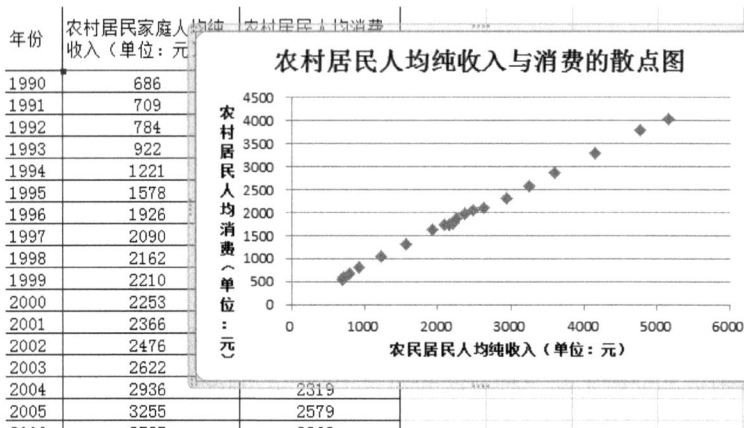

图 10-6　农村居民人均纯收入与消费的散点图

(3) 为散点图添加趋势线。单击图表将其激活，使"图表工具"功能菜单显示出来，在"图表工具"的"布局"选项卡的"分析"组中，单击"趋势线"→"其他趋势线选项"，弹出"设置趋势线格式"对话框，在"趋势线选项"中选择"线性"，并选中下方的"显示公式"和"显示 R 平方值"复选框，如图 10-7 所示。最后单击"关闭"按钮，即可得到添加趋势线后的散点图，如图 10-8 所示。

图 10-7　"设置趋势线格式"对话框

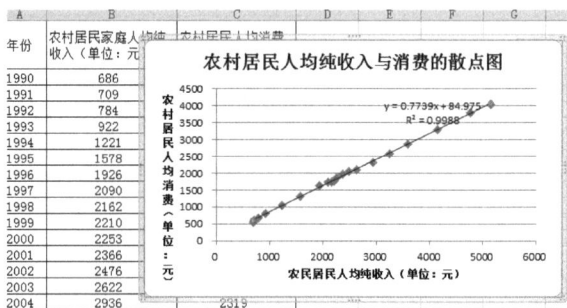

图 10-8　添加趋势线后的散点图

● 利用回归分析函数和数组形式

(1) 在单元格 D2 中输入"截距"，在单元格 E2 输入公式"=INTERCEPT(C2:C21,B2:B21)"，按回车键即可得到农村人均消费支出对人均纯收入回归的截距。

(2) 在单元格 D3 中输入"斜率"，在单元格 E3 中输入公式"=SLOPE (C2:C21,B2:B21)"，按回车键即可得到农村人均消费支出对人均纯收入回归的斜率。

(3) 在单元格 D4 中输入"判定系数"，在单元格 E4 中输入公式"=RSQ(C2:C21,B2:B21)"，按回车键即可得到判定系数，计算结果如图 10-9 所示。

图 10-9 利用函数工具的回归分析结果

(4) 除了直接输入公式方法外，也可以通过"插入函数"命令加以计算。比如计算"截距"，单击单元格 E2，选择工具栏中的"公式"→"函数库"→"插入函数"命令，弹出"插入函数"对话框，在"或选择类别"下拉菜单中选择"统计"，在"选择函数"下拉菜单中选择"INTERCEPT"函数，如图 10-10 所示。单击"确定"按钮，弹出"函数参数"对话框，单击"Known_ y's"后的折叠按钮，选中单元格区域 C2:C21；单击"Known_x's"后的折叠按钮，选中单元格区域 B2:B21，如图 10-11 所示。单击"确定"按钮，会得到相同的结果。斜率和可决系数的计算同样可以通过"插入函数"命令实现，步骤同上。

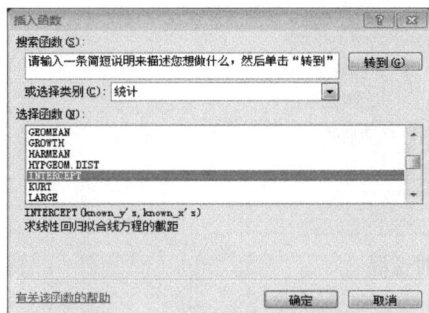

图 10-10 "插入函数"对话框 1

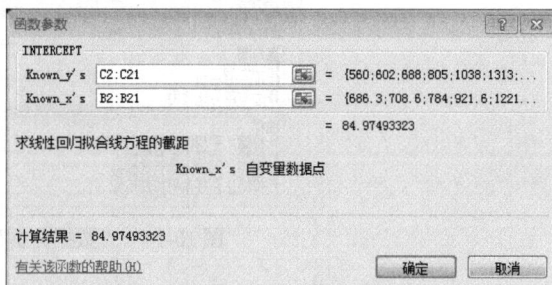

图 10-11 "函数参数"对话框

(5) 利用函数的数组形式。选中单元格区域 E6:F10，然后输入公式"=LINEST(C2:C21,B2:B21,1,1)"，并同时按 Shift+Ctrl+Enter 组合键执行数组运算，得到数组运算的结果如图 10-12 所示。该结果也可以通过"插入函数"命令实现，首先选择一个 5×2 的单元格区域，执行"公式"→"函数库"→"插入函数"命令，并选择"LINEST"函数，在弹出的"函数参数"对话框中设置相应参数，如图 10-13 所示，因为截距不强制设为 0 且返回附加统计值，所以参数 const 和 stats 均选择 TURE。同时按 Shift+Ctrl+Enter 组合键执行数组运算，即可得到与输入公式相同的数组运算结果。

图 10-12 利用数组计算结果

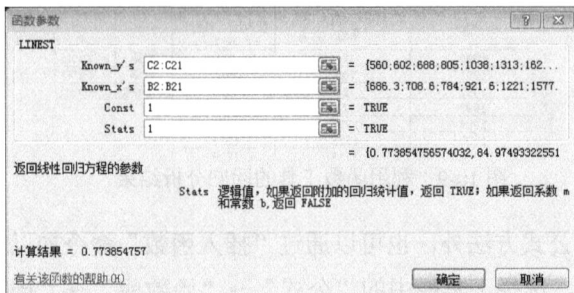

图 10-13 "函数参数"对话框 2

● 利用回归分析工具

(1) 选择回归工具。在工具栏中选择"数据"→"分析"→"数据分析"命令,随即弹出"数据分析"对话框,在"分析工具"中选择"回归"选项,如图 10-14 所示,完成后单击"确定"按钮,随即弹出"回归"对话框。

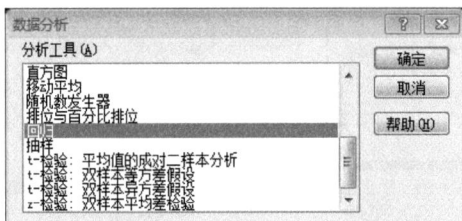

图 10-14 "数据分析"对话框

(2) 设置"回归"选项。在"回归"对话框中,首先设置"输入"内容,单击"Y 值输入区域"后面的折叠按钮,选取单元格区域 C1:C21,同样单击"X 值输入区域"后面的折叠按钮,选取单元格区域 B1:B21;因为"输入区域"包含标志项,所以选中"标志"复选框;选中"置信度"复选框,并默认为 95%。然后设置"输出选项",选中"新工作表组"以将输出结果显示在一个新的工作表上。接着将"残差"、"正态分布"中的选项全部选中,以观察残差、标准残差、残差图、线性拟合图以及正态概率图等信息,如图 10-15 所示。最后单击"确定"按钮,得到回归结果,如图 10-16~图 10-20 所示。

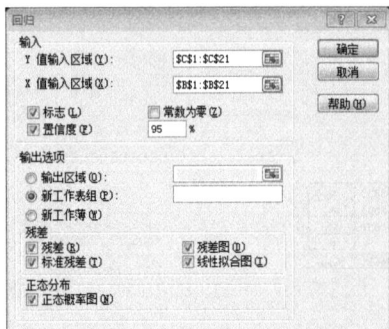

图 10-15 "回归"对话框

图 10-16 回归结果汇总输出图

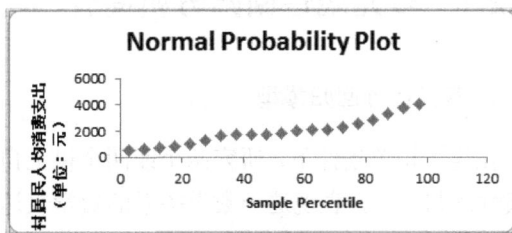

观测值	民人均消费支出	残差	标准残差		百分比排位	人均消费支出（单位：元）
1	616.0714527	-56.0715	-1.64644		2.5	560
2	633.3284137	-31.3284	-0.9199		7.5	602
3	691.6770624	-3.67706	-0.10797		12.5	688
4	798.1594769	6.840523	0.20086		17.5	805
5	1029.851591	8.148409	0.239263		22.5	1038
6	1305.885583	7.114417	0.208902		27.5	1313
7	1575.49658	50.50342	1.482941		32.5	1626
8	1702.40876	19.59124	0.575261		37.5	1722
9	1758.048917	-28.0489	-0.82361		42.5	1730
10	1795.426102	-29.4261	-0.86404		47.5	1766
11	1828.779242	31.22076	0.916741		52.5	1860
12	1916.224829	52.77517	1.549647		57.5	1969
13	2000.729769	61.27023	1.799089		62.5	2062
14	2114.176876	-11.1769	-0.32819		67.5	2103
15	2357.32204	-38.322	-1.12526		72.5	2319
16	2603.79478	-24.7948	-0.72805		77.5	2579
17	2860.791945	7.208055	0.211651		82.5	2868
18	3289.043167	3.956833	0.116185		87.5	3293
19	3769.003364	25.99664	0.763344		92.5	3795
20	4072.780049	-51.78	-1.52043		97.5	4021

图 10-17 残差和正态概率输出图

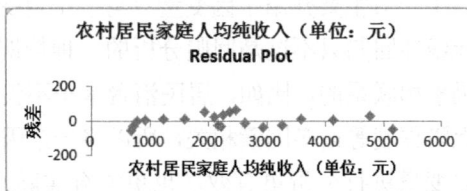

图 10-18 残差图

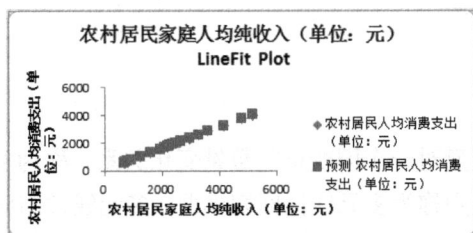

图 10-19 线性拟合图

图 10-20 正态概率图

3. 实例的结果分析

在该实例中依次采用了绘制散点图—添加趋势线法、回归分析函数法和回归分析工具法对 20 年来我国农村居民家庭人均纯收入和支出进行了回归分析，得到的线性回归方程均为：

$$Y = 0.7739X + 84.975$$

下面具体分析该回归方程的拟合优度和显著性检验结果。从输出结果可知，可决系数 R Square 为 0.9988，说明该回归方程的拟合优度很高，拟合效果很好，表明在农村居民人均消费支出的增长中，99.88%是由于近些年农村居民家庭人均纯收入提高了。另外，农村居民的自发性消费为 84.975 元，即当农村居民纯收入为 0 元时的消费支出；另外，农村居民的纯收入每增加 1 元，消费支出增加 0.7739 元。

关于回归系数和回归方程的显著性检验，在本回归方程中，t 统计量的 P 值为 6.91E-28，明显小于显著性水平 0.05(置信度默认为 95%)，说明拒绝原假设，即该回归系数显著，农村居民家庭人均纯收入(X)对农村居民人均消费支出(Y)有显著性影响；F 统计量的 P 值为 8.67666E-23，同样明显小于显著性水平 0.05(置信度默认为 95%)，说明拒绝原假设，即该回归方程显著。因此，农村居民家庭人均纯收入对农村居民人均消费支出有显著性影响，也就是说，近些年来，农村居民消费水平的提高主要归因于收入水平的提高。

10.2 多元线性回归分析

上一节主要介绍了因变量只与一个自变量有关的线性回归问题，但在许多实际问题中，一元线性回归只不过是回归分析的一种特例。因为客观现象非常复杂，一种现象常常是与多个因素相联系的，比如，居民消费水平不仅依赖于收入水平，还和物价高低、消费习惯、社会保障程度等诸多因素相关，所以将一个因变量与多个自变量联系起来进行分析，比只用一个自变量进行分析更有效，也更符合实际。因此多元线性回归比一元线性回归的实用意义更大。

10.2.1 多元线性回归分析简介

1. 多元线性回归模型

在线性相关条件下，研究两个或两个以上自变量对一个因变量的数量变化关系，称为多元线性回归分析，表现这一数量关系的数学表达式则称为多元线性回归模型。多元线性回归分析的基本原理和一元线性回归分析相同，只是涉及的自变量多。据此，多元线性回归方程可以表示为：

$$Y = \beta_0 + \beta_1 X_1 + \beta_2 X_2 + \cdots + \beta_k X_k + \varepsilon \tag{10-6}$$

其中，$X_1, \cdots, X_k$ 表示各个自变量的取值，Y 表示因变量对应的取值，β_0 是回归方程中的常数项，$\beta_1, \cdots, \beta_k$ 是回归系数，ε 是随机误差项。

多元线性回归系数的求解同样使用最小二乘法，原理是使因变量的观测值与估计值之间的离差平方和达到最小，以求得回归系数的估计值 $\hat{\beta}_0, \hat{\beta}_1, \cdots, \hat{\beta}_k$，即：

$$\min Q(\hat{\beta}_0, \hat{\beta}_1, \cdots, \hat{\beta}_k) = \min \sum (y - \hat{y})^2 = \min \sum e^2 \tag{10-7}$$

而求解各回归系数的公式为：

$$\frac{\partial Q}{\partial \beta_i}\bigg|_{\beta_i = \hat{\beta}_i} = 0, \quad i = 0, 1, \cdots, k \tag{10-8}$$

根据上面的参数公式，可以得到样本回归方程如下：

$$\hat{y} = \hat{\beta}_0 + \hat{\beta}_1 x_1 + \hat{\beta}_2 x_2 + \cdots + \hat{\beta}_k x_k \tag{10-9}$$

2. 多元线性回归模型的检验

类似于一元线性回归，多元线性回归得到回归方程后，还需对方程的拟合优度、回归系数的显著性以及回归方程的显著性进行检验，显著性检验的原理和方法与一元线性回归方程的显著性检验既有相同之处，也有不同之处。

在一元线性回归分析中，回归系数的显著性检验与回归模型的显著性检验是等价的，因此 t 检验和 F 检验的结论是一致的。但在多元回归分析中，它们是不等价的。多元线性回归分析中的 F 检验主要是检验因变量 y 与多个自变量线性关系的显著性，在 k 个自变量中，只要有一个自变量与 y 线性关系显著，F 检验就能通过，但并不意味着 k 个自变量与 y 线性关系都显著。而回归系数的 t 检验则是对每个自变量与因变量 y 的线性关系分别进行单独检验。

10.2.2 多元线性回归分析函数和工具

因为存在多个自变量，所以一元线性回归分析中的绘制散点图—添加趋势线法在多元线性回归分析中不再适用。对于多元线性回归分析，我们主要介绍回归分析函数和回归分析工具的应用。

1. 多元线性回归函数

除了可进行一元线性回归之外，LINEST 函数还可应用于多元回归分析，采用数组运算的方式可以返回参数数组和附加回归统计量。

LINEST 函数可通过使用最小二乘法计算与现有数据最佳拟合的直线，来计算直线的统计值，并返回描述此直线的截距和斜率数组。由于此函数返回的是数值数组，所以必须以数组公式的形式输入。关于 LINEST 函数的格式语法以及返回的各个统计量的含义，在一元线性回归中已经详细介绍，因此这里不再赘述。

2. 多元线性回归工具

多元线性回归分析工具的使用和一元线性回归分析工具类似，回归结果的含义也相同。只不过在选择自变量输入区域时要将所有选取的自变量观察值输入进去，并且输出的回归结果会显示各个自变量对应的回归系数、标准误差、P 值等统计量。

多元回归分析中，各个自变量对因变量影响程度的大小不同，因此产生了一个选择自变量的问题，即分别考察各个自变量对因变量的影响，然后进行比较，保留其中影响较大的自变量，删除其中影响较小的，从而建立起最优的回归方程。

10.2.3 实例应用：1991—2010 年我国 GDP 与 "三驾马车" 的多元线性回归分析

1. 实例的数据说明

经济学上常把投资、消费、出口比喻为拉动 GDP 增长的 "三驾马车"，这是对经济增

长原理最生动形象的表述。我国在过去二十年里，GDP 得到了快速的增长，那么"三驾马车"对 GDP 的各自贡献如何？表 10-5 中是 1991—2010 年我国 GDP、投资、消费和进出口净额数据，其中，投资数据为全社会固定资产投资总额，消费数据为全社会消费品零售总额。

表 10-5　1991—2010 年我国 GDP、投资、消费和进出口净额数据　　　（单位：亿元）

年份	GDP(Y)	投资(C)	消费(I)	进出口净额(XE)
1991	21 781.5	5 594.5	9 415.6	428.4
1992	26 923.5	8 080.1	10 993.7	233.0
1993	35 333.9	13 072.3	14 270.4	-701.4
1994	48 197.9	17 042.1	18 622.9	461.7
1995	60 793.7	20 019.3	23 613.8	1 403.7
1996	71 176.6	22 974.0	28 360.2	1 019.0
1997	78 973.0	24 941.1	31 252.9	3 354.2
1998	84 402.3	28 406.2	33 378.1	3 597.5
1999	89 677.1	29 854.7	35 647.9	2 423.4
2000	99 214.6	32 917.7	39 105.7	1 995.6
2001	109 655.2	37 213.5	43 055.4	1 865.2
2002	120 332.7	42 499.9	48 135.9	2 517.6
2003	135 822.8	55 566.6	52 516.3	2 092.3
2004	159 878.3	70 477.4	59 501.0	2 667.5
2005	184 937.4	88 773.6	67 176.6	8 374.4
2006	216 314.4	109 998.2	76 410.0	14 220.3
2007	265 810.3	137 323.9	89 210.0	20 263.5
2008	314 045.4	172 828.4	114 830.1	20 868.4
2009	340 902.8	224 598.8	132 678.4	13 411.3
2010	401 202.0	278 121.9	156 998.4	12 323.5

2. 实例的操作步骤

首先新建一个 Excel 工作簿，命名为"1991—2010 年我国 GDP 与'三驾马车'的多元线性回归分析"，并将数据和相关文字输入到工作表中。接下来分别采用回归分析函数和回归分析工具这两种方法对 1991—2010 年我国 GDP 与"三驾马车"进行多元线性回归分析。

- 利用回归分析函数的数组形式

(1) 选中单元格区域 G2:J6，然后输入公式"=LINEST(B3:B22,C3:E22,1,1)"，并同时按下 Shift+Ctrl+Enter 组合键执行数组运算，得到的数组运算结果如图 10-21 所示。

	G	H	I	J
1	利用函数数组计算结果			
2	2.177219034	2.5167378	-0.07706	-95.4677
3	0.278697206	0.1826672	0.094837	3301.104
4	0.998497249	4670.2194	#N/A	#N/A
5	3543.714229	16	#N/A	#N/A
6	2.31875E+11	348975183	#N/A	#N/A

图 10-21 利用数组计算结果

(2) 除了直接输入公式之外，该结果也可以通过"插入函数"命令实现。首先选择一个 5×4 的单元格区域，然后执行"公式"→"函数库"→"插入函数"命令，并选择"LINEST"函数，在弹出的"函数参数"对话框中设置相应的参数，如图 10-22 所示，因为截距不强制设为 0 且返回附加统计值，所以对参数 Const 和 Stats 均选择 TRUE。然后同时按 Shift+Ctrl+Enter 组合键执行数组运算，即可得到与输入公式相同的数组运算结果。

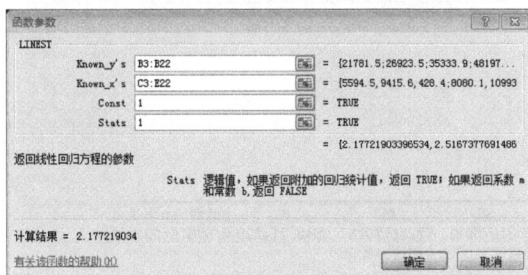

图 10-22 "函数参数"对话框

● 利用回归分析工具

(1) 选择回归工具。在工具栏中选择"数据"→"分析"→"数据分析"命令，随即弹出"数据分析"对话框，在"分析工具"菜单中选择"回归"选项，如图 10-23 所示，完成后单击"确定"按钮，随即弹出"回归"对话框。

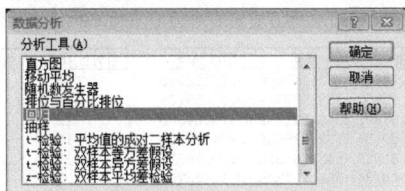

图 10-23 "数据分析"对话框

(2) 设置"回归"选项。在"回归"对话框中，首先设置"输入"内容，单击"Y 值输入区域"后面的折叠按钮，选取单元格区域 B2:B22，同样单击"X 值输入区域"后面的折叠按钮，并选取单元格区域 C2:E22；因为"输入区域"包含标志项，所以选中"标志"复选框；选中"置信度"复选框，并默认为 95%。然后设置"输出选项"，选中"新工作表组"以将输出结果显示在一个新的工作表上。接着将"残差"、"正态分布"中的选项全部选中，以观察残差、标准残差、残差图、线性拟合图以及正态概率图等信息，如图 10-24 所示。最后单击"确定"按钮，得到回归结果，如图 10-25～图 10-29 所示。

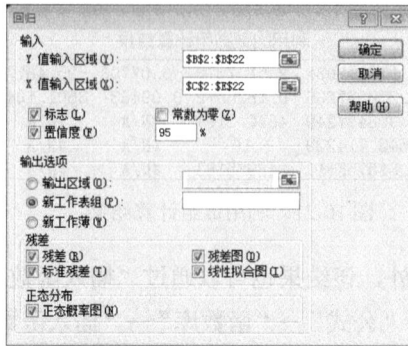

图 10-24　"回归"对话框

	A	B	C	D	E	F	G	H	I
23	SUMMARY OUTPUT								
24									
25	回归统计								
26	Multipl	0.999248342							
27	R Squar	0.998497249							
28	Adjuste	0.998215484							
29	标准误差	4670.219368							
30	观测值	20							
31									
32	方差分析								
33		df	SS	MS	F	gnificance F			
34	回归分析	3	2.31875E+11	77291770137	3543.714229	8.6767E-23			
35	残差	16	348975183.1	21810948.95					
36	总计	19	2.32224E+11						
37									
38		Coefficients	标准误差	t Stat	P-value	Lower 95%	Upper 95%	下限 95.0%	上限 95.0%
39	Interce	-95.4677484	3301.104491	-0.02891994	0.977286101	-7093.4967	6902.561155	-7093.497	6902.561
40	投资（I	-0.07705657	0.094837055	-0.81251541	0.42842045	-0.2781021	0.123989006	-0.278102	0.123989
41	消费（C	2.516737769	0.182667245	13.77771791	2.71409E-10	2.12950051	2.903975029	2.1295005	2.903975
42	进出口净	2.177219034	0.278697206	7.812130814	7.53758E-07	1.58640735	2.768030719	1.5864073	2.768031

图 10-25　回归结果汇总输出图

	A	B	C	D	E	F	G
46	RESIDUAL OUTPUT					PROBABILITY OUTPUT	
47							
48	观测值	预测 GDP（Y）	残差	标准残差		百分比排位	GDP（Y）
49	1	24102.75606	-2321.25606	-0.54162983		2.5	21781.5
50	2	27457.45952	-533.959524	-0.12459134		7.5	26923.5
51	3	33284.97891	2048.921091	0.478084608		12.5	35333.9
52	4	46465.50434	1732.395656	0.404228207		17.5	48197.9
53	5	60847.81839	-54.1183915	-0.0126277		22.5	60793.7
54	6	71728.00734	-551.407335	-0.12866252		27.5	71176.6
55	7	83940.83859	-4967.83859	-1.15916966		32.5	78973
56	8	89552.11838	-5149.81838	-1.20163188		37.5	84402.3
57	9	92596.72046	-2919.62046	-0.68124908		42.5	89677.1
58	10	100131.6577	-917.057747	-0.21398149		47.5	99214.6
59	11	109457.0879	198.1120527	0.046226438		52.5	109655.2
60	12	123256.44	-2923.74004	-0.68221032		57.5	120332.7
61	13	132347.9119	3474.888148	0.810812356		62.5	135822.8
62	14	150029.9315	9848.368537	2.297967174		67.5	159878.3
63	15	180362.7328	4574.66719	1.067429087		72.5	184937.4
64	16	214693.0892	1621.310754	0.378308232		77.5	216314.4
65	17	257959.0781	7851.221902	1.831963349		82.5	265810.3
66	18	321019.2963	-6973.89629	-1.62725275		87.5	314045.4
67	19	345713.7976	-4810.99761	-1.1225732		92.5	340902.8
68	20	400426.1749	773.8250993	0.18056033		97.5	401202

图 10-26　残差和正态概率输出图

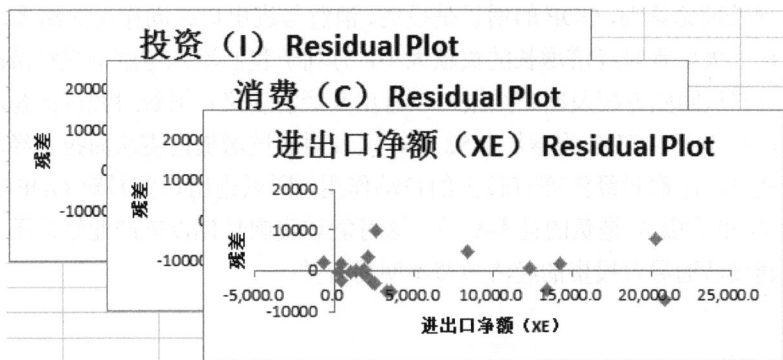

图 10-27　各个自变量残差图

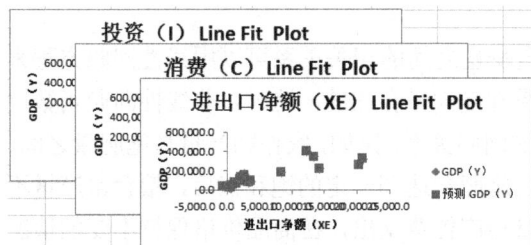

图 10-28　各个自变量线性拟合图

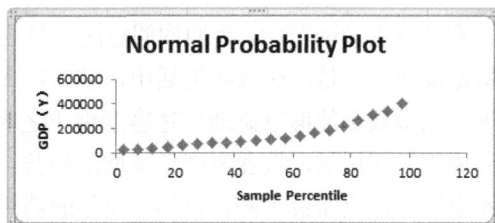

图 10-29　正态概率图

3. 实例的结果分析

在该实例中，我们研究了 1991—2010 年我国 GDP 与"三驾马车"的回归关系，从两种方法所输出的结果都可以得到回归方程为：

$$Y = -95.47 - 0.08I + 2.52C + 2.18XE$$

下面具体分析该回归方程的拟合优度和显著性检验结果。从输出结果可知，可决系数 R Square 为 0.9985，调整后的可决系数也约为 0.9982，说明方程的拟合效果很好，表明 1991—2010 年我国国内生产总值的增长中，99.82%是由于投资、消费和进出口净额这"三驾马车"的拉动作用。

关于回归系数和回归方程显著性检验，在本回归方程中，投资(I)的 t 统计量的 P 值为 0.4284，大于显著性水平 0.05(置信度默认为 95%)，说明接受原假设，即该回归系数不显著，投资(I)对 GDP 没有显著性影响；消费(C)的 t 统计量的 P 值为 2.71409E-10，明显小于显著性水平 0.05(置信度默认为 95%)，说明拒绝原假设，即该回归系数显著，消费对 GDP 有显著性影响；进出口净额(XE)的 t 统计量的 P 值为 7.53758E-07，明显小于显著性水平 0.05(置信度默认为 95%)，说明拒绝原假设，即该回归系数显著，进出口净额对 GDP 有显著性影响；F 统计量的 P 值为 8.67666E-23，显然小于显著性水平 0.05(置信度默认为 95%)，所以该回归方程显著。

Excel 在统计分析中的应用

传统经济增长理论认为，GDP 的增长是投资、消费与进出口共同作用的结果，研究投资、消费与进出口这三大要素对经济增长的贡献大小，有利于我们深入考察宏观经济政策的制定和应用效果。我们从回归方程及回归结果可以看出其经济含义：消费对经济的拉动作用最为显著，消费每增长 1 元，GDP 将增加 2.52 元，这表明通过增加内需从而拉动经济增长的措施是合理的；进出口净额对经济亦有较大的拉动作用，所以进出口贸易对 GDP 的作用不容忽视；投资对 GDP 的影响是负的且不明显，这可能与我国长期以来产业结构不合理以及存在低水平重复建设从而导致投资的经济效益不明显有关。

10.3 非线性回归分析

在本章的前两节中，我们均假定因变量与自变量之间的相关关系可以用线性回归方程来近似地反映。但是，在现实生活中，非线性关系却是大量存在的，这时，非线性回归函数比线性回归函数更能够准确地描述客观现象之间的回归关系。比如，农作物产量与施肥量之间，随着施肥量的增加，粮食亩产量呈增加趋势，当施肥量达到一定的饱和点后，粮食亩产量不仅不会增加，反而会下降。再如，商品的销售量与广告费支出，在商品价格保持不变的情况下，随着广告费支出的增加，商品销售量会呈线性增加，但是当市场对该商品的需求趋于饱和时，再增加广告费支出，对商品销售量就不会产生显著影响，商品销售量会相对趋于稳定。因此，如果要分析施肥量对粮食亩产量的影响，或分析广告支出费用对商品销售量的影响，则应考虑采用非线性回归模型。

非线性回归分析，必须解决两个主要问题：一是如何确定非线性回归函数的具体形式；二是如何估计函数中的参数。本节将介绍四种非线性回归关系模型，包括多项式模型、对数模型、幂函数模型和指数模型，对它们作回归分析主要有两种方法：一是通过绘制散点图——添加趋势线法拟合出相应的回归方程；二是先将非线性关系线性化，然后利用回归分析工具作线性回归分析。

第一种方法在第一节中已予以详细介绍，针对这四种非线性回归关系模型，本节主要介绍第二种方法的原理及操作方法。

10.3.1 多项式模型回归分析

多项式曲线方程的基本形式如下：

$$Y = \beta_0 + \beta_1 X + \beta_2 X^2 + \cdots + \beta_k X^k \tag{10-10}$$

令 $X_1=X$，$X_2=X^2,\cdots,X_k=X^k$，同时引进误差项 ε，得多元线性回归方程：

$$Y = \beta_0 + \beta_1 X_1 + \beta_2 X_2 + \cdots \beta_k X_k + \varepsilon \tag{10-11}$$

式(10-11)是典型的多元线性回归模型的形式。因此,当某种现象应该用多项式曲线方程来描述时,只要对取得的样本数据进行上述线性变换,就可以用多元线性回归模型的方法去处理。

10.3.2 实例应用:12 家商业企业流通费用率与销售额的多项式回归分析

1. 实例的数据说明

为了研究商业企业的流通费用率与销售额的关系,现抽取 12 家商业企业进行调查,数据见表 10-6,试绘制出描述两者关系的散点图,并根据其形状拟合出适当的回归方程。

表 10-6 12 家商业企业的流通费用率与销售额

企业序号	1	2	3	4	5	6	7	8	9	10	11	12
流通费用率 (Y)/%	7.2	6.4	6.1	5.7	5.5	5.2	4.8	4.6	4.4	4.2	4.1	3.9
销售额 (X)/百万元	13.2	14.7	16.1	17.1	18.2	19.5	22.2	24.3	26.9	31.5	35.1	38.8

2. 实例的操作步骤

首先新建一个 Excel 工作簿,命名为"商业企业流通费用率与销售额的回归分析",并将数据和相关文字输入到工作表中。接下来分别采用绘制散点图—添加趋势线法和分析工具两种方法来对该 12 家商业企业的流通费用率与销售额进行回归分析。

● 通过绘制散点图—添加趋势线法进行回归分析

(1) 选择子图表类型。在"插入"选项卡的"图表"组中,单击"散点图"旁边的下拉箭头,出现散点图的几种类型,如图 10-30 所示,这里不妨选择第一种,即"仅带数据标记的散点图",随即弹出散点图。

图 10-30 选择子图表类型

(2) 选择数据。单击图表将其激活，使"图表工具"功能菜单显示出来，在"设计"选项卡的"数据"组中，单击"选择数据"，随即弹出"选择数据源"对话框，如图 10-31 所示。单击"添加"，弹出"编辑数据系列"对话框，在"系列名称"下面的空白框中输入"商业企业流通费用率与销售额散点图"，单击"X 轴系列值"下的折叠按钮并选择单元格区域 C2:C13，单击"Y 轴系列值"下的折叠按钮并选择单元格区域 B2:B13，如图 10-32 所示。完成后单击"确定"按钮返回到"选择数据源"对话框，如图 10-33 所示，然后单击"确定"按钮。

图 10-31 "选择数据源"对话框 1　　　　图 10-32 "编辑数据系列"对话框

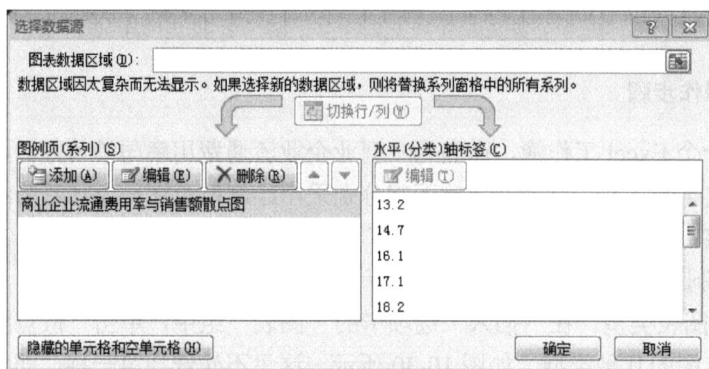

图 10-33 "选择数据源"对话框 2

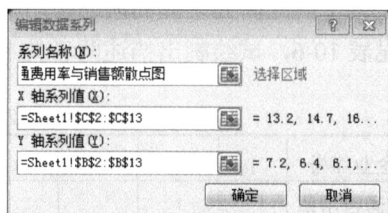

(3) 编辑图表。在"图表工具"的"布局"选项卡的"标签"组中，单击"坐标轴标题"→"主要横坐标轴标题"→"坐标轴下方标题"，输入"销售额(X)(百万元)"。接着单击"坐标轴标题"→"主要纵坐标轴标题"→"竖排标题"，输入"流通费用率(Y)(%)"。为使散点图更清晰，将本实例中的横轴起始刻度调整为 10。同样在"图表工具"的"布局"选项卡的"标签"组中，单击"坐标轴"→"主要横坐标轴"→"其他主要横坐标轴选项"，随即弹出"设置坐标轴格式"对话框，在该对话框"坐标轴选项"一栏中，将"最小值"由"自动"改为"固定"，并在后面的文本框中输入"10"，如图 10-34 所示。完成后单击"关闭"按钮，即得到如图 10-35 所示的散点图。

图 10-34　"设置坐标轴格式"对话框

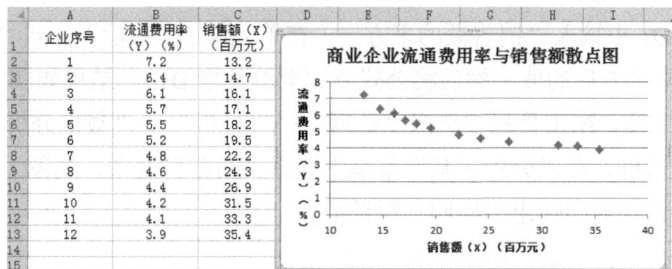

图 10-35　商业企业流通费用率与销售额的散点图

（4）为散点图添加趋势线。单击图表将其激活，使"图表工具"功能菜单显示出来，在"布局"选项卡的"分析"组中，单击"趋势线"→"其他趋势线选项"，弹出"设置趋势线格式"对话框，在"趋势线选项"一列中选择"多项式"，并选中下方的"显示公式"和"显示 R 平方值"复选框，如图 10-36 所示。最后单击"关闭"按钮，即可得到添加趋势线后的散点图，如图 10-37 所示。

图 10-36　"设置趋势线格式"对话框

	A	B	C	D	E	F	G	H	I
1	企业序号	流通费用率（Y）（%）	销售额（X）（百万元）						
2	1	7.2	13.2						
3	2	6.4	14.7						
4	3	6.1	16.1						
5	4	5.7	17.1						
6	5	5.5	18.2						
7	6	5.2	19.5						
8	7	4.8	22.2						
9	8	4.6	24.3						
10	9	4.4	26.9						
11	10	4.2	31.5						
12	11	4.1	33.3						
13	12	3.9	35.4						
14									
15									

商业企业流通费用率与销售额散点图

$y = 0.008x^2 - 0.5143x + 12.321$
$R^2 = 0.9797$

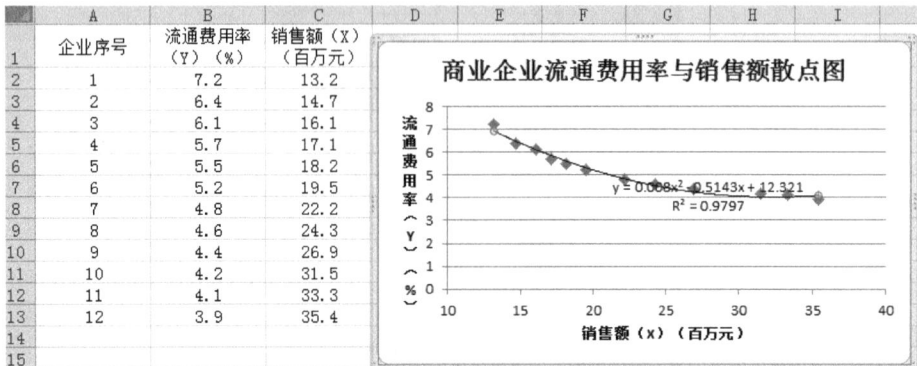

图 10-37　添加趋势线后的散点图

● 利用回归分析工具

(1) 在单元格 D1 中输入"销售额的平方"，在单元格 D2 中输入公式"=C2^2"，按回车键即得 C2 单元格平方后的值。然后将公式复制至单元格 D13，结果如图 10-38 所示。

(2) 选择回归工具。在工具栏中选择"数据"→"分析"→"数据分析"命令，随即弹出"数据分析"对话框，在"分析工具"菜单中选择"回归"选项，如图 10-39 所示，完成后单击"确定"按钮，随即弹出"回归"对话框。

D13 | | f_x | =C13^2

	A	B	C	D	E
1	企业序号	流通费用率（Y）（%）	销售额（X）（百万元）	销售额的平方	
2	1	7.2	13.2	174.24	
3	2	6.4	14.7	216.09	
4	3	6.1	16.1	259.21	
5	4	5.7	17.1	292.41	
6	5	5.5	18.2	331.24	
7	6	5.2	19.5	380.25	
8	7	4.8	22.2	492.84	
9	8	4.6	24.3	590.49	
10	9	4.4	26.9	723.61	
11	10	4.2	31.5	992.25	
12	11	4.1	35.1	1232.01	
13	12	3.9	38.8	1505.44	
14					

图 10-38　自变量平方后的数据

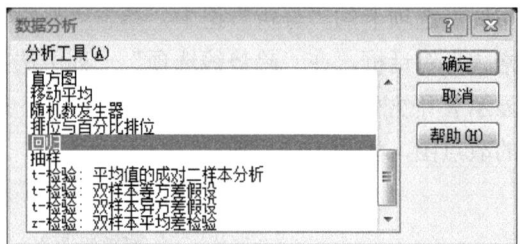

数据分析

分析工具(A)

直方图
移动平均
随机数发生器
排位与百分比排位
回归
抽样
t-检验：平均值的成对二样本分析
t-检验：双样本等方差假设
t-检验：双样本异方差假设
z-检验：双样本平均差检验

确定
取消
帮助(H)

图 10-39　"数据分析"对话框

(3) 设置"回归"选项。在"回归"对话框中，首先设置"输入"内容，单击"Y 值输入区域"后面的折叠按钮，并选取 B1:B13 单元格区域，同样单击"X 值输入区域"后面的折叠按钮，并选取 C1:D13 单元格区域，同时将复选框"标志"和"置信度"选中，其中置信度默认为 95%；然后设置"输出选项"，单击"输出区域"后面的折叠按钮，并选择 A15 单元格，结果如图 10-40 所示。如果用户还要得到残差、标准残差、线性拟合图以及正态概率图等信息，勾选相应选项即可。

(4) 最后单击"确定"按钮，得到回归结果，如图 10-41 所示。

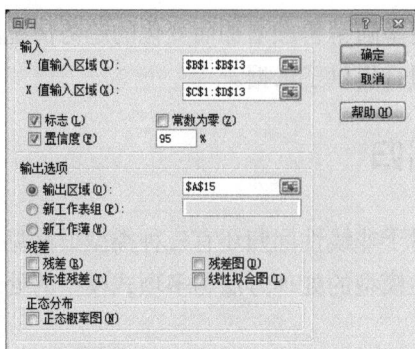

图 10-40　"回归"对话框

图 10-41　回归结果汇总输出图

3. 实例的结果分析

在该实例中依次采用了绘制散点图—添加趋势线法和回归分析工具法对 12 家商业企业的流通费用率与销售额进行了多项式回归分析，得到的非线性回归方程均为：

$$Y = 0.008X^2 - 0.5143X + 12.321$$

下面具体分析该回归方程的拟合优度和显著性检验结果。从输出结果可知，可决系数 R Square 为 0.9797，说明该回归方程的拟合优度很高，拟合效果很好，表明该 12 家商业企业的流通费用率的变化与销售额的变化紧密相关。

关于回归系数和回归方程的显著性检验，在本回归方程中，销售额的 t 统计量的 P 值为 6.33E-06，同样明显小于显著性水平 0.05(置信度默认为 95%)，说明拒绝原假设，即该回归系数显著；销售额平方的 t 统计量的 P 值为 5.74E-05，同样小于显著性水平 0.05(置信度默认为 95%)，说明拒绝原假设，即该回归系数显著；F 统计量的 P 值为 2.44E-08，明显小于显著性水平 0.05(置信度默认为 95%)，说明拒绝原假设，即该回归方程显著，销售额及其平方对流通费用率有显著性影响。

显然，对该 12 家商业企业的流通费用率与销售额进行多项式回归比简单的一元线性回

Excel 在统计分析中的应用

归更能准确地反映出流通费用率随销售额增加而变化的趋势情况，回归结果也为企业寻求一个最佳流通费用率与销售额组合提供了依据。

10.3.3 其他非线性回归

除了多项式模型之外，对于非线性回归还有三种类型很常见，即：对数模型、幂函数模型和指数模型，这三种非线性模型的处理方法与多项式模型的处理方法相同。

1. 对数模型回归分析

对数曲线回归方程的基本形式如下：

$$Y = \beta_0 + \beta_1 \ln X \tag{10-12}$$

对数函数的特点是随着 X 的增大，X 的单位变动对因变量 Y 的影响效果不断递减。令 $X' = \ln X$，引进误差项 ε，得一元线性回归方程：

$$Y = \beta_0 + \beta_1 X' \tag{10-13}$$

当某种现象应该用对数曲线方程来描述时，只要对取得的样本数据进行上述线性变换，就可以用一元线性回归模型的方法去处理。

2. 幂函数模型回归分析

幂函数曲线回归方程的基本形式如下：

$$Y = \alpha X_1^{\beta_1} X_2^{\beta_2} \cdots X_k^{\beta_k} \tag{10-14}$$

这类函数的优点在于，方程中的参数可以直接反映因变量 Y 对于某一个自变量的弹性。所谓 Y 的弹性是指在其他情况不变的条件下，X_i 变动 1%时所引起 Y 变动的百分比。正因为如此，幂函数在生产函数分析和需求函数分析中得到了广泛应用。

对式(10-14)两边取对数，得：

$$\ln Y = \ln \alpha + \beta_1 \ln X_1 + \beta_2 \ln X_2 + \cdots \beta_k \ln X_k \tag{10-15}$$

令 $Y' = \ln Y, \beta_0 = \ln \alpha, X_1' = \ln X_1, \cdots, X_k' = \ln X_k$，引进误差项 ε，得多元线性回归方程：

$$Y' = \beta_0 + \beta_1 X_1' + \beta_2 X_2' + \cdots + \beta_k X_k' + \varepsilon \tag{10-16}$$

当某种现象应该用幂函数曲线方程来描述时，只要对取得的样本数据进行上述线性变换，就可以用多元线性回归模型的方法去处理。

3. 指数模型回归分析

指数曲线回归方程的基本形式如下：

$$Y = \alpha e^{\beta_1 X} \tag{10-17}$$

式(10-17)中有两个待定参数 α 和 β，当 $\alpha > 0$，$\beta > 1$ 时，曲线随 X 值的增加而弯曲上升，趋于 $+\infty$；当 $\alpha > 0$，$\beta < 1$ 时，曲线随 X 值的增加而弯曲下降，趋于 0。这种曲线被广泛用于描述客观现象的发展变动趋势，例如，产值、利润按一定比率增长，近似于第一种形式的曲线；而随着科学技术的发展，产品成本或原材料消耗按一定比例下降，则近似于第二种形式的曲线。

对式(10-17)两边取对数，得：

$$\ln Y = \ln \alpha + \beta_1 X \tag{10-18}$$

令 $Y' = \ln Y, \beta_0 = \ln \alpha$，引进误差项 ε，得一元线性回归方程：

$$Y' = \beta_0 + \beta_1 X + \varepsilon \tag{10-19}$$

当某种现象应该用指数曲线方程来描述时，只要对取得的样本数据进行上述线性变换，就可以用一元线性回归模型的方法去处理。

10.4　本章小结

回归分析是对存在相关关系和依存关系的变量所进行的定量分析，是常用的统计分析方法之一。本章由浅入深依次讲解了一元线性回归分析、多元线性回归分析和非线性回归分析，并结合实例介绍了如何使用绘制散点图—添加趋势线法、回归分析函数法和回归分析工具法进行相应的回归分析。在回归分析中，不仅需要确定变量间的相互依存关系，即确定回归方程，还需要检验估计的参数以及对方程拟合效果进行评价等，本章在实例应用中均对回归方程的拟合优度、显著性以及回归系数的显著性进行了检验分析。

10.5　上机题

1. 饮料公司为研究销售量随气温的变化情况，记录了 10 个时间点的气温与饮料销售量数据，如表 10-7 所示。

表 10-7　气温与饮料销售量数据表

时　间　点	气温/℃	饮料销售量/箱
1	8	195
2	17	210

(续表)

时　间　点	气温/℃	饮料销售量/箱
3	20	270
4	21	335
5	25	430
6	30	480
7	35	500
8	35	520
9	37	540
10	40	570

要求：(1) 采用绘制散点图—添加趋势线法进行回归分析；

(2) 采用回归分析函数法进行回归分析；

(3) 采用回归分析工具法进行回归分析；

(4) 比较三种回归分析方法并分析回归结果。

2. 已知2011年我国某10个地区的货运总量与工业增加值和农业增加值的资料如表10-8所示。

表 10-8　2011 年我国某 10 个地区的货运总量与工业增加值和农业增加值

地区	货运总量/万吨	工业增加值/亿元	农业增加值/亿元
1	250	65	42
2	275	70	44
3	160	66	36
4	275	78	42
5	220	668	45
6	230	72	38
7	265	74	42
8	210	65	40
9	260	75	40
10	160	70	35

要求：(1) 采用回归分析函数法进行回归分析；

(2) 采用回归分析工具法进行回归分析；

(3) 比较这两种回归分析方法并分析回归结果。

3. 某农业研究所为研究当地玉米亩产量与氮肥施用量的关系，对 10 亩试验田进行了对比试验并记录了数据，如表 10-9 所示。

表 10-9　玉米亩产量与氮肥施用量的关系

试 验 田	玉米亩产量/千克	氮肥施用量/千克
1	90	18
2	150	20
3	225	25
4	350	30
5	450	35
6	563	40
7	650	45
8	600	50
9	438	60
10	250	70

要求：(1) 采用绘制散点图—添加趋势线法进行回归分析；

　　　(2) 采用回归分析工具法进行回归分析；

　　　(3) 比较这两种回归分析方法并分析回归结果。

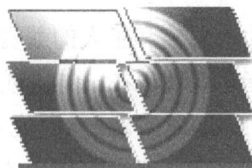

第 11 章

时间序列分析

客观事物永远处于不断的发展变化之中，我们要认识事物的本质及其变化的规律，展望其发展前景，不仅应该在客观事物的相互联系和相互制约中进行研究，还要在它们的发展变化中进行研究。这一任务正是通过编制时间序列，进行时间序列分析来实现的。

本章在简要介绍时间序列的基本内容的基础上，阐述了时间序列分析的各种形式，包括对比分析、移动平均分析、指数平滑分析、趋势外推分析和季节调整分析，并结合实例应用讲解了如何利用 Excel 2010 的各项功能实现对时间序列的分析。

11.1 时间序列简介

在统计分析中，我们常常需要建立一个能描述某一经济现象变化发展的动态模型，运用该模型以反映当前的经济运行状况，分析经济周期的变动规律，并预测未来发展趋势，本章将要介绍的正是具备这种分析功能的统计分析方法——时间序列分析。

11.1.1 时间序列的基本概念和特点

时间序列是指观察或记录下来的一组按时间先后次序排列起来的数据，它在经济统计中占有极其重要的地位。时间序列有两个基本要素：时间要素和数据要素。时间序列分析就是根据分析对象过去的统计数据，找到其随时间变化的规律，建立时序模型，以推断未来数值的预测方法。

11.1.2 时间序列变动的影响因素

时间序列中数量值的变动，是许多复杂因素共同作用的结果，影响因素归纳起来大体有以下四类：

(1) 长期趋势(T)：指客观经济现象在一段较长时间内，由于普遍的、持续的、决定性的基本因素的作用，使变量保持沿某一方向变动的基本趋势。例如，随着科学技术的进步和劳动生产率的提高，国内生产总值和工人的薪资待遇等呈现出逐年上升的趋势。

(2) 季节变动(S)：指客观现象在一年内或更短的时间内呈现出有规律性的、周期性的、重复的变化。季节变动的周期最多是一年。它是一种常见的周期性变动，受到气候、节假日、风俗习惯等因素的影响，是在一年中有规律的变动。例如，冷饮的销售存在旺季和淡季等。

(3) 循环变动(C)：指客观现象以若干年为周期的涨落起伏相间的变动，多指经济发展兴衰交替之变动。循环变动没有固定的循环周期，变动的周期一般在数年以上，且各循环周期和幅度的规律性较难把握。

(4) 随机变动(I)：指客观现象由于突发事件或偶然因素引起的无周期性的变动，是一种不规则变动。例如，突发的自然灾害、意外事故、战争或重大的政治事件等所引起的变动。

为了能对上述四种因素进行量化分析，需要使用数学模型对以上因素进行分解。时间序列的因素分解模型有加法模型和乘法模型。加法模型将序列分解为四种因素的和，其表达式为：Y=T+S+C+I。乘法模型将序列分解为四种因素的乘积，其表达式为：Y=TSCI。在实际应用中，常用的是乘法模型。

11.2 时间序列的统计对比分析

时间序列的统计对比分析是最基本、最简单也是最为常用的时间序列分析方法，包括时间序列的图形分析、水平分析和速度分析。一般而言，当拿到一份时间序列数据时，首先便是对其进行统计对比分析。

11.2.1 时间序列的图形分析

在对时间序列进行分析时，最好先利用 Excel 作图，然后通过图形观察数据随时间的变化模式及变化趋势，以进一步分析数据变量。作图是观察时间序列形态的一种有效方法，有助于进一步分析，并为预测提供基本依据。

11.2.2 时间序列的水平分析

时间序列的水平分析主要用来测定时间序列的发展水平与平均发展水平，以及增长量与平均增长量。

发展水平又称发展量，是指时间序列中的各项指标数值。它反映的是社会经济现象在不同时间所达到的规模和发展的程度，是计算其他分析指标的基础。在时间序列中，用字母 t 表示现象所属时间，Y_t 表示现象在不同时间上的指标数值，则发展水平就是 Y_i 在时间 $t=i$ 上的取值，表示现象在某一时间上所达到的一种数量水平，即发展水平可表示为：

$$Y_0, Y_1, Y_2, \cdots, Y_{n-1}, Y_n$$

其中，n 表示时间序号，Y 表示发展水平。

平均发展水平是指把时间序列中各项发展水平加以平均而得到的平均数，又称为序时平均数或动态平均数。它反映现象在一段时期内所达到的一般水平。平均发展水平可表示为：

$$\overline{Y} = \frac{Y_1 + Y_2 + \cdots + Y_{n-1} + Y_n}{n} = \frac{\sum Y_i}{n} \ (i=1,2,\cdots,n) \tag{11-1}$$

增长量是以绝对数形式表示的水平分析指标，是两个不同时期发展水平之差，用来说明社会经济现象在一定时期内所增长的绝对数量的指标。根据选择基期的不同，增长量分为逐期增长量和累计增长量，其计算公式分别为：

$$逐期增长量 = Y_i - Y_{i-1} \ (i=1,2,\cdots,n) \tag{11-2}$$

$$累计增长量 = Y_i - Y_0 \ (i=1,2,\cdots,n) \tag{11-3}$$

平均增长量是用来说明某种现象在一定时期内平均每期增长的指标，其计算公式为：

$$平均增长量 = \frac{逐期增长量之和}{增长期个数} = \frac{累计增长量}{观察值个数 - 1} \tag{11-4}$$

11.2.3　时间序列的速度分析

时间序列的速度指标包括发展速度、增长速度、平均发展速度和平均增长速度。

发展速度是以相对数形式表现的动态分析指标，即两个不同时期发展水平指标对比的结果，表明了现象在一定时期内的发展方向和程度。其计算公式为：

$$发展速度 = \frac{报告期水平}{基期水平} \tag{11-5}$$

根据基期选择的不同，发展速度可分为环比发展速度和定基发展速度。环比发展速度是报告期水平与前一期水平之比，表明这种现象逐期的发展程度；定基发展速度是报告期水平与某一固定基期水平之比，说明这种现象在较长时间内总的发展程度。其计算公式分别为：

$$环比发展速度 = Y_i / Y_{i-1} \ (i=1,2,\cdots,n) \tag{11-6}$$

$$定基发展速度 = Y_i / Y_0 \ (i=1,2,\cdots,n) \tag{11-7}$$

增长速度是报告期增长量与基期水平对比的结果，表明现象报告期水平比基期增长或减少的百分比，是反映现象数量增长程度的动态相对指标。其计算公式为：

$$增长速度 = \frac{报告期增长量}{基期水平} = \frac{报告期水平 - 基期水平}{基期水平} = 发展速度 - 1 \qquad (11-8)$$

平均发展速度与平均增长速度是两个非常重要的平均速度指标。前者反映现象在一定时期内逐期发展变化的一般程度，后者反映现象在一定时期内逐期增长或降低的一般程度。其计算公式分别为：

$$平均发展速度 = \sqrt[n]{\frac{Y_1}{Y_0}\frac{Y_2}{Y_1}\cdots\frac{Y_n}{Y_{n-1}}} = \sqrt[n]{\prod_{n-1}^{n}\frac{Y_i}{Y_{i-1}}} = \sqrt[n]{\frac{Y_n}{Y_0}} \ (i=1,2,\cdots,n) \qquad (11-9)$$

$$平均增长速度 = 平均发展速度 - 1 \qquad (11-10)$$

11.2.4　实例应用：1992—2009 年我国第二产业产值的统计对比分析

1. 实例的数据说明

近二十年来，我国第二产业产值增长迅速。表 11-1 列出了 1992 年至 2009 年我国第二产业产值数据，试对所给数据进行统计对比分析，以观察我国第二产业具体的增长情况。

表 11-1　1992 年至 2009 年我国第二产业产值

年份	1992	1993	1994	1995	1996	1997
产值/亿元	11 699.5	16 454.4	22 445.4	2 8679.5	33 835.0	37 543.0
年份	1998	1999	2000	2001	2002	2003
产值/亿元	39 004.2	41 033.6	45 555.9	49 512.3	53 896.8	62 436.3
年份	2004	2005	2006	2007	2008	2009
产值/亿元	73 904.3	87 598.1	103 719.5	125 831.4	149 003.4	157 638.8

2. 实例的操作步骤

首先新建 Excel 工作簿，命名为"1992—2009 年我国第二产业产值的统计对比分析"，将数据和相关文字输入到工作表中。接下来分别对 1992—2009 年我国第二产业产值进行图形分析、水平分析和速度分析。

- 图形分析

(1) 选择子图表类型。选中 A2:B19 区域，在"插入"选项卡的"图表"组中，单击"散点图"旁边的下拉箭头，如图 11-1 所示，选择子图表类型。

(2) 编辑散点图。在"图表工具"的"布局"选项卡的"标签"组中，单击"图表标题"→"图表上方"以输入相应的图表标题。在"标签"组中，单击"坐标轴标题"→"主要横坐标轴标题"→"坐标轴下方标题",输入"年份"。接着单击"坐标轴标题"→"主要纵坐标轴标题"→"竖排标题",输入"产值"。最后右击图表中的数据系列,选择"选择数据",在弹出的"选择数据源"对话框中,选择"系列 1"数据系列,然后单击"编辑",在"系统名称"中输入"第二产业产值(单位:亿元)",并单击"确定"按钮,即得图 11-2。

图 11-1　选择散点图子类型

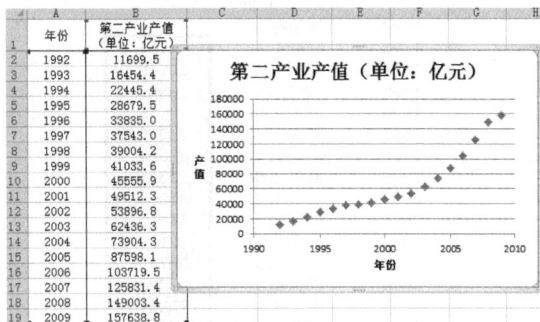

图 11-2　第二产业产值散点图

● 水平分析

时间序列的水平分析指标包括平均发展水平、逐期增长量、累计增长量以及平均增长量。

(1) 在单元格 C1 中输入"平均发展水平",在 C2 中输入公式"=AVERAGE(B2:B19)",按回车键即可求得平均发展水平为 63 321.74 亿元,如图 11-3 所示。

(2) 在单元格 D1 中输入"逐期增长量",在 D3 中输入公式"=B3-B2",按回车键求得我国第二产业产值 1993 年比 1992 年的增长量,然后将 D3 的公式向下复制至 D19,即得从 1993 年到 2009 年我国第二产业产值的逐年增长量,如图 11-4 所示。

图 11-3　平均发展水平

图 11-4　逐期增长量

(3) 在单元格 E1 中输入"累计增长量",在 E3 中输入公式"=B3-$B$2",按回车键求得我国第二产业产值 1993 年比 1992 年的增长量,然后将 E3 的公式向下复制至 E19,即得出从 1993 年到 2009 年我国第二产业产值的累计增长量,如图 11-5 所示。

(4) 在单元格 F1 中输入“平均增长量”，在 F2 中输入公式“=(B19−B2)/18”后回车，即可得到自 1992 年至 2009 年我国第二产业产值的平均增长量，如图 11-6 所示。

E3 =B3-$B$2

	A	B	E
1	年份	第二产业产值（单位：亿元）	累计增长量
2	1992	11699.5	
3	1993	16454.4	4754.9
4	1994	22445.4	10745.9
5	1995	28679.5	16980.0
6	1996	33835.0	22135.5
7	1997	37543.0	25843.5
8	1998	39004.2	27304.7
9	1999	41033.6	29334.1
10	2000	45555.9	33856.4
11	2001	49512.3	37812.8
12	2002	53896.8	42197.3
13	2003	62436.3	50736.8
14	2004	73904.3	62204.8
15	2005	87598.1	75898.6
16	2006	103719.5	92020.0
17	2007	125831.4	114131.9
18	2008	149003.4	137303.9
19	2009	157638.8	145939.3
20			

图 11-5　累计增长量

F2 =(B19-B2)/18

	A	B	E	F
1	年份	第二产业产值（单位：亿元）	累计增长量	平均增长量
2	1992	11699.5		8107.7376
3	1993	16454.4	4754.9	
4	1994	22445.4	10745.9	
5	1995	28679.5	16980.0	
6	1996	33835.0	22135.5	
7	1997	37543.0	25843.5	
8	1998	39004.2	27304.7	
9	1999	41033.6	29334.1	
10	2000	45555.9	33856.4	
11	2001	49512.3	37812.8	
12	2002	53896.8	42197.3	
13	2003	62436.3	50736.8	
14	2004	73904.3	62204.8	
15	2005	87598.1	75898.6	
16	2006	103719.5	92020.0	
17	2007	125831.4	114131.9	
18	2008	149003.4	137303.9	
19	2009	157638.8	145939.3	

图 11-6　平均增长量

- 速度分析

时间序列的速度分析指标包括发展速度、增长速度、平均发展速度和平均增长速度。

(1) 在单元格 C1 中输入“发展速度”，选择单元格 C1 和 D1 并使其合并后居中，然后在单元格 E1 中输入“增长速度”，选择单元格 E1 和 F1，使其合并后居中，再在 C2、D2、E2、F2 中分别输入“环比”“定基”“环比”“定基”。

(2) 在单元格 C3 中输入公式“=B3/B2*100”，按回车键并将 C3 的公式向下复制至 C19，结果如图 11-7 所示。

(3) 在单元格 D3 中输入公式“=B3/$B$2*100”，按回车键并将 D3 的公式向下复制至 D19，结果如图 11-8 所示。

C3 =B3/B2*100

	A	B	C	D	E	F
1	年份	第二产业产值（单位：亿元）	发展速度		增长速度	
2	1992	11699.5	环比	定基	环比	定基
3	1993	16454.4	140.64			
4	1994	22445.4	136.41			
5	1995	28679.5	127.77			
6	1996	33835.0	117.98			
7	1997	37543.0	110.96			
8	1998	39004.2	103.89			
9	1999	41033.6	105.2			
10	2000	45555.9	111.02			
11	2001	49512.3	108.68			
12	2002	53896.8	108.86			
13	2003	62436.3	115.84			
14	2004	73904.3	118.37			
15	2005	87598.1	118.53			
16	2006	103719.5	118.4			
17	2007	125831.4	121.32			
18	2008	149003.4	118.42			
19	2009	157638.8	105.8			
20						

图 11-7　环比发展速度

D3 =B3/$B$2*100

	A	B	C	D	E	F
1	年份	第二产业产值（单位：亿元）	发展速度		增长速度	
2	1992	11699.5	环比	定基	环比	定基
3	1993	16454.4	140.64	140.64		
4	1994	22445.4	136.41	191.85		
5	1995	28679.5	127.77	245.13		
6	1996	33835.0	117.98	289.20		
7	1997	37543.0	110.96	320.89		
8	1998	39004.2	103.89	333.38		
9	1999	41033.6	105.2	350.73		
10	2000	45555.9	111.02	389.38		
11	2001	49512.3	108.68	423.20		
12	2002	53896.8	108.86	460.68		
13	2003	62436.3	115.84	533.67		
14	2004	73904.3	118.37	631.69		
15	2005	87598.1	118.53	748.73		
16	2006	103719.5	118.4	886.53		
17	2007	125831.4	121.32	1075.53		
18	2008	149003.4	118.42	1273.59		
19	2009	157638.8	105.8	1347.40		
20						

图 11-8　定基发展速度

(4) 在单元格 E3 中输入公式"=C3-100"，按回车键并将公式向下复制至 E19，结果如图 11-9 所示。

(5) 在单元格 F3 中输入公式"=D3-100"，按回车键并将公式向下复制至 F19，结果如图 11-10 所示。

图 11-9　环比增长速度

图 11-10　定基增长速度

(6) 在单元格 G1 中输入"平均发展速度"，在 G2 中输入公式"=(B19/B2)^(1/18)"，按回车键即得到从 1992 年到 2009 年我国第二产业产值的平均发展速度。

(7) 在单元格 H1 中输入"平均增长速度"，在 H2 中输入公式"=G2-1"，按回车键即得到从 1992 年到 2009 年我国第二产业产值的平均增长速度，结果如图 11-11 所示。

图 11-11　平均发展速度和平均增长速度

3. 实例的结果分析

统计对比分析是最简单易用的时间序列分析方法，通过对 1992 年到 2009 年我国第二产业产值进行统计对比分析，不仅可以从图中直观地看出其增长走势情况，而且还可以得到历年的增长量和增长速度以及平均增长量和平均增长速度。具体来说，1992 年到 2009 年我国第二产业产值一直呈现稳步增长的趋势，平均增长量达到 8107.74 亿元，而平均增长速度达到 16%。可以说，第二产业产值的增长在我国历年 GDP 的增长中占有很大的比例。

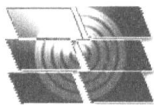

11.3 时间序列的移动平均分析

移动平均法是趋势变动分析的一种较为简单的常用分析方法，该方法可以用来预测销售情况、库存、股价或其他趋势。移动平均法可以分为简单移动平均法和加权移动平均法两种，这里只介绍第一种类型，即简单移动平均法。

11.3.1 移动平均分析的基本原理

在现实生活中，时间序列会受到各种各样的随机因素变动的影响，但如果其未来的发展趋势与过去一段时期的平均状况大致相同，则可以用历史数据的平均值对未来进行预测。给定时间序列的 n 期资料 $Y_1, Y_2, \cdots, Y_{n-1}, Y_n$，记 $\overline{Y} = \dfrac{\sum\limits_{i=1}^{T} Y_i}{T} = F_{T+1}$，其中 $\overline{Y}$ 是前 T 期的平均值，F_{T+1} 为第 $T+1$ 期的估计值，也就是预测值。若要预测第 $T+2$ 期的值，只需类推得 $F_{T+2} = \overline{Y} = \dfrac{\sum\limits_{i=1}^{T+1} Y_i}{T+1}$，即用前 $T+1$ 期的平均值来预测第 $T+2$ 期的值。显然，这种简单平均法需要具备全部历史数据，且其平均期数随着预测期的增加而增加。而事实上，每多加进一个新数据，第一个数据因离现在越远其作用越小。而移动平均法正是对此进行了修正，它按照一定的间隔长度逐期移动，即保持平均的期数不变，仍然是 T 期，通过计算一系列的移动平均数来修匀原时间序列的波动，并利用过去的若干期实际值的均值来预测未来的趋势。相应的公式为：

$$F_{T+1} = \frac{Y_1 + Y_2 + \cdots Y_T}{T} = \frac{\sum\limits_{i=1}^{T} Y_i}{T} \tag{11-11}$$

$$F_{T+2} = \frac{Y_2 + Y_3 + \cdots Y_{T+1}}{T} = \frac{\sum\limits_{i=2}^{T+1} Y_i}{T} \tag{11-12}$$

预测第 $T+1$ 期时与简单平均相同，但预测第 $T+2$ 期时，移动平均剔除了离现在最远的第一期的数据再做平均，总期数保持 T 期不变。该方法应用的重点在于如何选择合适的移动步长或者平均期数 T。接下来我们分别用添加趋势线法和直接使用移动平均分析工具对时间序列进行移动平均分析。

11.3.2　添加趋势线

添加趋势线是 Excel 进行数据拟合的一个有力工具，它使用方便，操作简单，过程生动直观，而且提供了"线性、对数、多项式、乘幂、指数、移动平均"六种拟合模型可供择优选用，为我们整理、分析各种数据，建立合理的模型，并作出科学的预测创造了有利的条件。

在之前的相关分析和回归分析中，都用到了该工具，本节我们主要介绍其中的"移动平均"功能，并运用该功能实现对时间序列的移动平均分析。

11.3.3　使用移动平均分析工具

虽然添加趋势线法对时间序列进行移动平均分析比较简单直观，但却只能反映出时间序列数据的大体走势，因此不够精确。借助 Excel 2010 中强大的数据分析工具之一——移动平均分析工具，不仅能够给出时间序列数据的走势，而且能够给出数据移动平均后的标准误差，从而利用该功能可以求得和实际数据达到最大程度吻合的预测值。

由于移动平均分析工具并不是 Excel 2010 自有工具，它是数据分析工具中的一种。因此用户在使用该工具进行移动平均分析之前，需要先加载数据分析工具。本书 4.4.1 节已经介绍了数据分析工具的加载方法，此处不再赘述。

安装完毕后，在工具栏中选择"数据"→"数据分析"命令，随即弹出"数据分析"对话框，在"分析工具"中选择"移动平均"选项，如图 11-12 所示，单击"确定"按钮，随即弹出"移动平均"对话框，如图 11-13 所示。根据情况对"移动平均"对话框各选项进行设置，就可以得到移动平均结果了。

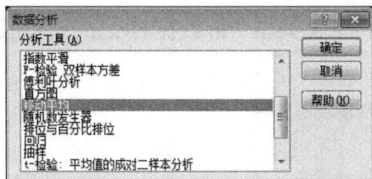

图 11-12　"数据分析"对话框

图 11-13　"移动平均"对话框

11.3.4　实例应用：某公司 2007—2010 年各月份销售额的移动平均分析

1. 实例的数据说明

表 11-2 列出了某公司 2007 年至 2010 年各月份的销售情况，试分别使用添加趋势线法

和移动平均分析工具对该组数据进行移动平均分析。

表 11-2　某公司 2007—2010 年各月份的销售额

年月	销售额/万元	年月	销售额/万元	年月	销售额/万元	年月	销售额/万元
200701	3 201.2	200801	3 407.8	200901	3 687.5	201001	4 207.4
200702	3 156.8	200802	3 457.6	200902	3 786.5	201002	4 263.7
200703	3 410.2	200803	3 731.1	200903	3 980.9	201003	4 668.6
200704	3 608.1	200804	3 965.7	200904	4 264.5	201004	4 929.7
200705	3 698.7	200805	4 049.4	200905	4 341.7	201005	4 927.3
200706	4 287.0	200806	4 737.5	200906	5 155.3	201006	5 527.6
200707	3 965.3	200807	4 245.6	200907	4 597.7	201007	5 341.6
200708	3 627.8	200808	3 899.7	200908	4 390.1	201008	4 935.9
200709	3 425.8	200809	3 712.5	200909	4 131.6	201009	4 766.1
200710	3 373.5	200810	3 633.7	200910	4 032.3	201010	4 710.3
200711	3 498.7	200811	3 802.3	200911	4 088.2	201011	4 886.8
200712	3 472.3	200812	3 657.5	200912	4 223.9	201012	4 983.1

2. 实例的操作步骤

首先新建 Excel 工作簿，命名为"某公司 2007—2010 年各月份销售额的移动平均分析"，将数据和相关文字输入到工作表中。接下来分别采用添加趋势线法和使用移动平均分析工具对该公司 2007—2010 年各月份销售额进行移动平均分析。

● 添加趋势线法

(1) 选择子图表类型。选中表格区域 A1:B49，在"插入"选项卡的"图表"组中，单击"折线图"的下拉箭头，在"二维折线图"中选择第一个子图表类型"带数据标记的折线图"，如图 11-14 所示。随即弹出如图 11-15 所示的折线图。

图 11-14　选择折线图类型

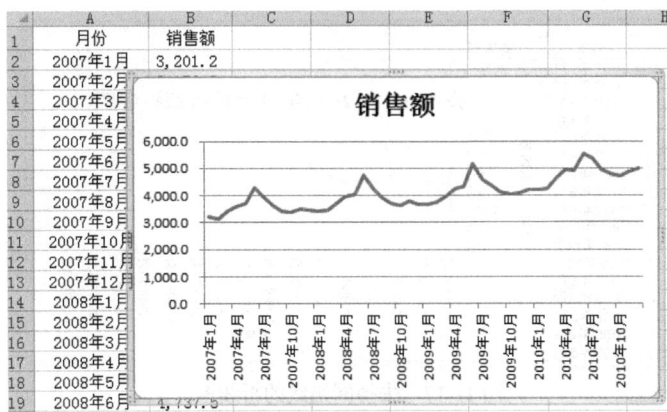

图 11-15　销售额折线图

(2) 编辑散点图。在"图表工具"的"布局"选项卡的"标签"组中，单击"图表标题"→"图表上方"，以输入相应的图表标题。在"布局"选项卡的"标签"组中，单击"坐标轴标题"→"主要横坐标轴标题"→"坐标轴下方标题"，输入"年月份"。然后单击"坐标轴标题"→"主要纵坐标轴标题"→"竖排标题"，输入"销售额(万元)"，如图 11-16 所示。

(3) 在图表工具"格式"选项卡的"大小"组中，在"形状宽度"的数值框中单击向上或向下的小箭头，可以调宽或调窄图形的宽度。

(4) 在"布局"选项卡的"坐标轴"组中，单击"网格线"→"主要横网格线"→"无"，可以将图表中的横网格线去掉，如图 11-17 所示。

(5) 单击图表将其激活，选中纵轴一栏，右击鼠标并从弹出的快捷菜单中选择"设置坐标轴格式"，弹出"设置坐标轴格式"对话框。选择"坐标轴选项"，设置"最小值""最大值"和"主要刻度单位"等选项。单击对话框左边一列中的"数字"，则可以对纵坐标的"数字类型"进行设置，分别如图 11-18 和图 11-19 所示。设置结束单击"关闭"按钮。用同样的方法设置横轴的格式。

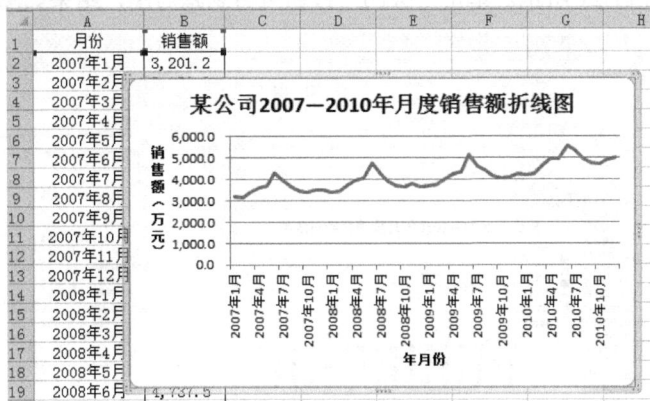

图 11-16　为折线图加上标题

图 11-17　去掉网格线的折线图

图 11-18　"设置坐标轴格式"对话框 1

图 11-19　"设置坐标轴格式"对话框 2

(6) 在"布局"选项卡的"分析"组中,单击"趋势线"→"其他趋势线选项",弹出"设置趋势线格式"对话框,在"趋势线选项"一列中选择"移动平均",并把周期设置为"6",过程如图 11-20 和图 11-21 所示。单击"关闭"按钮可得到趋势图,结果如图 11-22 所示。

图 11-20　选择趋势线类型

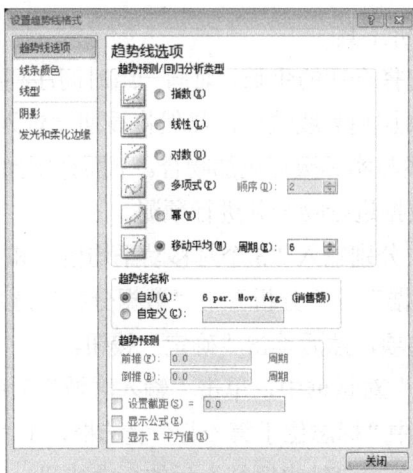

图 11-21 "设置趋势线格式"对话框

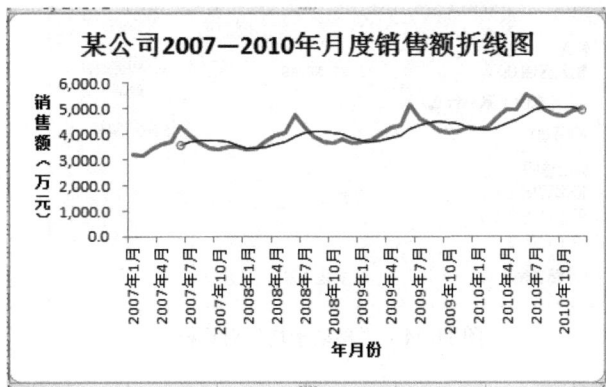

图 11-22 6 个月移动平均趋势图

(7) 从图 11-22 可以看出，6 个月移动平均能够较好地反映出该公司近几年来销售额的长期发展趋势。但是似乎该移动平均的步长稍长了一些，我们将周期重新设置为"4"，则可以得到与原始数据更加吻合的移动平均趋势线，如图 11-23 所示。

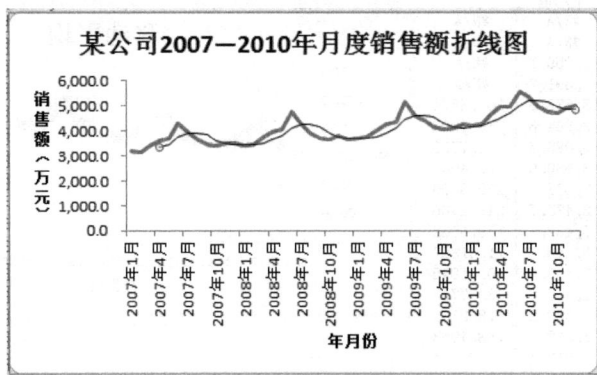

图 11-23 4 个月移动平均趋势图

● 使用"移动平均"分析工具

简单移动平均的关键是选择合适的步长。对同一组时间序列数据，选择不同的步长其模型的预测精度将不相同。在添加趋势线法中，显然将周期设置为"4"得到的趋势线比将周期设置为"6"所得到的趋势线与实际数据更加吻合。下面介绍如何在 Excel 中使用移动平均分析工具更加准确地和原始数据进行吻合并进行预测。

(1) 在单元格 C1 和 D1 中分别输入"3 个月移动平均值"和"标准误差"。

(2) 选择工具栏中的"数据"→"分析"→"数据分析"选项，在出现的"数据分析"对话框中选中"移动平均"选项，然后单击"确定"按钮。

(3) 在弹出的"移动平均"对话框中，单击"输入区域"后的折叠按钮，选择观测值的单元格区域"B1:B49"，并选中"标志位于第一行"复选框，在"间隔"文本框中输入"3"，即选择移动平均的步长为 3。单击"输出区域"后的折叠按钮，选中输出的单元格区域 C2，并选中"图表输出"和"标准误差"复选框，如图 11-24 所示，然后单击"确定"按钮。

图 11-24　"移动平均"对话框

(4) 最终得到的输出结果如图 11-25 所示。图中不仅输出了 3 个月的移动平均预测值及其标准误差，而且输出了 3 个月移动平均的预测值和实际值的趋势图。显然，3 个月的步长要比 4 个月以及 6 个月的拟合效果更好，更接近于实际趋势。

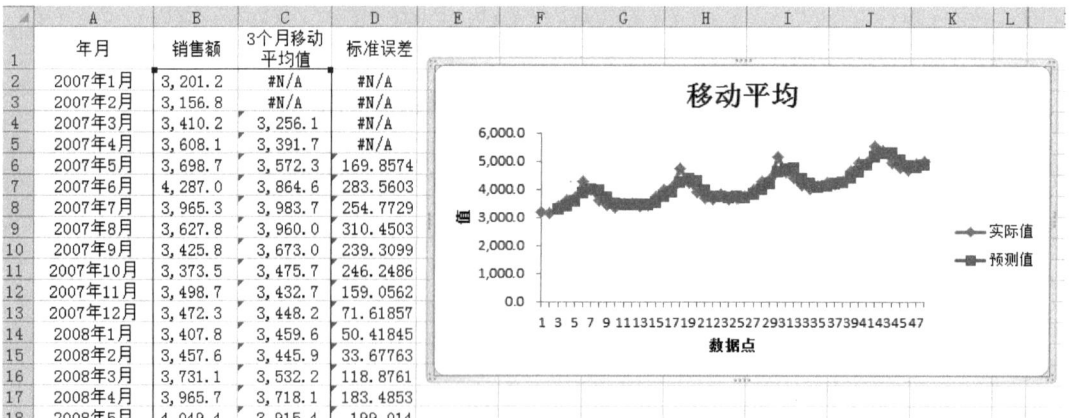

图 11-25　移动平均趋势图

3. 实例的结果分析

该公司自 2007 年至 2010 年的销售额的原始数据显示出其一定的波动趋势,通过添加趋势线,可以剔除这种波动性,从而使销售额表现出一种单纯直观的发展趋势;而使用移动平均分析工具则可以选出预测值与实际值达到最佳吻合度的步长,并可以根据该趋势线的最后一点来更加准确地预测下一个月份的销售额。

11.4 时间序列的指数平滑分析

当移动平均间隔中出现非线性趋势时,则应对不同的时期配以不同的权重。指数平滑法通过对移动平均法加以改进,给予近期数据更大的权重,从而满足了非线性趋势分析的需要。该方法不仅处理时简单有效,更重要的是提供了良好的短期预测精度,因此应用十分广泛。

11.4.1 指数平滑分析的基本原理

根据平滑次数的不同,指数平滑法可以分为一次指数平滑法、二次指数平滑法、三次指数平滑法和高次指数平滑法。这里只介绍最常见的一次指数平滑法。一次指数平滑法又称单一指数平滑法,其数学表达式为:

$$Y_{t+1}^* = \alpha Y_t + (1-\alpha)Y_t^* \tag{11-13}$$

其中,Y_t^* 是第 t 期的模型预测值;Y_t 是第 t 期的实际观测值;α $(0<\alpha<1)$ 是平滑系数,$(1-\alpha)$ 被称为阻尼系数。从公式可以看出,在指数平滑中,第 $t+1$ 期的预测值 Y_{t+1}^* 是第 t 期的实际观测值 Y_t 和第 t 期的预测值 Y_t^* 的加权平均,即用一段时间的预测值和实际观测值的线性组合来预测未来。

11.4.2 利用"规划求解"工具和"指数平滑"工具

1. "规划求解"工具

在公式(11-13)中,平滑系数 α 反映了利用本期实际值信息的程度,阻尼系数$(1-\alpha)$则反映了本次预测对前期预测误差的修正程度。一般来说,阻尼系数$(1-\alpha)$介于 0.7 至 0.8 之间比较合适,这意味着本次预测将对前期预测的误差调整 20%至 30%,以修正以前的预测。此时平滑系数 α 在 0.2 到 0.3 之间,平滑系数越大说明反应越快,但是预测会变得不稳定;若平滑系数太小又会导致预测值的滞后。因此,在进行指数平滑分析时,首先需要寻找一个合适的阻尼系数,然后才能进行确切的预测。

Excel 中的"规划求解"加载项工具提供了最佳阻尼系数的确定方法。一旦确定了最佳阻尼系数，下一步就可以使用指数平滑工具进行趋势预测了。由于在 Excel 2010 中，"规划求解"加载项工具并不作为命令显示在选项卡中，因此，如要使用该工具必须另行加载。加载的具体操作如下：

(1) 单击 Office 按钮，再单击"Excel 选项"按钮，弹出"Excel 选项"对话框。

(2) 在弹出的"Excel 选项"对话框中选择"加载项"选项卡，在可用"加载项"列表中选择"规划求解加载项"，然后单击"转到"按钮，如图 11-26 所示。

图 11-26　"Excel 选项"对话框

(3) 随即弹出"加载宏"对话框，在"可用加载宏"列表中勾选"规划求解加载项"，然后单击"确定"按钮进行加载，如图 11-27 所示。

(4) 安装完毕后，单击"数据"选项卡，在"数据"选项卡的右侧已含有"规划求解"项，如图 11-28 所示，说明"规划求解"工具已加载成功。

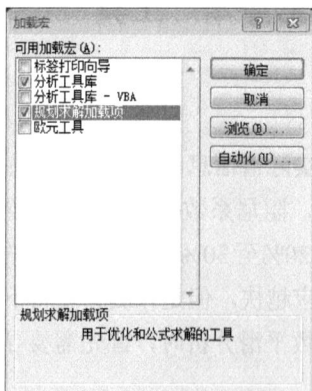

图 11-27　"加载宏"对话框

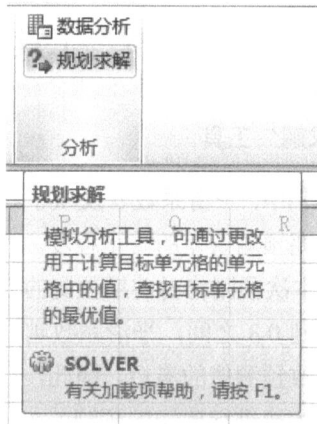

图 11-28　"规划求解"项

2. "指数平滑"工具

和移动平均工具一样，指数平滑工具也不是 Excel 2010 自有工具，它是数据分析工具中的一种。因此用户在使用该工具进行指数平滑之前，需要先加载数据分析工具。本书 4.4.1 节已经介绍了数据分析工具的加载方法，此处不再赘述。

加载完毕后，在工具栏中选择"数据"→"数据分析"命令，随即弹出"数据分析"对话框，在"分析工具"中选择"指数平滑"选项，如图 11-29 所示，单击"确定"按钮，随即弹出"指数平滑"对话框，如图 11-30 所示。根据情况对"指数平滑"对话框各选项进行设置，就可以得到指数平滑结果了。

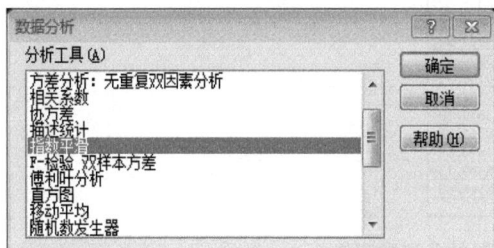

图 11-29　"数据分析"对话框　　　　图 11-30　"指数平滑"对话框

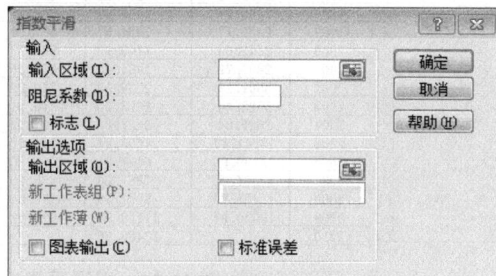

11.4.3　实例应用：山东省 1999—2009 年固定资产投资总额的指数平滑分析

1. 实例的数据说明

近些年，山东省的经济增长迅速，其中固定资产投资的大量增加对经济增长起到了很大的推动作用。表 11-3 列出了山东省自 1999 年至 2009 年固定资产投资的情况，试对该组数据进行指数平滑分析。

表 11-3　山东省 1999—2009 年固定资产投资总额数据　　　　（单位：亿元）

1990	1991	1992	1993	1994	1995	1996	1997	1998	1999
336	440	602	893	1108	1321	1558	1792	2057	2222
2000	2001	2002	2003	2004	2005	2006	2007	2008	2009
2543	2808	3509	5328	7629	10542	11136	12537	15436	19031

2. 实例的操作步骤

(1) 新建 Excel 工作簿，命名为"山东省 1999—2009 年固定资产投资总额的指数平滑分析"，将数据输入到工作表中，在 C1、D1 和 E1 中依次输入"固定资产投资预测值""预测误差"和"S^2"，并设置一个阻尼系数 0.7，计算结果如图 11-31 所示。其中：单元格 C2

中的数据即 1990 年的预测值采用实际值，C3 公式为"=$H$1*B2+$H$2*C2"并依次复制至 C22，D2 公式为"=C2-B2"并依次复制到 D21，H3 公式为"=AVERAGEA(B2:B21)"，E2 公式为"=(D2^2+(C2-$H$3)^2)/20"并依次复制到 E21，H4 公式为"=SUM(E2:E21)"。

	A	B	C	D	E	F	G	H
1	年 份	固定资产投资额	固定资产投资预测值	预测误差	S^2		平滑系数α	0.3
2	1990	335.66	335.66	0.00	1154729.45		阻尼系数（1-α）	0.7
3	1991	439.82	335.66	-104.16	1155271.92		实际投资额平均值	5141.343
4	1992	601.50	366.91	-234.59	1142513.15		$S^2_{总}$	25220056.71
5	1993	892.48	437.29	-455.19	1116767.90			
6	1994	1108.00	573.84	-534.16	1057368.53			
7	1995	1320.97	734.09	-586.88	988414.99			
8	1996	1558.01	910.15	-647.86	916133.63			
9	1997	1792.22	1104.51	-687.71	838447.74			
10	1998	2056.97	1310.82	-746.15	761480.57			
11	1999	2222.17	1534.67	-687.50	674038.32			
12	2000	2542.65	1740.92	-801.73	610283.06			
13	2001	2807.79	1981.44	-826.35	533392.92			
14	2002	3509.29	2229.34	-1279.95	505900.21			
15	2003	5328.44	2613.33	-2715.11	688134.94			
16	2004	7629.04	3427.86	-4201.18	1029296.15			
17	2005	10541.87	4688.21	-5853.66	1723530.19			
18	2006	11136.06	6444.31	-4691.75	1185511.58			
19	2007	12537.02	7851.84	-4685.18	1464886.08			
20	2008	15435.93	9257.39	-6178.54	2755809.73			
21	2009	19030.97	11110.95	-7920.02	4918145.68			
22	2010		13486.96					

图 11-31 平滑系数为 0.3 时的各年预测值

(2) 选择工具栏中的"数据"→"分析"→"规划求解"选项，随即弹出"规划求解参数"对话框，如图 11-32 所示。单击"设置目标"后的折叠按钮，选中总方差所在的单元格 H4，在"到"后的选项中选择"最小值"选项。单击"通过更改可变单元格"后的折叠按钮，选中阻尼系数所在的单元格 H2，然后单击"遵守约束"选择组中的"添加"按钮，弹出"添加约束"对话框，如图 11-33 所示。单击"单元格引用"下的折叠按钮并选中 H2，在中间的下拉列表中选中"<="，在"约束"下的文本框中输入"1"，然后单击"添加"按钮，用同样的方法为 H2 添加约束">=0"，完成后单击"确定"按钮，返回"规划求解参数"对话框，然后单击"求解"按钮。

图 11-32 "规划求解参数"对话框   图 11-33 "添加约束"对话框

(3) 弹出"规划求解结果"对话框，显示找到一解满足所有约束及最优状况，则可以选中"保留规划求解的解"和"报告"下的"运算结果报告"，如图 11-34 所示。完成后单击"确定"按钮。

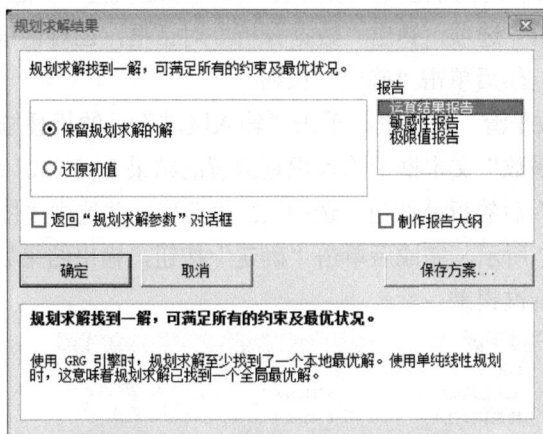

图 11-34　"规划求解结果"对话框

(4) 利用"规划求解"工具求得的阻尼系数的"运算结果报告"如图 11-35 所示，结果在单元格 H2 中显示为如图 11-36 所示。

图 11-35　运算结果报告

A	B	C	D	E	F	G	H
年　份	固定资产投资额	固定资产投资预测值	预测误差	S^2		平滑系数α	0.592478336
1990	335.66	335.66	0.00	1154729.45		阻尼系数（1-α）	0.407521664
1991	439.82	335.66	-104.16	1155271.92		实际投资额平均值	5141.343
1992	601.50	397.37	-204.13	1127346.19		$S^2_{总}$	22644695.01
1993	892.48	518.31	-374.17	1075620.05			

图 11-36　利用"规划求解"工具求出的阻尼系数及输出结果

规划求解结果显示阻尼系数为 0.407 521 664，利用该结果和"指数平滑"工具作进一步分析。

(5) 在单元格 I1 和 J1 中分别输入"预测值"和"标准误差"。选择工具栏中的"数据"→"分析"→"数据分析"选项，弹出"数据分析"对话框，在对话框"分析工具"一栏中选择"指数平滑"选项，然后单击"确定"按钮。

(6) 接着弹出"指数平滑"对话框，单击"输入区域"后的折叠按钮，选中 B1 到 B21 单元格区域，在"阻尼系数"文本框中输入规划求解的结果 0.407 521 664，选中"标志"复选框。单击"输出区域"后的折叠按钮，选中 I2 单元格，并选中"图表输出"和"标准误差"复选框，如图 11-37 所示。完成后单击"确定"按钮，输出结果如图 11-38 所示，包括指数平滑图、预测值及标准误差。

图 11-37　"指数平滑"对话框

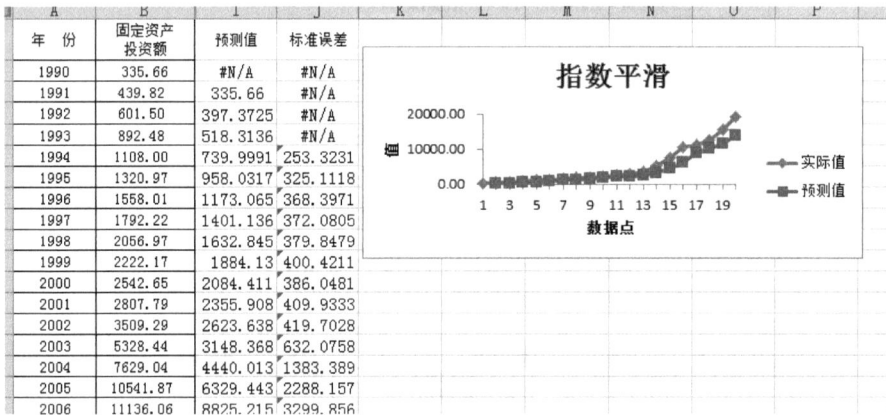

图 11-38　指数平滑分析的输出结果和趋势线

3. 实例的结果分析

通过"规划求解"宏工具，求出了时间序列——山东省 1999 年至 2009 年固定资产投资额的阻尼系数为 0.407 521 664，利用该阻尼系数和数据分析工具中的指数平滑工具，得到了指数平滑趋势图，从图中可以看出，山东省从 1999 年至 2009 年的固定资产投资额逐年递增，并且增速逐年增大。

11.5　时间序列的趋势外推分析

趋势外推分析是时间序列分析中的常用方法，最早由R.赖恩(Rhyne)用于科技预测。他认为，决定事物过去发展的因素，在很大程度上也决定该事物未来的发展，其变化不会太大；事物发展过程一般都是渐进式的变化，而不是跳跃式的变化。因此掌握事物的发展规律，依据其内在规律推导，就可以预测出它的未来趋势和状态。

11.5.1　趋势外推分析的基本原理

趋势外推分析的基本思想是：根据较长时期的时间数列资料，在假定其过去的发展趋势及其变化规律性今后依然存在的条件下，探究其趋势线并延长之，以外推测算该时间序列未来的发展方向和变动程度。趋势外推的思想源于回归分析，因此趋势外推分析也被称为趋势回归分析，只不过它把研究的观测值序列看作为回归模型的因变量，而把时间作为模型的自变量。根据时间序列随时间变动呈现的趋势，将时间序列的趋势分为线性趋势和非线性趋势两大类，相应地，趋势外推模型可分为线性趋势外推模型和非线性趋势外推模型。

趋势外推的方法有很多，但就预测来说，则以采用最小平方法最多。最小平方法又称最小二乘法，是统计学中估计数学模型参数使用的传统方法，亦是测定长期趋势的较好方法。此法的要求有二：一是实际值与趋势值离差平方之和为最小值；二是实际值与趋势值离差总和等于零。用公式表示如下：

$$\sum (Y - \hat{Y})^2 = 最小值 \tag{11-14}$$

$$\sum (Y - \hat{Y}) = 0 \tag{11-15}$$

其中，Y 表示时间序列的实际值，$\hat{Y}$ 表示时间序列的趋势值。在最小平方法下得到的趋势外推模型对时间序列的变动趋势进行了较好的拟合，意味着在进行外推预测时能得到精确的预测值。

11.5.2　线性趋势外推分析和非线性趋势外推分析

1. 线性趋势外推模型

若时间序列的逐期增长量大致相同，那么它的发展趋势是直线型的，就可以配合相应的直线模型来预测未来。线性趋势外推模型的形式是：

$$\hat{Y_t} = a + bt \tag{11-16}$$

其中，$\hat{Y}_t$ 是时间序列 Y_t 的趋势预测值，t 为时间标号，a 为线性趋势线在纵轴上的截距，b 为趋势线的斜率，表示时间 t 变动一个单位引起的时间序列观测值的平均变动量。

2. 非线性趋势外推模型

若时间序列的逐期增长量随着时间的变动而变动，则考虑采用非线性趋势的外推模型，比如指数曲线模型、幂函数曲线模型、多项式曲线模型等。增长曲线中最典型的就是指数曲线，如果时间序列中的逐期增长率即环比增长速度大体相同，那么时间序列所反映的社会经济现象的发展趋势多用指数曲线模型来表示。指数曲线模型的形式是：

$$\hat{Y}_t = ab^t \tag{11-17}$$

其中，$\hat{Y}_t$ 是时间序列 Y_t 的趋势预测值，t 为时间标号，a 是时间标号为 0 时 $\hat{Y}_t$ 的数值，b 为平均发展速度，用以描述时间序列曲线在整个观察期内的平均发展程度。

在选择线性趋势模型还是非线性趋势模型之前，一般要对数据进行预处理，看看该时间序列呈现什么样的趋势，然后再决定下一步应该选择何种模型。常用的预处理方法有两种，一种是通过图形来观察数据的大体走势，另一种是计算出数据的逐期增长量即 ΔY，观察其变动大小。在实例应用中我们采用前一种预处理方法。通过数据的预处理确定了模型类型之后，接下来就开始进行趋势外推分析和预测了，方法包括图形法和函数法。

11.5.3　实例应用：我国 1990—2008 年进出口总额的趋势外推分析

1. 实例的数据说明

自改革开放以来，我国的对外贸易发展迅速。表 11-4 列出了我国 1990—2008 年进出口总额，试对该组数据进行趋势外推分析，并预测 2009 年我国的对外贸易情况，并据此分析金融危机对我国进出口贸易造成的影响程度。

表 11-4　我国 1990—2008 年进出口总额　　　　　　（单位：亿元）

年份	1990	1991	1992	1993	1994	1995	1996
总额	5 560.1	7 225.8	9 119.6	11 271.0	20 381.9	23 499.9	24 133.8
年份	1997	1998	1999	2000	2001	2002	2003
总额	26 967.2	26 849.7	29 896.2	39 273.2	42 183.6	51 378.2	70 483.5
年份	2004	2005	2006	2007	2008		
总额	95 539.1	116 921.8	140 971.5	166 740.2	179 921.5		

2. 实例的操作步骤

(1) 新建 Excel 工作簿，命名为"我国 1990—2008 年进出口总额的趋势外推分析"，将数据和文字输入到工作表中，并插入一列"时间标号 t(t=1,2,……,19)"。

(2) 选中单元格区域 B1:C20，选择工具栏中的"插入"→"图表"→"散点图"→"带平滑线和数据标记的散点图"选项，随即弹出散点图，如图 11-39 所示。

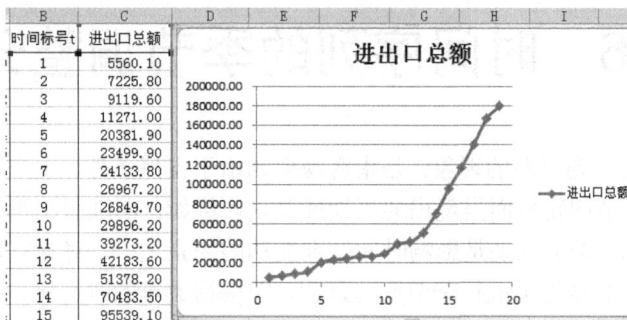

图 11-39　进出口总额散点图

从图形来看，我国 1990—2008 年进出口总额走势更接近于指数曲线，所以我们为其添加"指数趋势线"。

(3) 选择工具栏中的"图表工具"→"布局"→"趋势线"→"其他趋势线选项"，弹出"设置趋势线格式"对话框，如图 11-40 所示。在"趋势预测/回归分析类型"一栏中选中"指数"，在"趋势线名称"一栏中选中"自动"，在"趋势预测"→"前推"后的文本框中输入"1.0"，并选中"显示公式"和"显示 R 平方值"复选框。完成后，单击"关闭"按钮，结果如图 11-41 所示。从图中可以看出，我国进出口总额呈上升趋势，其指数趋势方程为：$Y = 5608.5e^{0.1847t}$。方程的可决系数达到 0.9758，拟合效果很好。

(4) 在此基础上运用指数趋势方程对 2009 年我国进出口总额进行预测，在单元格 A21 中输入"2009 预测值"，在 B21 中输入"20"，在 C21 中输入公式"=5608.5*EXP(0.1847*B21)"，按 Enter 键后就能得到 2009 年的预测值为 225 491.69 亿元，和图形中外推一个周期得到的结果相符。

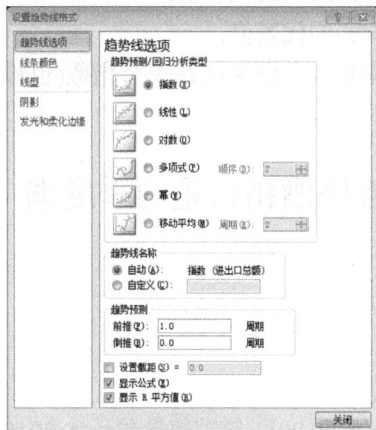

图 11-40　"设置趋势线格式"对话框

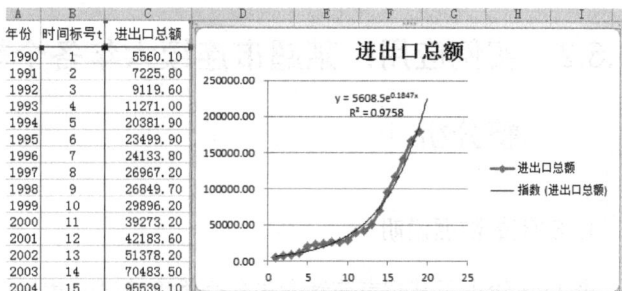

图 11-41　进出口总额的指数趋势曲线

3. 实例的结果分析

根据对我国 1990 年到 2008 年进出口总额的趋势外推分析，预测出 2009 年的进出口贸易总额为 225 491.69 亿元。但是因为 2008 年美国次贷危机的发生，2009 年我国实际进出口总额仅为 150 648.10 亿元，从中可以看出美国次贷危机给我国的进出口贸易带来了巨大的负面影响。

11.6　时间序列的季节调整分析

季节变动是一种较为普遍的现象，是指客观事物由于自然条件、生产条件和生活习惯等因素的影响，随着季节的转变而呈现出的周期性变动。例如，羽绒服的销售情况在不同的季节会呈现明显的区别。季节变动是影响时间序列变动的因素之一，对含有季节变动的时间序列进行调整分析的目的是为了进行季节变动预测，即根据数年的时间序列资料，采用测定季节变动的各种特有的方法，揭示客观事物季节变动的方向和程度，据以进行科学的预测，便于正确地指导生产、组织货源、安排市场供应，以满足社会经济发展的需要。

11.6.1　季节调整分析的基本原理

季节调整分析的重点在于季节成分的识别和剔除，通常情况是通过测定季节指数，季节指数是各季(或者月)平均数与全时期总平均数的比率，用来反映季节变动的程度。

计算季节指数的方法有按月(季)平均法、趋势剔除法、月(季)虚拟变量回归法等，其中第一种方法主要是通过对原时间序列计算简单平均指数的方法来实现，计算公式为：

$$季节指数 = \frac{历年同月平均数}{总的月平均数} \times 100\% \tag{11-18}$$

具体计算步骤如下：

首先，计算各年同一月份(或季度)的平均数作为该月份(或季度)的代表值；

然后，计算出所有月份(或季度)的平均数作为月份(或季度)的代表值；

最后，将各月份(或季度)的平均数除以月份(或季度)的平均数，结果就是季节指数(也称季节比率)。

11.6.2　实例应用：某超市连续六年各个季度啤酒销售量的季度调整分析

1. 实例的数据说明

表 11-5 给出了某超市连续六年各个季度啤酒销售量情况，已知 2011 年销售量预计比 2010

年增长 9%，试对该组数据进行季节调整分析。

表 11-5　某超市连续六年各个季度啤酒销售量　　　　　　(单位：千箱)

	第一季度	第二季度	第三季度	第四季度
2005 年	43	267	387	52
2006 年	60	297	431	66
2007 年	28	388	466	45
2008 年	48	380	448	64
2009 年	56	365	510	47
2010 年	39	410	554	58

2. 实例的操作步骤

(1) 新建 Excel 工作簿，命名为"某超市连续六年各个季度啤酒销售量的季度调整分析"，将数据和文字输入到工作表中。对各年的季度数据绘制折线图，并添加标题，结果如图 11-42 所示，可以看出，啤酒销售量呈现出明显的季度变动趋势。

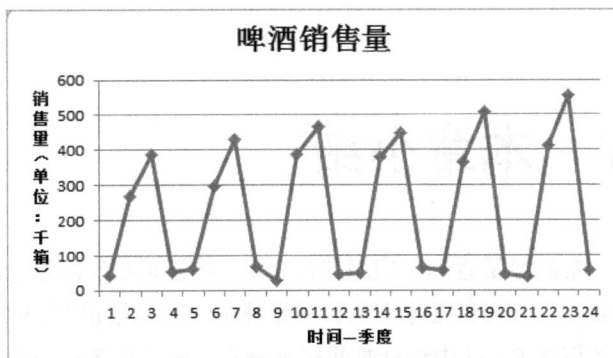

图 11-42　啤酒销售量折线图

(2) 在单元格 A8、A9、A10 和 A11 中依次输入"同季平均""所有季度平均""季节指数"和"2011 年预测值"，在 F1 中输入"合计"。

(3) 计算同季平均值。在单元格 B8 中输入公式"=AVERAGE(B2:B7)"，按回车键，并复制至单元格 E8。

(4) 计算所有季度平均值。在单元格 B9 中输入公式"=AVERAGE(B2:E7)"，按回车键，并合并单元格 B9:E9。

(5) 计算季节指数。在单元格 B10 中输入公式"=B8/$B$9"，按回车键，并将公式复制至单元格 E10。

(6) 计算 2005 年到 2010 年各年的总销售量。在单元格 F2 中输入公式"=SUM(B2:E2)"，按回车键，并将公式复制至单元格 F7。

(7) 计算 2011 年全年预测值。在单元格 F11 中输入公式"=F7*1.09"，按回车键即可。

(8) 计算 2011 年各季度的预测值。在单元格 B11 中，输入公式"=$F$11/4*B10"，按回车键，并复制至单元格 E11。最终得到 2011 年各季度的销售量预测值，如图 11-43 所示。

	第一季度	第二季度	第三季度	第四季度	合计
2005年	43	267	387	52	749
2006年	60	297	431	66	854
2007年	28	388	466	45	927
2008年	48	380	448	64	940
2009年	56	365	510	47	978
2010年	39	410	554	58	1061
同季平均	42.75	385.75	494.50	53.50	
所有季度平均			244.13		
季节指数	0.18	1.58	2.03	0.22	
2011年预测值	50.63	456.85	585.65	63.36	1156.49

图 11-43　啤酒销售量的季节调整分析结果

3. 实例的结果分析

本实例中，啤酒的销量具有明显的季节变动效应。通过月(季)平均法计算出啤酒销量的季节指数，进而对销售数据进行季节调整分析，预测出 2011 年各季度的啤酒销量依次为 50.63、456.85、585.65 和 63.36(千箱)，表明该超市在四个季度应分别购进相应的库存量以备销售。

11.7　本章小结

时间序列分析在日常的经济管理中应用非常普遍，不管是在宏观层面——国家经济走势的分析，还是微观层面——公司日常生产销售的管理中，都是很重要的统计分析方法。

本章主要介绍了如何在 Excel 中进行时间序列分析。时间序列分析的影响因素主要有趋势变动、季节变动、周期变动和随机变动四种，根据这四个因素之间的关系可将时间序列分解为加法模型和乘法模型。本章介绍了时间序列的几种分析方法，包括统计对比分析、移动平均分析、指数平滑分析、趋势外推分析和季节调整分析。在实际应用中，应根据时间序列的类型和分析者的需要，选择合适的分析方法。总之，时间序列作为回归分析的衍生和发展，在统计分析中扮演着举足轻重的角色，若能熟练掌握时间序列分析并加以应用，相信对日常的经济管理一定会有很大的帮助。

11.8　上机题

1. 经过改革开放三十多年以来的飞速发展，我国国内生产总值(GDP)已由改革开放之初的 4000 多亿元增长到如今的 400 000 多亿元，增长了近百倍，这使得我国成为仅次于美国的

第二大经济体,从此跨入世界经济强国之林。表 11-6 是 1991 年至 2010 年二十年来我国 GDP
的历年数据。

表 11-6　我国 1991 年至 2010 年的 GDP 数据

年　份	GDP/亿元
1991	21 781.5
1992	26 923.5
1993	35 333.9
1994	48 197.9
1995	60 793.7
1996	71 176.6
1997	78 973.0
1998	84 402.3
1999	89 677.1
2000	99 214.6
2001	109 655.2
2002	120 332.7
2003	135 822.8
2004	159 878.3
2005	184 937.4
2006	216 314.4
2007	265 810.3
2008	314 045.4
2009	340 902.8
2010	401 202.0

　　要求：(1) 对 1991 年至 2010 年我国的国内生产总值进行统计对比分析;

(2) 对 1991 年至 2010 年我国的国内生产总值进行移动平均分析;

(3) 对 1991 年至 2010 年我国的国内生产总值进行指数平滑分析;

(4) 对 1991 年至 2010 年我国的国内生产总值进行趋势外推分析;

(5) 对比总结(1)至(4)的分析结果,从而对 1991 年至 2010 年我国的国内生产总值
的变化情况进行总体评价。

　　2. 一家文具公司 2003 年至 2010 年间各季度销售额如表 11-7 所示。已知 2011 年销售量
预计比 2010 年增长 9%。

表 11-7　某文具公司 2003 年至 2010 年间各季度销售额　　　　　　　　　（单位：万元）

年份	第一季度	第二季度	第三季度	第四季度
2003	57	138	183	117
2004	70	175	193	110
2005	66	156	189	101
2006	51	139	175	146
2007	69	183	287	270
2008	101	234	226	161
2009	83	167	214	105
2010	43	115	198	137

　　要求：对该文具公司 2003 年至 2010 年间各季度销售额进行季节调整分析。

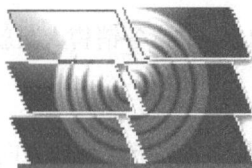

第 12 章
数据透视表和数据透视图

数据透视表和数据透视图是 Excel 的特色功能之一，拓展了 Excel 的统计分析功能。在 Excel 2010 中，数据透视表在数据分析方面的功能十分强大，它可以方便快速地将数据分组，汇总大量的数据形成有用信息，并在很短的时间内进行各种计算。许多使用复杂函数才能解决的问题，使用数据透视表可以十分便捷地处理，特别是对于数据比较庞大的情况，使用数据透视表可以极大地提高效率并减少错误。而数据透视图是数据透视表的图形形式，能更加有效直观地显示数据透视表中的数据规律。在本章我们将学习如何创建和编辑数据透视表及数据透视图，并学习如何使用数据透视表及透视图对数据进行分析和统计。

12.1　数据透视表

数据透视表是管理数据的一种方法，是一种对大量数据进行快速汇总和交叉制表的交互式表格。如果需要分析相关的汇总值，尤其是合计较大的数字列表并对每个数字进行多种比较时，通常使用数据透视表。简单而言，数据透视表就是实现 Excel 强大功能的一个有效的工具，利用它可以对庞大复杂的数据进行独特的透视。

12.1.1　数据透视表简介

数据透视表报表的真正强大之处在于在报表内可以交互式拖动字段，动态地修改透视数据，重新计算总数以适应当前视图。数据透视表不仅仅能计算和汇总数据，更重要的是能帮助我们以比传统的函数和公式更快更好的方式完成许多任务。例如，可以使用数据透视表立即将大批数据转化为垂直或者水平显示，可以使用数据透视表快速查找数据中特定的值，并对特定的值进行计数，还可以使用数据透视表为自己准备好在图表中要使用的数据。数据透视表由以下七个部分组成：

1. 行字段

行字段是指来自原始源数据且在数据透视表中被指定为行方向的字段，与行字段相关的项显示为行标志。在图 12-1 中，各销售人员就是行字段。

2. 列字段

列字段是指数据透视表中被指定为列方向的字段，与列字段相关的项显示为列标志。在图 12-1 中，各销售部门就是列字段。

3. 项

项是指数据透视表字段的子分类或成员。在图 12-1 中，"营销 1 部""营销 2 部"和"营销 3 部"就是"销售部门"字段中的项。

4. 页字段

页字段是指被分配到页或筛选方向上的字段。在页字段中，既可以显示所有项的汇总，也可以一次显示一个项，而筛选掉其他所有项的数据。在图 12-1 中，"销售日期"就是页字段，它可用来按时间筛选报表。通过使用"销售日期"字段，用户可以显示全部销售日期的汇总数据的列表，也可以根据不同的销售日期来筛选数据。

5. 页字段项

页字段列表中的每一项即为页字段项。在图 12-1 中，"销售日期"页字段的下拉按钮显示"全部"，表示当前显示全部日期的销售汇总数据。也可以指定某一天为当前选定项，如"2011-5-21"，只显示这一天的销售数据。

6. 数据字段

数据字段是指汇总数据清单中所指定的数值型字段。在图 12-1 中，"求和项:销售额(元)"就是数据字段。

7. 数据区

数据区是数据透视表报表中包含汇总数据的部分。数据区中的单元格显示了行和列字段中各项的汇总数据。数据区的每个值都代表了源记录或行中的一项数据的汇总。

	A	B	C	D	E
1	销售日期	(全部)			
2					
3	求和项:销售额(元)	销售部门			
4	销售人员	营销1部	营销2部	营销3部	总计
5	杜远		43791.41		43791.41
6	方晓东	97899.16			97899.16
7	蓝晓琦	88926.69			88926.69
8	李小宁		50627.77		50627.77
9	刘红		43574.86		43574.86
10	刘建鹏			69026.28	69026.28
11	刘炫	67880.91			67880.91
12	苏盈盈			48534.18	48534.18
13	王宏宇	76109.35			76109.35
14	王郦娜			54553.55	54553.55
15	吴莉莉	150146.58			150146.58
16	萧剑			77260.68	77260.68
17	徐伟志		55595.13		55595.13
18	张梦远			77117.05	77117.05
19	赵宇明		71846.77		71846.77
20	总计	480962.69	265435.94	326491.74	1072890.37

图 12-1　数据透视表构成

12.1.2　创建数据透视表

数据透视表是一种交互式的统计报表，对多种来源的数据都可以进行分析，而创建数据透视表是应用数据透视表对数据进行分析的第一步。数据透视表既可以通过数据清单直接创建，也可以通过从本机的其他数据库或从外部获取数据来源创建。在 Excel 2010 中创建数据透视表的具体步骤如下：

(1) 选择"数据透视表"选项。单击"插入"选项卡"表格"组中的"数据透视表"按钮，并在如图 12-2 所示的下拉菜单中选择"数据透视表"命令，将会弹出如图 12-3 所示的"创建数据透视表"对话框。

图 12-2　"数据透视表"下拉菜单　　　　　图 12-3　"创建数据透视表"对话框

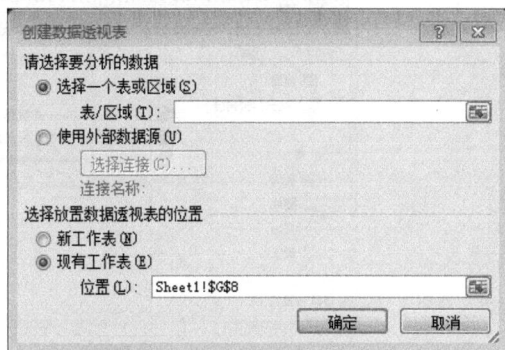

(2) 选择数据。若采用 Excel 工作表中的数据，则可在"创建数据透视表"对话框中选择"选择一个表或区域"选项，并在右侧的框中输入数据所在区域。若用户在创建数据透视表的过程中，需要引用外部数据源，则可在这一步选择"使用外部数据源"选项，并单击"选择连接"按钮，弹出如图 12-4 所示的"现有连接"对话框，用户可在这个对话框中直接选择想要的数据源，然后单击右下角的"打开"按钮；若该对话框中没有用户想要的数据源，则可单击左下角的"浏览更多"按钮，打开如图 12-5 所示的"选取数据源"对话框，并在该对话框中选择想要的数据源。

(3) 选择数据透视表的放置位置。在"选择放置数据透视表的位置"选项中按照用户的需要选择"新工作表"或"现有工作表"中的某一位置。若选择"新工作表"，则 Excel 将自动插入一个新的工作表，创建的数据透视表将显示在新工作表中；若选择"现有工作表"，数据透视表将显示在现有工作表中用户输入的指定区域。

图 12-4 "现有连接"对话框

图 12-5 "选取数据源"对话框

12.1.3 实例应用：某公司上半年各销售部门人员销售业绩的数据透视表创建

1. 实例的数据说明

某公司在 2011 年年中总结时想了解各销售部门人员上半年的销售业绩情况，以为下半年的工作计划提供参考。图 12-6 显示的是该公司 2011 年上半年各销售部门人员的销售业绩资料(因数据较多，特对第 8 至 87 行执行了"隐藏"操作)，试据此创建相应的数据透视表。

某公司上半年各销售部门人员销售业绩的数据透视表创建

	A	B	C	D	E
1	销售部门	销售人员	销售日期	销售额(元)	
2	营销3部	苏盈盈	2011年5月	5697.5	
3	营销3部	刘建鹏	2011年3月	8221.3	
4	营销3部	张梦远	2011年4月	7272.25	
5	营销1部	方晓东	2011年6月	25854.72	
6	营销1部	蓝晓琦	2011年2月	13929.19	
7	营销2部	赵宇明	2011年4月	3482.5	
88	营销2部	刘红	2011年4月	1922.32	
89	营销3部	苏盈盈	2011年4月	12075.71	
90	营销3部	萧剑	2011年6月	20848.1	
91	营销1部	方晓东	2011年5月	19712.83	
92					

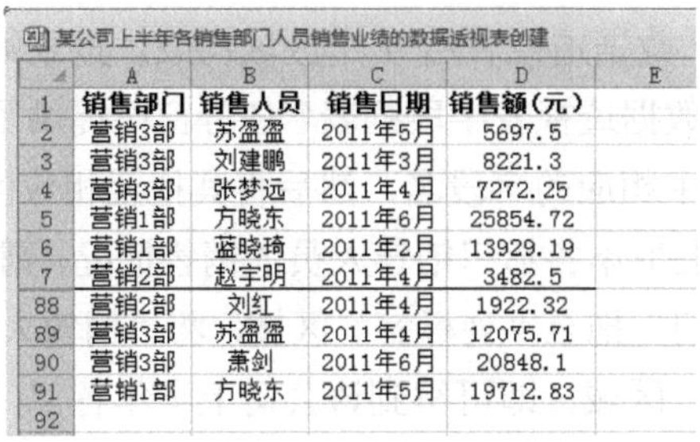

图 12-6　某公司上半年各部门销售人员销售业绩的原始数据

2. 实例的操作步骤

(1) 选择“数据透视表”选项。单击“插入”选项卡的“数据透视表”按钮，在下拉菜单中选择“数据透视表”命令，如图 12-7 所示，随即弹出“创建数据透视表”对话框。

(2) 选择数据。在“创建数据透视表”对话框中，选中“选择一个表或区域”，并单击“表/区域”后的折叠按钮，然后选择单元格区域 A1:D91。

(3) 选择数据透视表的放置位置。在“创建数据透视表”对话框的“选择放置数据透视表的位置”选项中，单击“新工作表”，即将创建的数据透视表显示在一个新的工作表中，如图 12-8 所示。完成后单击“确定”按钮，进入数据透视表的视图界面，如图 12-9 所示。

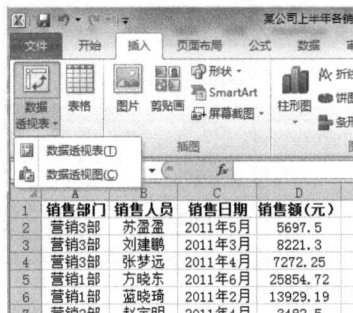

图 12-7　插入“数据透视表”

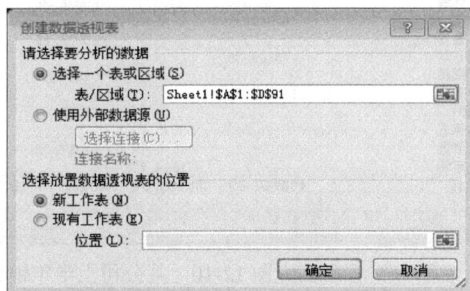

图 12-8　“创建数据透视表”对话框

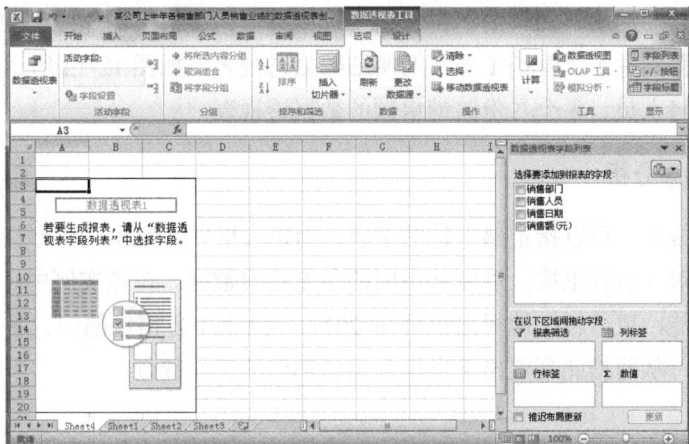

图 12-9　数据透视表的视图界面

从图 12-9 中可以看出，数据透视表由 4 个区域构成：报表筛选区域、列标签区域、行标签区域和 Σ 数值区域。"数据透视表字段列表"任务窗格提供了数据源清单所包含的字段名列表，用户可根据需要选中相应的字段名，然后将其拖至相应区域。

(4) 例如想了解该公司上半年各部门销售人员的销售情况，则可将"销售日期"拖至"报表筛选"区域，将"销售部门"拖至"列标签"区域，将"销售人员"拖至"行标签"区域，将"销售额"拖至"Σ 数值"区域，即可得到该公司上半年各部门销售人员的销售数据透视表，如图 12-10 所示。

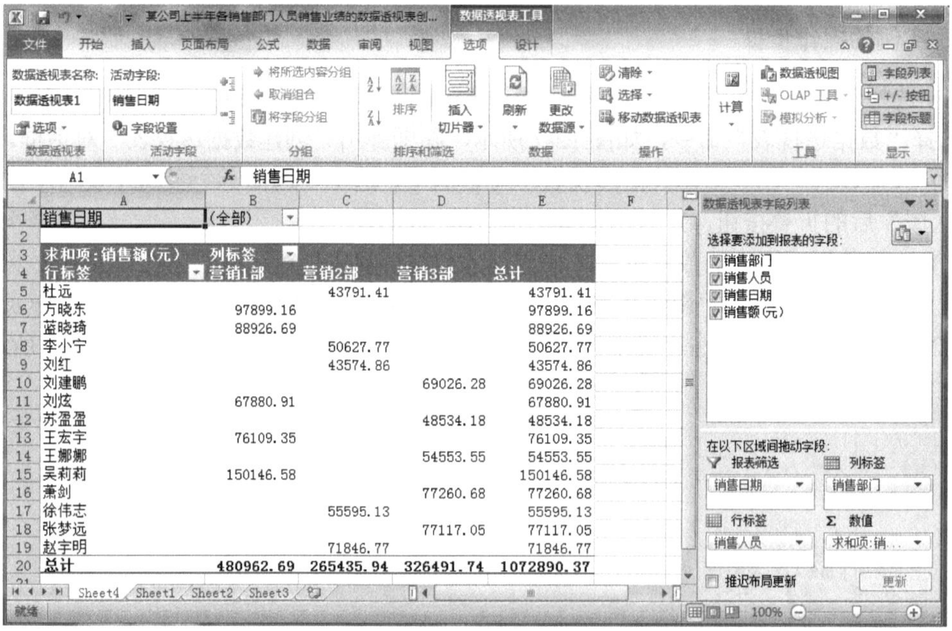

图 12-10　某公司上半年销售情况数据透视表

(5) 如果想建立某个字段项的明细数据透视表，如建立本例中"营销 1 部"的数据透视表，可在列字段即"销售部门"的下拉按钮中选中"营销 1 部"，如图 12-11 所示，然后单击"确定"，即得到关于"营销 1 部"的明细数据透视表，如图 12-12 所示。用同样的方法可以得到各个销售人员、各个月份的销售额的数据透视表。

3. 实例的结果分析

利用数据透视表，可以指定感兴趣的字段，指定表格如何组织、执行什么样的计算，并在建立表格之后对其进行重排，以便从不同的角度观察数据。在该实例中，利用 Excel 强大的数据透视表功能，可以轻松地得出该公司 2011 年上半年各销售部门、各销售人员以及各月份的销售情况，从而据此制定出下半年各销售部门的工作计划。

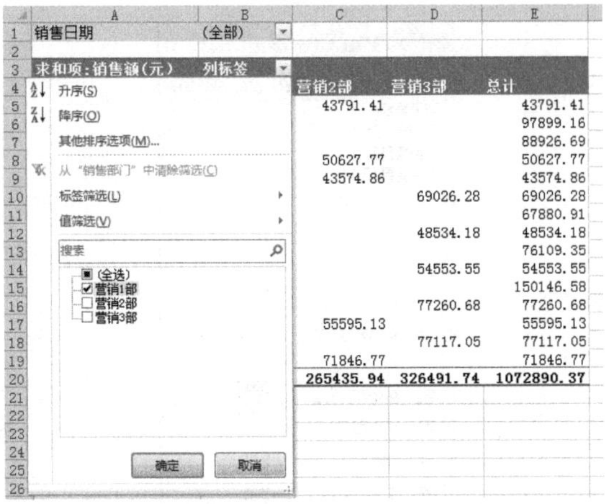

图 12-11　建立"营销 1 部"销售情况的明细数据透视表

图 12-12　"营销 1 部"销售情况的数据透视表

12.1.4　设计和更改数据透视表版式

创建数据透视表并没有标准化的向导，用户需要根据自身要求来设置数据透视表的布局结构。创建完数据透视表之后，可以通过添加或删除透视表的布局来重新设计和更改数据透视表的版式，使创建出来的数据透视表更加符合用户的使用要求。这里利用 12.1.3 节中所创建的数据透视表来详解如何设计和更改数据透视表版式。

1. 数据透视表字段的设置

有时用户需要向现有的数据透视表中添加、删除或移动字段来完善现有的数据透视表，以适应用户的审美和使用要求。

(1) 添加字段。如果用户需要在数据透视表中添加某个字段，只需在"数据透视表字段列表"窗口中右键单击想要添加的字段名称，在弹出的如图 12-13 所示的"添加到报表筛选""添加到行标签""添加到列标签""添加到值"4 个命令之间进行选择，即可完成该字段的添加。也可以将要添加的字段名称直接拖至"报表筛选"区域、"行标签"区域、"列标签"区域或"Σ 数值"区域。

(2) 移动字段。用户有时可能需要对现有的数据透视表中的字段顺序进行调整，此时可以通过移动字段来实现。如在本例中，要想把"销售人员"从"行标签"区域移至"列标签"区域，只需单击"行标签"区域中的"销售人员"的下拉按钮，如图 12-14 所示，选中"移动到列标签"即可。同理，可将"列标签"区域中的列字段移至"行标签"区域。除此之外，也可以将字段项直接拖动至相应区域。

(3) 删除字段。若要从数据透视表中删除一个字段，则在"数据透视表字段列表"顶部的字段名称中去除其复选标记即可，也可以单击所在区域中相关字段的下拉按钮，如图 12-14 所示，然后选择"删除字段"命令。

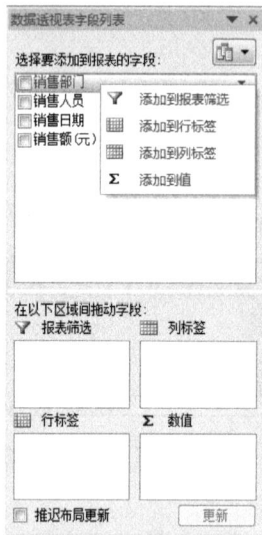

图 12-13　添加字段　　　　　　　　　　　　图 12-14　移动字段

2. 数据透视表工作表的设置

用户创建数据透视表之后，不仅可以对数据透视表中的字段进行相应的设计和更改，还可以对整个数据透视表的工作表进行复制、移动或删除等相应的操作，以满足使用要求。

(1) 复制数据透视表。用户若想将创建好的数据透视表复制到一个新的工作表中，可以通过复制或移动数据透视表的方式来实现。如图 12-15 所示，选中"数据透视表工具"工具下的"选项"选项卡中的"移动数据透视表"命令，出现"移动数据透视表"对话框，如图12-16 所示，选择"新工作表"或"现有工作表"的某一"位置"，即可将数据透视表复制到一个新的工作簿或当前工作表的某一位置。

图 12-15　移动数据透视表

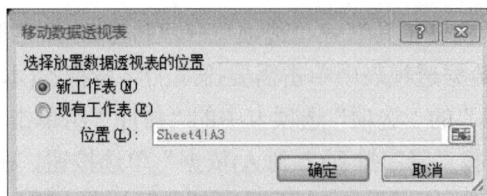

图 12-16　"移动数据透视表"对话框

另外一种方法是用鼠标右击底部数据透视表的工作表名称，如本例中的"sheet4"，选择"移动或复制"命令，如图 12-17 所示，出现"移动或复制工作表"对话框，如图 12-18 所示，选择"移至最后"，并选中"建立副本"，则可以将数据透视表复制到新的工作表"sheet4(2)"中。

(2) 删除数据透视表。同理，要想删除数据透视表，则可以在图 12-17 中选择"删除"命令。如果只想清除数据透视表中单元格中的数据，而不是删除数据透视表所在的整个工作表，只需选中单元格中的内容，按下 Delete 键即可。

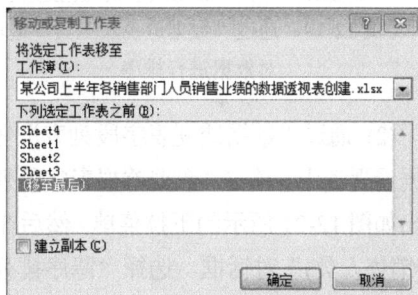

图 12-17　移动或复制数据透视表

图 12-18　"移动或复制工作表"对话框

12.1.5　编辑数据透视表

建立好的数据透视表虽然可以用于各类数据分析，但根据具体的分析需要，有时还需要对数据透视表中的数据进行排序，或者改变数据透视表的汇总方式，甚至更新数据透视表中的数据等，这些操作都属于数据透视表的编辑内容。接下来以 12.1.3 中的实例为例依次介绍如何对数据透视表进行以上三种类型的编辑。

1. 对数据透视表中的数据进行排序

在 Excel 2010 中通过数据透视表的排序功能可以非常直观地显示数据、有效地组织数据，从而更加直观地对比各个数据记录。在对数据透视表中的数据进行排序时有两种方法，这里我们采用这两种方法对每个销售人员的销售业绩进行排序，即按销售额大小对其进行降序排列。

(1) 通过执行"数据透视表工具"→"选项"→"排序"→"排序"操作对数据进行排序。如图 12-19 所示，在数据透视表中单击需要排序的字段标签(本例为"销售人员")的某一项，在"数据透视表工具"的"选项"选项卡中的"排序"组单击"排序"按钮，弹出"排序(销售人员)"对话框，选择"降序排列(Z 到 A)依据"单选按钮，在下方的下拉菜单中选择"求和项：销售额(元)"选项，如图 12-20 所示，完成后单击"确定"按钮。

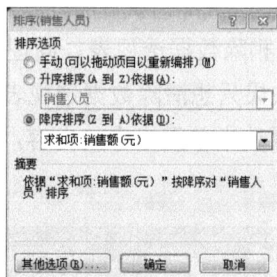

图 12-19　通过"数据透视表工具"选项中的排序命令　　图 12-20　"排序(销售人员)"对话框
　　　　　对数据进行排序

(2) 通过"数据透视表字段列表"任务窗口中的字段中的排序选项命令来进行排序。在该数据透视表中，单击"数据透视表字段列表"任务窗口中的"销售人员"字段旁边的下拉按钮，弹出如图 12-21 所示的下拉菜单。然后在下拉菜单中选择"其他排序选项"命令，随即弹出"排序(销售人员)"对话框，选择"降序排列(Z 到 A)依据"单选按钮，在下方的下拉菜单中选择"求和项：销售额(元)"选项，如图 12-20 所示，完成后单击"确定"按钮即可。

采用(1)或(2)的方法对该公司销售人员按照销售额进行排序后的结果如图 12-22 所示。

图 12-21　通过"数据透视表字段列表"中的排序命令对数据进行排序

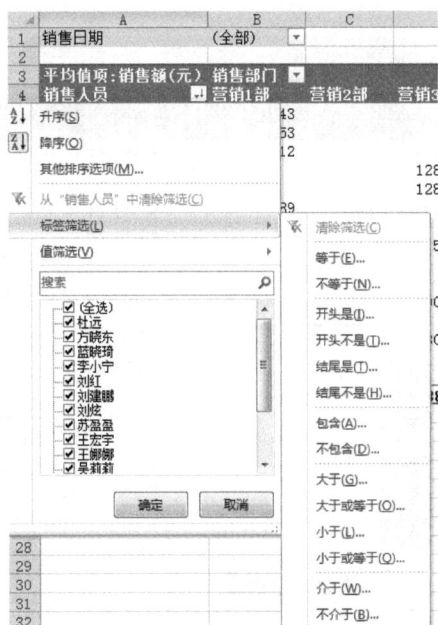

图 12-22　按销售额对销售人员进行降序排列后的数据透视表

2. 对数据透视表中的数据进行筛选

在 Excel 2010 中，用户可以通过数据透视表的筛选数据功能选出符合指定条件的数据，同时通过数据筛选也能够轻松地在数据透视表中完成数据查找。数据透视表的数据筛选可分为标签筛选和值筛选两类。

(1) 标签筛选

在数据透视表中，单击"行标签"或"列标签"的下拉箭头，在打开的下拉列表中，单击"标签筛选"命令，打开如图 12-23 所示的命令菜单。如果用户只需进行简单的标签筛选，则在左侧已有的标签复选框中勾选需要显示的标签名称，然后单击"确定"按钮。

图 12-23　"标签筛选"命令菜单

若要完成比较复杂的标签筛选，则需要在如图 12-23 右侧所示的"标签筛选"菜单中选择筛选的对应方式，并在弹出的窗口中输入相应的筛选标准，之后单击"确定"按钮即可。如在本例中，若需要选出"刘"姓销售人员的销售情况，则可在图 12-23 右侧的命令中选择"开头是"选项，随即弹出"标签筛选(销售人员)"对话框，在文本框中输入文字"刘"，如图 12-24 所示，单击"确定"按钮，即可筛选出"刘"姓销售人员的销售情况。筛选的结果如图 12-25 所示。

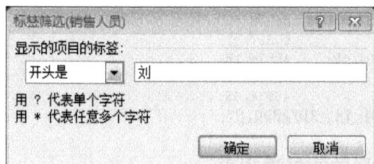

图 12-24　"标签筛选(销售人员)"对话框

图 12-25　标签筛选结果

(2) 值筛选

在数据透视表中，有时可能需要根据字段标签下的数值来进行一定的筛选，此时可以单击"行标签"或"列标签"的下拉箭头，在打开的下拉列表中，单击"值筛选"命令，将打开如图 12-26 所示的命令菜单。若要完成比较复杂的值筛选，可以在图 12-26 右侧的"值筛选"菜单中选择筛选的对应方式，并在弹出的窗口中输入相应的筛选标准，然后单击"确定"按钮。如在本例中，若需要选出销售额大于 50 000 元的销售人员，则可在图 12-26 右侧的命令中选择"大于"，随即弹出"值筛选(销售人员)"对话框，在文本框中输入数字"50000"，如图 12-27 所示，完成后单击"确定"按钮，即可筛选出销售额大于 50 000 元的销售人员，结果如图 12-28 所示。

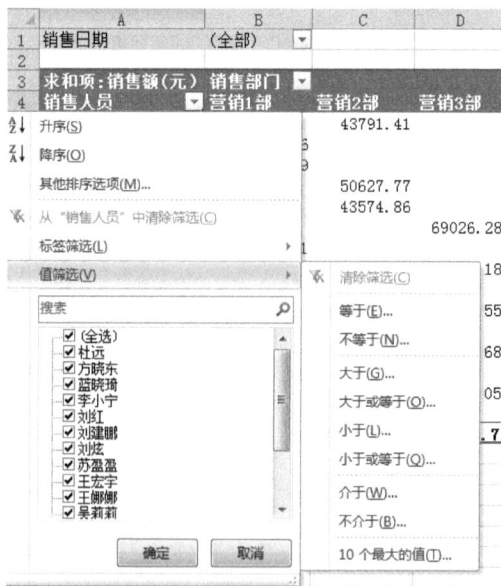

图 12-26　"值筛选"命令菜单

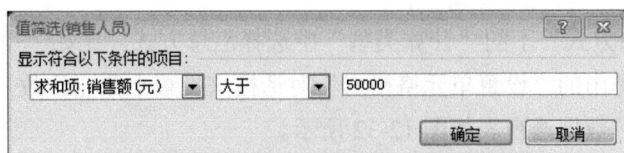

图 12-27　"值筛选(销售人员)"对话框

	A	B	C	D	E
1	销售日期	(全部)			
2					
3	求和项:销售额(元)	销售部门			
4	销售人员	营销1部	营销2部	营销3部	总计
5	方晓东	97899.16			97899.16
6	蓝晓琦	88926.69			88926.69
7	李小宁		50627.77		50627.77
8	刘建鹏			69026.28	69026.28
9	刘炫	67880.91			67880.91
10	王宏宇	76109.35			76109.35
11	王娜娜			54553.55	54553.55
12	吴莉莉	150146.58			150146.58
13	萧剑			77260.68	77260.68
14	徐伟志		55595.13		55595.13
15	张梦远			77117.05	77117.05
16	赵宇明		71846.77		71846.77
17	总计	480962.69	178069.67	277957.56	936989.92

图 12-28　值筛选结果

3. 改变数据透视表的汇总方式

在默认情况下，数据透视表中数据的汇总方式是求和，如在本例中，在 Σ 数值区域中的 "销售额"默认的汇总方式为求和项，用户可以根据需要改变数据透视表的汇总方式，如把 "销售额"的汇总函数改成求平均值、最大值或最小值。具体步骤如下：

(1) 单击"Σ 数值区域"中"求和项：销售额"旁边的下拉按钮，如图 12-29 所示，在 下拉菜单中选择"值字段设置"，弹出如图 12-30 所示的"值字段设置"对话框。

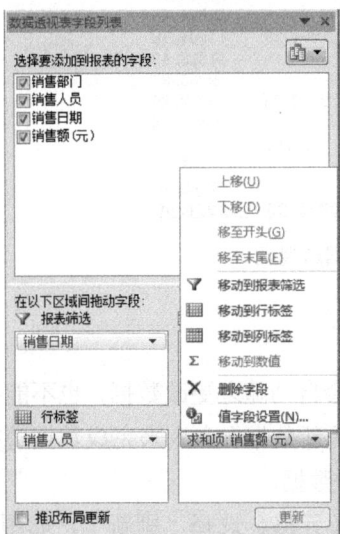

图 12-29　执行"值字段设置"命令

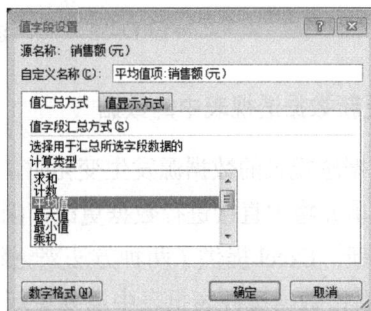

图 12-30　"值字段设置"对话框

(2) 在"值汇总方式"下的"计算类型"中选择汇总方式，比如"平均值"。可以通过单击"数字格式"弹出的"设置单元格格式"对话框来设置小数点位数，如图 12-31 所示。"平均值"汇总后的数据透视表如图 12-32 所示。

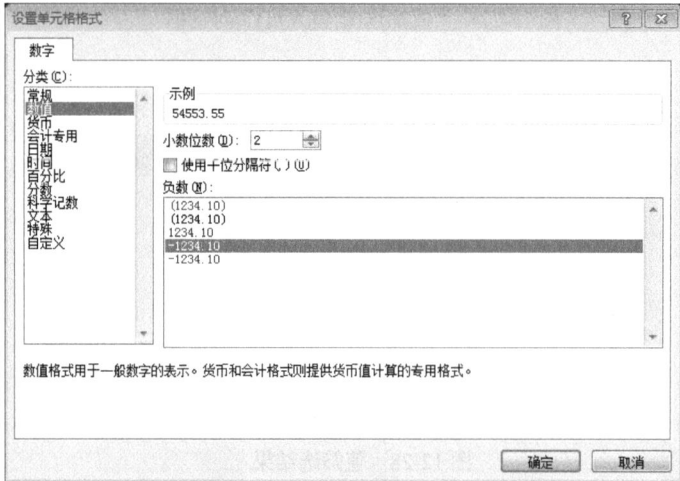

图 12-31　"设置单元格格式"对话框

	A	B	C	D	E
1	销售日期	(全部) ▼			
2					
3	平均值项:销售额(元)	销售部门 ▼			
4	销售人员	↓ 营销1部	营销2部	营销3部	总计
5	吴莉莉	25024.43			25024.43
6	方晓东	16316.53			16316.53
7	蓝晓琦	14821.12			14821.12
8	萧剑			12876.78	12876.78
9	张梦远			12852.84	12852.84
10	王宏宇	12684.89			12684.89
11	赵宇明		11974.46		11974.46
12	刘建鹏			11504.38	11504.38
13	刘炫	11313.49			11313.49
14	徐伟志		9265.86		9265.86
15	王娜娜			9092.26	9092.26
16	李小宁		8437.96		8437.96
17	苏盈盈			8089.03	8089.03
18	杜远		7298.57		7298.57
19	刘红		7262.48		7262.48
20	总计	16032.09	8847.86	10883.06	11921.00

图 12-32　"平均值"汇总后的数据透视表

4. 更新数据透视表中的数据

当数据透视表的数据源发生变化时，数据透视表不会自动随之更改数据，也不能在数据透视表的单元格中直接进行数据更改，因此需要使用"更新数据"命令来完成数据透视表中数据的更新。Excel 提供了两种方法来更新数据透视表的数据。

(1) 右击数据透视表报表中需要更新的数据所在的单元格，选择"刷新"，如图 12-33 所示。这一选择将重新复制数据集，并用最新的数据覆盖以前的数据透视表缓存。

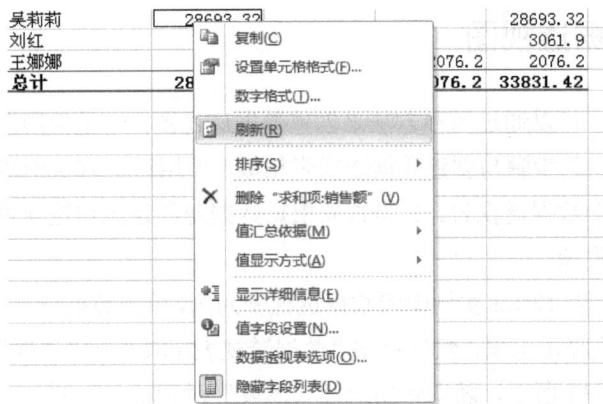

图 12-33　选择"刷新"选项

(2) 通过选择"数据透视表工具"选项卡上的"选项"组，执行"刷新"命令，以刷新数据透视表的数据，如图 12-34 所示。

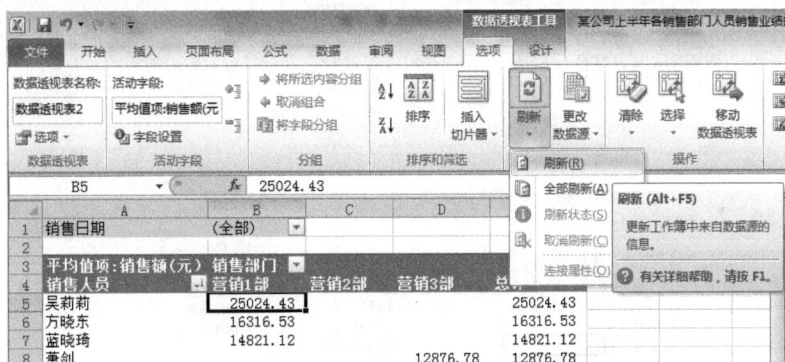

图 12-34　更新数据透视表中的数据

12.2　数据透视图

使用数据透视表大量分析汇总数据之后，用户还可以通过数据透视图来用图示的方式将数据分析结果直观地表达出来。在 Excel 中，数据透视图是数据透视表的图形形式，继承了数据透视表的交互式特点，同时具有图表的可视性特点，能有效显示数据透视表中的数据规律。当用户需要按不同的方式查看数据的预测趋势和动态变化特点时，就可以使用数据透视图。在创建数据透视图时，Excel 会自动创建相关联的数据透视表，两者是相互链接的。从前面的章节可以看出，在数据透视表中，可以很方便地改变布局，通过调整字段按钮来显示不同的数据，数据透视图也具有这些功能。

12.2.1　创建数据透视图

在 Excel 2010 中，可以通过两种方法来创建数据透视图：一是使用原始的数据源，利用向导创建数据透视图，其步骤与创建数据透视表相似。使用这种方法创建的数据透视图会自动地创建与此相关联的数据透视表。二是首先根据数据源创建数据透视表，然后再基于数据透视表来创建数据透视图。

关于第二种方法，以 12.1.3 实例中的数据透视表为例，单击数据透视表中的任一单元格，使"数据透视表工具"显示出来，然后单击"数据透视表工具"→"选项"→"工具"→"数据透视图"，如图 12-35 所示，随即弹出"插入图表"对话框，如图 12-36 所示，这里选择柱形图的第一种子图形，然后单击"确定"按钮。接着弹出对应的数据透视图，如图 12-37 所示。为了让用户更全面地了解数据透视图的内容，在实例应用中将着重讲解创建数据透视图的第一种方法。

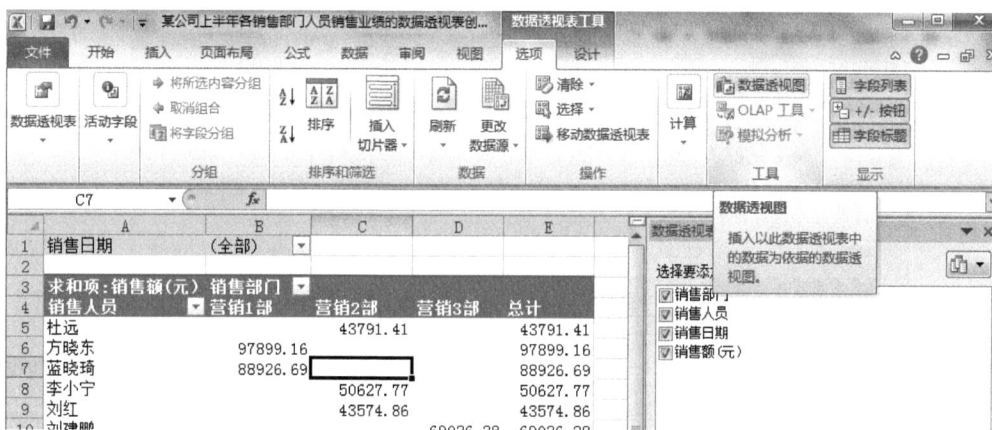

图 12-35　选择"数据透视图"

图 12-36　"插入图表"对话框

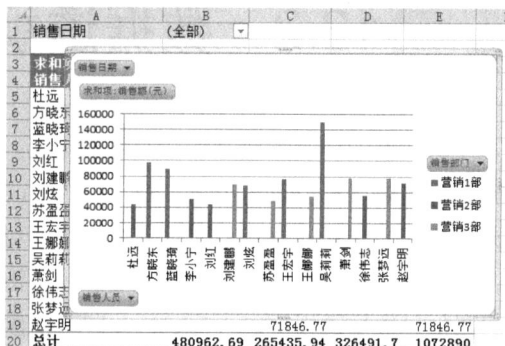

图 12-37　对应的数据透视图

12.2.2　实例应用：某公司上半年各销售部门人员销售业绩的数据透视图创建

1. 实例的数据说明

采用 12.1.3 实例应用中的原始数据资料，如图 12-6 所示，试据此创建该公司 2011 年上半年各销售部门人员销售业绩的数据透视图。

2. 实例的操作步骤

(1) 选择"数据透视表图"选项。单击"插入"选项卡的"数据透视表"按钮，并在下拉菜单中选择"数据透视图"命令，随即弹出"创建数据透视表及数据透视图"对话框，如图 12-38 所示。

(2) 选择数据。在"创建数据透视表及数据透视图"对话框中，选中"选择一个表或区域"，并单击"表/区域"后的折叠按钮，然后选择单元格区域 A1:D91。

图 12-38　"创建数据透视表及数据透视图"对话框

若用户在创建数据透视图的过程中，需要引用外部数据源，则可在这一步选择"使用外部数据源"选项，并单击"选择连接"按钮，弹出"现有连接"对话框，用户可在这个对话框中直接选择想要的数据源，然后单击右下角的"打开"按钮；若该对话框中没有用户想要的数据源，则可单击左下角的"浏览更多"按钮，打开"选取数据源"对话框，并在该对话框中选择想要的数据源。

(3) 选择数据透视图的放置位置。在"创建数据透视表及数据透视图"对话框的"选择放置数据透视表及数据透视图的位置"选项中，单击"新工作表"，即将创建的数据透视表显示在一个新的工作表中，如图 12-38 所示。完成后单击"确定"按钮，进入数据透视图的视图界面，如图 12-39 所示。

从图 12-39 中可以看出，数据透视图由 4 个区域构成，即："报表筛选"区域、"图例字段"区域、"轴字段"区域和"Σ 数值"区域，"数据透视表字段列表"任务窗格提供了数据源清单所包含的字段名列表，用户可根据需要选中相应字段名，然后将其拖至相应区域。

(4) 如果想直观地了解各营销部门的产品销售情况，则可以将"销售部门"拖至"轴字段"区域，将"销售额"拖至"Σ数值"区域，然后单击"确定"，即得到关于各部门总体销售业绩的柱状图，如图 12-40 所示。

图 12-39　数据透视图的视图界面

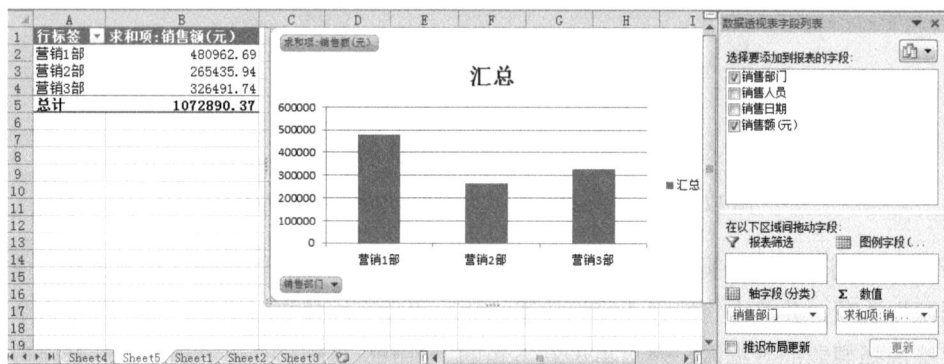

图 12-40　各部门总体销售业绩的数据透视图

3. 实例的结果分析

该实例采用了使用原始数据直接创建数据透视图的方法来创建该公司 2011 年上半年各部门总体销售额的数据透视图。该方法在输出数据透视图的同时，还在数据透视图的视图界面上输出了相应的数据透视表，使用户一目了然地观察到所显示的数据信息，从图 12-40 的数据透视图中可以直观地看出三个营销部门上半年的销售额孰高孰低，而从左边的数据透视表中又能够看出三个营销部门上半年具体的销售额数量以及总的销售额。

12.2.3 编辑数据透视图

完成数据透视图的创建后，用户可以根据自己的需要对数据透视图进行编辑与设置。在
Excel 2010 中，用户可以通过"数据透视图工具"的"设计"选项卡中的各项命令对数据透
视图进行编辑和格式的设置。

1. 设置数据透视图的布局与格式

在 Excel 2010 中，用户可根据自己的需要设置数据透视图的布局与格式。用户可以通过
应用图表布局模板来简便、快速地优化图表布局，美化图表的显示效果。

首先单击"数据透视图"，使"数据透视图工具"功能显示出来，然后在"设计"选项
卡中单击"图表布局"组下拉菜单，如图 12-41 所示，选择相应的图表布局方案即可。在"图
表样式"组中则提供了近 50 种不同的样式以供选择。

图 12-41 应用图表布局模板设置图表类型

若上述应用图表布局模板的方法不能满足用户的需要，用户还可以通过使用"布局"选
项卡中的命令来进一步优化图表的布局，如图 12-42 所示。在该选项卡中可以设置图表的标
签、坐标轴、背景等，还可以为图表添加趋势线以进行趋势分析。

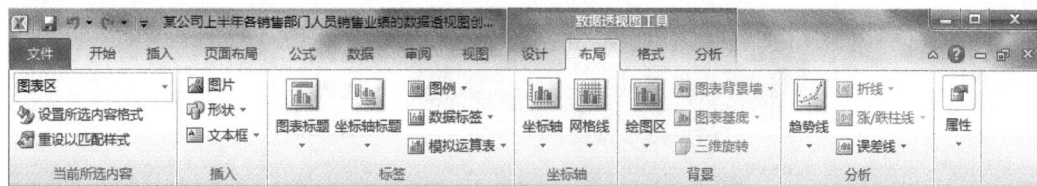

图 12-42 应用"布局"选项卡设计图表布局

2. 更改数据透视图的图表类型

数据透视图报表默认的图表类型为簇状柱形图，若用户对创建的数据透视图的图表类型不满意，则可以通过"数据透视图工具"的"设计"选项卡中的"更改图表类型"按钮来重新设置数据透视图的图表类型。

(1) 单击"数据透视图"，使"数据透视图工具"功能显示出来，然后在"设计"选项卡中单击"类型"组中的"更改图表类型"按钮，打开如图 12-43 所示的"更改图表类型"对话框。

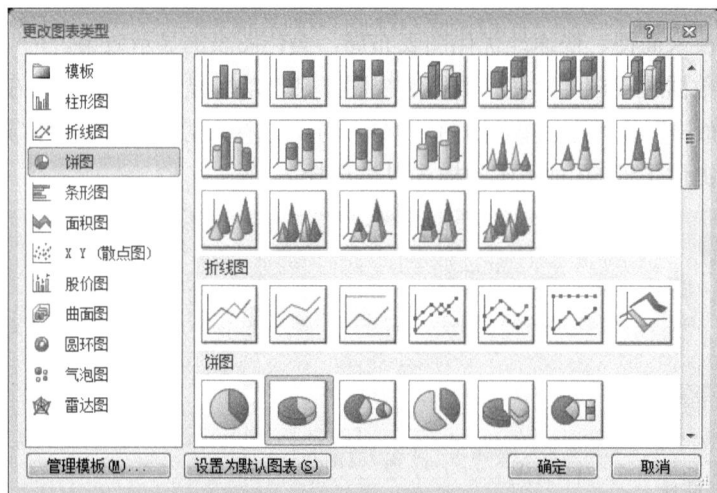

图 12-43　"更改图表类型"对话框

(2) 在如图 12-43 所示的"更改图表类型"对话框中选择需要的图表类型后单击"确定"按钮，即可完成对数据透视图的图表类型的更改。例如，要将上例中图 12-40 所示的数据透视图更改为饼状图，只需执行上述操作，并在"更改图表类型"对话框中选择"饼图"中的第二种子饼图——三维饼图后单击"确定"按钮，即可完成对数据透视图的图表类型的更改，更改后的结果如图 12-44 所示。

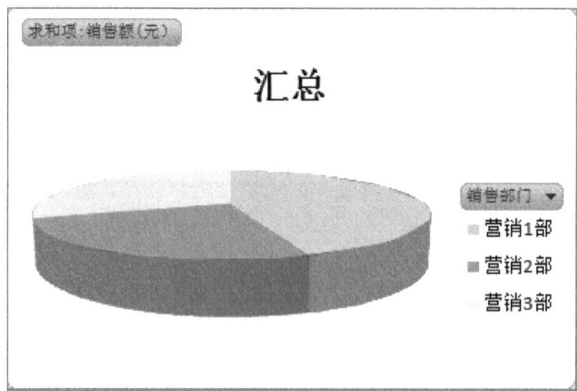

图 12-44　图表类型更改后的数据透视图

12.2.4 实现交互数据管理

利用数据透视图可以方便快捷地实现交互数据管理，而不需要添加复杂的公式或程序代码，即可实现交互性的数据汇总和分析，使用户更直观、更有效地分析数据之间的相互关系。

下面仍以 12.1.3 实例应用中的原始数据资料为例，详细介绍如何利用 Excel 2010 中强大的数据透视表和数据透视图功能实现对数据的交互管理。

(1) 建立该公司上半年各部门销售人员的销售业绩统计图。首先通过"插入"→"数据透视图"→"创建数据透视表及数据透视图"，进入一个新的数据透视图视图界面，在"数据透视表字段列表"中作以下设置：将"销售日期"拖至"报表筛选"区域，将"销售部门"和"销售人员"依次拖至"轴字段(分类)"区域，将"销售额"拖至"Σ 数值"区域，则可建立该公司上半年各营销部门销售人员的销售业绩(销售额总额)的柱状统计图，如图 12-45 所示。

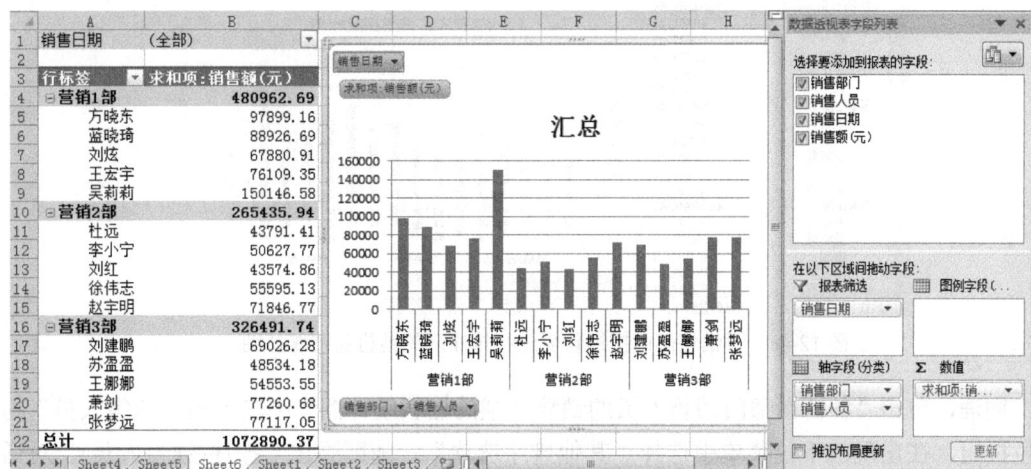

图 12-45　各营销部门销售人员的销售业绩的柱状统计图

(2) 对数据进行排序，这里对各营销部按销售额总额进行升序排列，同时对各营销部的销售人员按销售额总额进行降序排列。单击图 12-45 "各营销部门销售人员的销售业绩的柱状统计图"中左下角"销售部门"的下拉按钮，在图 12-46 中出现的下拉菜单中选择"其他排序选项"，弹出如图 12-47 所示的"排序(销售部门)"对话框，然后在"排序选项"中选择"升序排序(A 到 Z)依据"，在下方的下拉菜单中选择"求和项：销售额"选项，单击"确定"按钮即可完成各营销部按销售额总额的升序排列。通过执行"数据透视图工具"→"布局"→"图表标题"→"图表上方"操作，将图表标题设置为"上半年各营销部门销售业绩统计图"，如图 12-48 所示。

Excel 在统计分析中的应用

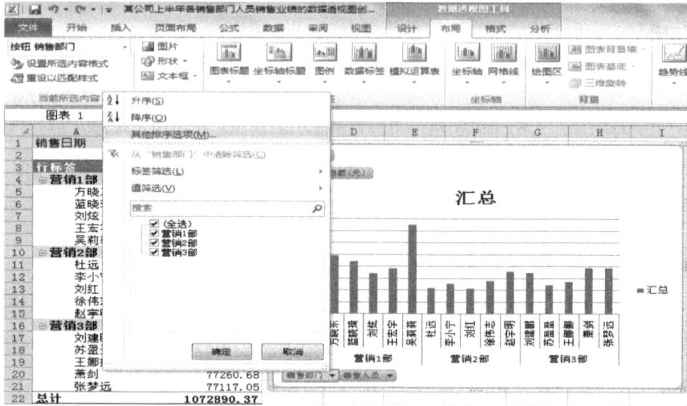

图 12-46 "其他排序选项"选项卡

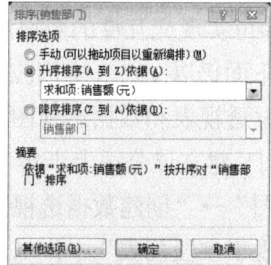

图 12-47 "排序(销售部门)对话框

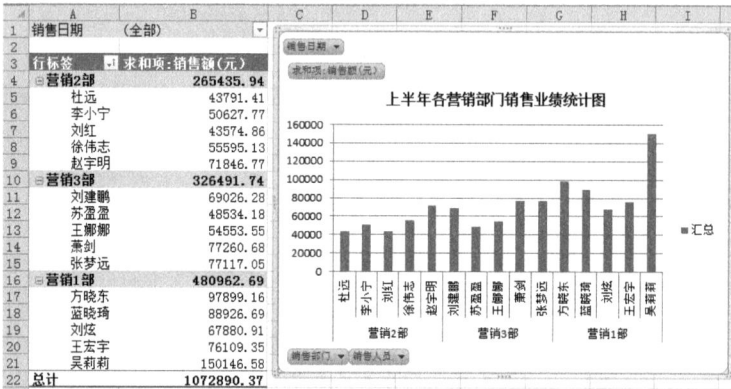

图 12-48 对销售部门按销售额进行排序后的销售业绩统计图

同理，单击"各营销部门销售人员的销售业绩的柱状统计图"中左下角"销售人员"的下拉按钮，在出现的下拉菜单中选择"其他排序选项"，随即弹出"排序(销售人员)"对话框，然后在"排序选项"中选择"降序排序(Z 到 A)依据"，在下方的下拉菜单中选择"求和项：销售额"选项，完成后单击"确定"按钮，即可得到对各营销部门的销售人员按销售额排序后的数据透视图，如图 12-49 所示。

图 12-49 对销售人员按销售额进行排序后的销售业绩统计图

(3) 查看某月或某季度的销售情况，例如查看 2011 年 2 月份的产品销售情况。单击"销售日期"右边的下拉按钮，在下拉菜单中选择 2 月份的销售数据，如图 12-50 所示，然后单击"确定"按钮，即可得到 2011 年 2 月份各营销部门的销售业绩统计图，如图 12-51 所示。同理可以查看其他月份的销售情况。

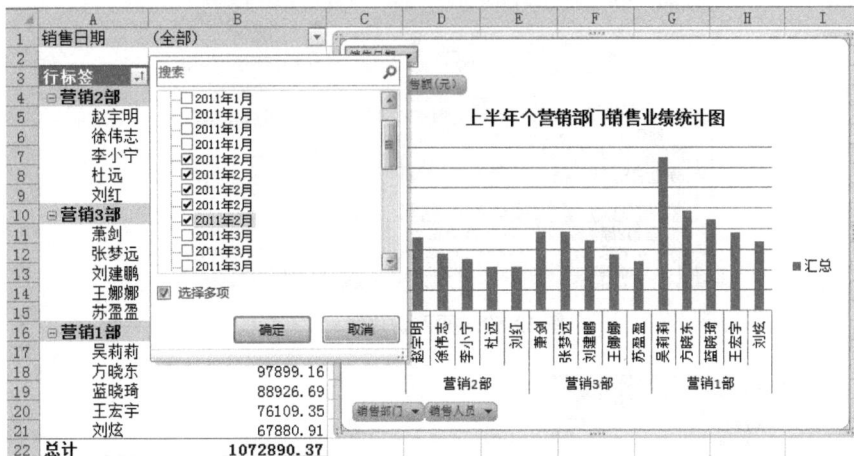

图 12-50　选择 2 月份的销售数据

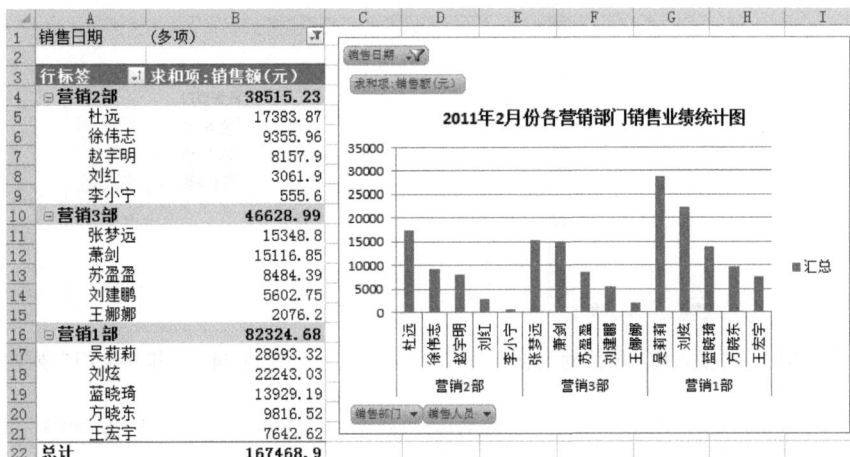

图 12-51　2011 年 2 月份各营销部门的销售业绩统计图

(4) 插入切片器。在 Excel 2010 中提供了切片器功能，可以帮助用户使用更少的时间完成更多的数据分析工作，然后通过数据分析透视图将数据分析结果直观地表达出来。每一个字段名称都对应着一个单独的切片器，用户可以根据实际的需要进行选择。首先单击数据透视图，使"数据透视图工具"功能显示出来，然后在"分析"选项下单击"插入切片器"命令，如图 12-52 所示。随即弹出"插入切片器"对话框，该对话框中包含数据源中出现的各个字段。

如果想快速查看某个营销部门销售业绩的数据透视图，则可以执行"数据透视图工具"

Excel 在统计分析中的应用

→ "分析" → "数据" → "插入切片器" 操作，在弹出的 "插入切片器" 对话框中选中 "销售部门"，如图 12-53 所示，随即弹出营销部门列表，如图 12-54 所示。然后选择所要查看的营销部门，如营销 1 部，则得到营销 1 部的数据透视图，如图 12-55 所示。

图 12-52　插入切片器

图 12-53　"插入切片器" 对话框

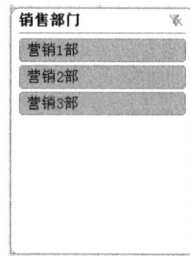

图 12-54　"销售部门" 列表

图 12-55　2011 年 2 月份营销 1 部的销售业绩统计图

12.3 本章小结

数据透视表和数据透视图拓展了 Excel 的统计分析功能：通过数据统计表可以十分便捷地处理庞大的数据，在很短的时间内分组、汇总大量的数据，形成有用信息，并进行各种统计计算；而数据透视图是数据透视表的图形形式，用户可以通过数据透视图将数据分析结果更直观地表达出来。使用数据透视表和数据透视图可以极大地提高效率并减少错误，是 Excel 中不可或缺的数据统计分析工具。

本章主要介绍了 Excel 2010 中数据透视表和数据透视图的基本应用知识。数据透视表是一种对大量数据进行快速汇总和交叉制表的交互式表格，由行字段、列字段、项、页字段、页字段项、数据字段和数据区七部分构成。创建数据透视表是应用数据透视表对数据进行分析的第一步，可以通过数据清单直接创建，也可以通过从本机的其他数据库或从外部获取数据来源创建。创建完数据透视表之后，用户可以通过添加或删除透视表的布局来重新设计和更改数据透视表的版式，使创建出来的数据透视表更加符合自己的使用要求，也可以通过对数据字段进行排序或改变数据的汇总方式来实现数据透视表的统计分析功能。数据透视图是数据透视表的图形形式，具有交互性特点和可视性特点，能有效地显示数据透视表中的数据规律。在创建数据透视图时，Excel 会自动创建相关联的数据透视表。在 Excel 2010 中，可根据自己的需要设置数据透视图的布局与格式，也可以根据需要更改数据透视图的图形类型。同时，使用数据透视图可以很方便地实现交互数据管理，实现交互性的数据汇总和分析，使用户能更直观、更有效地分析数据之间的相互关系。

12.4 上机题

1. 自 1993 年至 2008 年，我国同亚洲三大经济体——日本、新加坡、韩国的贸易往来得到了迅速发展。表 12-1 给出了这 16 年间我国和日本、新加坡以及韩国的进出口额数据/万美元。

表 12-1 1993 年至 2008 年我国同日本、新加坡、韩国的进出口额数据

年份	日本		新加坡		韩国	
	出口额/万美元	进口额/万美元	出口额/万美元	进口额/万美元	出口额/万美元	进口额/万美元
1993	1 577 665	2 328 865	224 532	264 584	286 050	536 006
1994	2 157 312	2 632 077	255 842	248 202	440 231	731 834
1995	2 846 669	2 900 453	350 064	339 783	668 781	1 029 323
1996	3 088 622	2 918 084	374 879	360 089	749 986	1 248 162

年份	日本		新加坡		韩国	
	出口额/万美元	进口额/万美元	出口额/万美元	进口额/万美元	出口额/万美元	进口额/万美元
1997	3 181 982	2 899 298	431 905	446 451	911 627	1 492 920
1998	2 966 011	2 827 507	394 394	423 540	625 152	1 501 435
1999	3 241 060	3 376 338	450 223	406 110	780 762	1 722 618
2000	4 165 431	4 150 968	576 104	505 963	1 129 236	2 320 741
2001	4 495 757	4 279 691	579 188	514 252	1 252 069	2 338 921
2002	4 843 384	5 346 600	698 422	704 656	1 553 456	2 856 801
2003	5 940 870	7 414 813	886 377	1 048 485	2 009 477	4 312 805
2004	7 350 904	9 432 673	1 268 760	1 399 447	2 781 156	6 223 410
2005	8 398 628	10 040 768	1 663 226	1 651 460	3 510 778	7 682 040
2006	9 162 267	11 567 258	2 318 529	1 767 262	4 452 221	8 972 414
2007	10 200 859	13 394 237	2 962 030	1 752 368	5 609 886	10 375 195
2008	11 613 245	15 060 004	3 230 581	2 017 126	7 393 199	11 213 792

要求：(1) 创建 1993 年至 2008 年我国同日本、新加坡、韩国进出口额的数据透视表和数据透视图；

(2) 利用(1)中创建的数据透视表和数据透视图完成以下分析：

① 分别计算我国同日本、新加坡、韩国 1993～2008 年间的平均出口额和平均进口额；

② 筛选出 2000 年我国同日本、新加坡、韩国的出口额数据；

③ 对筛选的数据按出口额大小进行排序。

2. 法人按照机构类型可分为企业法人、事业法人、机关法人、社会团体以及其他类型的法人，表 12-2 给出了 2010 年我国 31 个地区各个类型的法人单位数/万个。

表 12-2　2010 年我国 31 个地区各个类型的法人单位数　　(单位：万个)

地区	企业法人	事业法人	机关法人	社会团体	其他
北　京	35.38	1.13	0.21	0.41	1.32
天　津	14.94	0.62	0.18	0.19	0.92
河　北	23.48	3.34	1.20	0.55	6.01
山　西	12.72	2.40	0.89	0.54	3.97
内蒙古	8.98	1.74	0.77	0.56	1.80
辽　宁	29.37	2.79	0.95	0.81	2.98
吉　林	7.60	1.72	0.57	0.35	1.56
黑龙江	12.23	1.98	1.00	0.55	1.82

（续表）

地区	企业法人	事业法人	机关法人	社会团体	其他
上　海	37.50	0.83	0.18	0.32	1.12
江　苏	75.64	3.76	1.02	1.39	4.41
浙　江	57.03	2.73	0.78	1.41	6.60
安　徽	17.18	2.28	0.97	0.82	3.01
福　建	23.15	2.55	0.80	1.07	3.21
江　西	11.25	2.47	0.94	0.63	3.17
山　东	59.23	3.66	1.21	1.35	11.91
河　南	25.88	4.08	1.18	0.57	8.36
湖　北	23.93	3.75	1.02	0.94	4.94
湖　南	17.61	4.05	1.29	0.79	5.98
广　东	68.65	4.06	1.16	1.10	5.31
广　西	11.78	3.98	1.04	0.81	2.89
海　南	2.72	0.35	0.14	0.08	0.47
重　庆	13.25	1.68	0.45	0.42	1.99
四　川	19.36	5.34	1.96	1.66	6.98
贵　州	5.49	2.17	0.73	0.35	2.29
云　南	11.11	2.03	1.09	0.73	2.13
西　藏	0.30	0.22	0.41	0.06	0.63
陕　西	11.99	3.08	0.98	0.48	4.14
甘　肃	5.26	1.83	0.71	0.54	2.50
青　海	1.32	0.37	0.28	0.16	0.70
宁　夏	2.14	0.28	0.15	0.23	0.80
新　疆	5.29	1.36	0.77	0.38	1.87

要求：(1) 创建 2010 年我国 31 个地区各个类型的法人单位数量的数据透视表和数据透视图；

(2) 利用(1)中创建的数据透视表和数据透视图完成以下分析：

① 计算这 31 个地区各个类型的法人单位平均数；

② 筛选出企业法人单位数高于 20 万个的地区；

③ 对 31 个地区按法人单位总数进行降序排列，同时对各个地区的法人单位类型按各法人单位数进行降序排列。